新能源汽车维修

从入门到精通

周晓飞　主编

化学工业出版社
·北京·

内容简介

这是一本适合汽车维修技术人员入门与提高的书籍，主要介绍新能源汽车维修的基本知识和操作技能，涉及新能源汽车的基本原理、结构特点、维修方法和操作要领，以及相关维修故障诊断案例等。内容涵盖新能源汽车的维护和各大总成部件如动力电池、充电系统、配电系统、驱动电机系统、高度集成智能驱动系统、空调和热管理系统、减速器、电动化整车控制系统的维修及故障诊断。

全书图文并茂，由浅入深、循序渐进地进行介绍，对于较复杂的内容配有操作视频讲解，直观易懂，实用性强。此外，本书还利用新颖的"纸电同步"技术，超值赠送全套电子书，纸书和电子书相结合，互相取长补短，学习效率事半功倍。

本书适合新能源汽车维修初学者使用，也可作为职业院校、培训学校相关专业的培训教材，私家车主及汽车驾驶员也可参阅。

图书在版编目（CIP）数据

新能源汽车维修从入门到精通 / 周晓飞主编. —北京：化学工业出版社，2024.5
ISBN 978-7-122-45317-4

Ⅰ. ①新… Ⅱ. ①周… Ⅲ. ①新能源 - 汽车 - 车辆修理
Ⅳ. ① U469.707

中国国家版本馆 CIP 数据核字（2024）第 063045 号

责任编辑：黄　滢　　　　装帧设计：王晓宇
责任校对：宋　玮

出版发行：化学工业出版社（北京市东城区青年湖南街 13 号　邮政编码 100011）
印　　装：北京瑞禾彩色印刷有限公司
787mm×1092mm　1/16　印张 14　字数 386 千字　2024 年 6 月北京第 1 版第 1 次印刷

购书咨询：010-64518888　　　　售后服务：010-64518899
网　　址：http://www.cip.com.cn
凡购买本书，如有缺损质量问题，本社销售中心负责调换。

定　　价：99.00 元

前言

PREFACE

随着我国新能源汽车产业的快速发展和私家车保有量的逐年增加，新能源汽车维修技术人才日益紧缺。与传统燃油汽车不同，新能源汽车动力系统的核心是电驱、电池和电控，能量来源也比较多样，如对于纯电动汽车而言能量来源是电网，对于燃料电池汽车而言能量来源则是氢气等。但是新能源汽车维修领域的很多工作同样需要一定程度的实践经验，需要从业者不仅具备专业的理论知识，还要知晓实践作业过程中的操作规范、掌握技能要点，以及处理常见故障甚至是解决疑难故障的能力。

因此，对于作为理论指导的新能源汽车维修技能培训类图书，不单单要讲授专业知识，更要注重技能的培养和提高。鉴于此，在化学工业出版社的组织下，我们团队特编写了本书。

本书内容涉及新能源汽车维修技术的方方面面，可以说是新能源汽车维修相关从业者的“充电宝”。全书共 11 章，依次介绍了新能源汽车维修职业要求、维护保养，以及动力电池、充电系统、配电系统、驱动电机、智能驱动系统、空调和热管理系统、减速器、整车控制系统的结构原理与维修技术。在讲解过程中充分发挥了图解的特色，以“全彩图解”的形式向读者传授新能源汽车维修的基础知识，真正做到用“图”说话，以“图”代“解”，以“解”说“图”，一目了然。全书重点介绍新能源汽车维修的操作步骤和要领，以及故障诊断排除的策略和技巧。对于难度较大的知识点，还专门配备了“操作视频”讲解，扫描书内二维码即可观看。操作视频与图文内容相互衔接、互为补充，可充分调动读者的主观能动性，确保读者在短时期内获得最佳的学习效果。

为确保专业品质，本书由微共享汽车学院具有多年新能源汽车维修经验的专家团队编写，其中周晓飞任主编，参编人员有万建才、董小龙、宋东兴、郝建庄、赵朋、李新亮、刘振友、赵小斌、江珍旺、梁志全、樊志刚、温云、宋亚东、石晓东、彭飞、边先锋、宇雅慧、赵义坤、刘文瑞、李立强、张建军、李飞云、李飞霞。编写团队中有一线新能源汽车维修高手、高级工程师、高级技师，还有院校教师，读者在阅读本书的过程中如同有一群专家在身边指导，将学习和实践中需要注意的重点、难点一一化解，学习效率事半功倍。

限于笔者水平，书中疏漏之处在所难免，恳请广大读者批评指正。

目录 CONTENTS

第 1 章
新能源汽车维修职业要求和装备 001

1.1 职业能力 001
1.1.1 新能源汽车维修能力要求 001
1.1.2 新能源汽车维修技能证书 002
1.2 电动汽车维修装备和工具 002
1.2.1 绝缘护具 002
1.2.2 绝缘工具 003
1.2.3 维修工位 006

第 2 章
新能源汽车的类型与结构原理 008

2.1 电动汽车的类型 008
2.2 混合动力汽车的类型 009
2.2.1 按电机功率划分 009
2.2.2 按动力总成布置划分 010
2.3 插电式混合动力汽车 014
2.4 纯电动汽车 015
2.4.1 基本结构原理 015
2.4.2 核心部件——“三电”系统 016

第 3 章
新能源汽车维护 021

3.1 维护特点 021
3.1.1 整车维护 021
3.1.2 电池系统维护 021
3.1.3 高压系统维护 022
3.1.4 充电系统维护 023
3.1.5 其他维护事项 023

3.2 检查与保养 023
3.2.1 “三电”系统的检查 023
3.2.2 电动化系统保养项目及周期 024

第 4 章
动力电池系统结构原理与维修 025

4.1 动力电池基本构造与零部件识别 026
4.1.1 动力电池外部特征 026
4.1.2 动力电池内部结构 027
4.1.3 电芯和模组内部排布 028
4.1.4 电池管理系统电气结构 031
4.1.5 动力电池上的高低压接线和接口 035
4.1.6 动力电池冷却系统结构 037
4.2 动力电池系统维修原理与特点 041
4.2.1 动力电池性能特点 041
4.2.2 高压互锁维修原理、作用和结构机理 045
4.2.3 维修开关的作用 049
4.2.4 电池管理系统控制策略 051
4.2.5 动力电池上电 053
4.3 动力电池拆装维修与检测诊断 054
4.3.1 拆卸维修开关 054
4.3.2 拆装动力电池 055
4.3.3 动力电池漏电检测 059

第 5 章
充电系统结构原理与维修 061

5.1 充电系统基本构造与零部件识别 061
5.1.1 车载充电机外部特征 061
5.1.2 充电插口外部特征 065
5.1.3 车载充电机内部电气结构 068
5.1.4 充电系统电路结构 071
5.2 充电系统维修原理与特点 073
5.2.1 电动汽车电源特点 073
5.2.2 直流充电（快充）机理 076
5.2.3 交流充电（慢充）机理 077
5.2.4 内部充电机理 079
5.2.5 制动能量回收 082

5.3 充电系统拆装维修与检测诊断 083
5.3.1 拆装集成式车载电源 083
5.3.2 拆卸直流充电线束 088
5.3.3 拆卸单相交流充电线束 090
5.3.4 拆卸车载电源高压线束 090
5.3.5 拆装车载充电机 091
5.3.6 充电系统故障检测与诊断 094

第 6 章
配电系统结构原理与维修 099

6.1 配电系统基本构造与零部件识别 099
6.1.1 高压配电系统结构 099
6.1.2 独立高压配电盒外部特征 099
6.1.3 集成式高压配电盒外部特征 103
6.1.4 高压配电盒内部结构 105
6.1.5 高压接插件结构特征 109
6.1.6 高压配电系统电路结构 113
6.2 配电系统维修原理与特点 114
6.2.1 高压线束特点 114
6.2.2 高压配电控制特点 115
6.3 配电系统拆装维修与检测诊断 117
6.3.1 更换高压配电盒 117
6.3.2 高压配电系统简明故障 122
6.3.3 高压配电系统故障检测 123

第 7 章
驱动电机系统结构原理与维修 138

7.1 驱动电机基本构造与零部件识别 138
7.1.1 驱动电机类型 138
7.1.2 驱动电机及驱动单元外部特征 139
7.1.3 驱动电机结构布局特征 142
7.1.4 驱动电机内部结构 145
7.1.5 驱动电机控制器内部结构 149
7.1.6 驱动电机系统电路结构 150
7.2 驱动电机系统维修原理与特点 152
7.2.1 驱动电机性能特点 152
7.2.2 驱动电机扭矩的建立 152
7.2.3 驱动电机控制器故障诊断 156

7.3 驱动电机系统拆装维修与检测诊断 156
7.3.1 拆装后驱动电机线束插接器 156
7.3.2 拆装前驱动电机 158
7.3.3 检查和更换电机后轴承 160
7.3.4 拆装旋变传感器 164
7.3.5 驱动电机控制系统故障检测 165

第 8 章 高度集成智能驱动系统结构原理与维修 166

8.1 “三合一”集成智能电驱系统 166
8.1.1 独立布局电动化系统结构特征 166
8.1.2 “三合一”集成电驱动总成结构特征 167
8.2 “多合一”集成智能电驱系统 168
8.2.1 结构特征 168
8.2.2 更换后标定 171

第 9 章 空调和热管理系统结构原理与维修 173

9.1 电动压缩机基本构造与零部件识别 173
9.1.1 电动压缩机外部特征 173
9.1.2 电动压缩机内部结构 174
9.1.3 电动压缩机电气及电路结构 175
9.2 高压电加热器基本构造与零部件识别 177
9.2.1 高压电加热器外部特征 177
9.2.2 高压电加热器内部结构 177
9.2.3 高压电加热器电气及电路结构 178
9.3 热泵阀门单元基本构造与零部件识别 179
9.3.1 热泵阀门单元外部特征 179
9.3.2 热泵阀门内部结构 181
9.4 空调和热泵系统其他部件构造与识别 183
9.4.1 热交换器外部特征 183
9.4.2 制冷剂压力传感器电气结构 183
9.4.3 制冷剂压力和温度传感器电气结构 183
9.4.4 传感器和阀的电路结构 184
9.5 空调和热管理系统维修原理与特点 186

9.5.1 热泵特点 186
9.5.2 普通电动空调运行机理 186
9.5.3 热泵空调系统运行机理 187
9.6 空调和热管理系统拆装维修与检测诊断 192
9.6.1 拆装电动压缩机 192
9.6.2 拆卸采暖水加热器 193
9.6.3 电动空调控制系统简明故障 194
9.6.4 电动空调控制系统故障检测 195

第 10 章
减速器结构原理与维修 198
10.1 减速器基本构造与零部件识别 198
10.1.1 减速器外部特征 198
10.1.2 减速器内部结构 200
10.2 减速器维修原理与特点 202
10.2.1 减速器机械运行机理 202
10.2.2 减速器电气控制策略 202
10.3 减速器拆装维修 204
10.3.1 分解减速器 204
10.3.2 装配减速器 207

第 11 章
电动化整车控制系统维修 208
11.1 整车控制器基本构造与零部件识别 208
11.1.1 整车控制器外部特征 208
11.1.2 整车控制器内部结构 209
11.2 整车控制系统维修原理与特点 211
11.2.1 整车控制器性能特点 211
11.2.2 整车控制系统控制策略 211
11.3 整车控制器拆装维修 212

参考文献 214

《新能源汽车维修从入门到精通》配套视频

序号	二维码视频名称	二维码页码
1	搭载发动机的新能源汽车	007
2	串联式混合动力特点	011
3	并联式混合动力特点	013
4	纯电动汽车核心	020
5	电动汽车安全操作	022
6	动力电池	025
7	电池管理系统	031
8	动力电池水冷	038
9	高压互锁	045
10	电池管理系统控制器	051
11	维修开关	055
12	电池管理系统控制单元拆解	060
13	车载充电机	064
14	电动汽车电源	075
15	自适应能量回收利用的再生策略	082
16	充电系统	098
17	高压线束	114
18	高压漏电检测	137
19	驱动电机结构	145
20	电机控制器	150
21	旋变信号	156
22	驱动电机类型	165
23	集成电源系统	167
24	车域控制	172
25	减速器	207

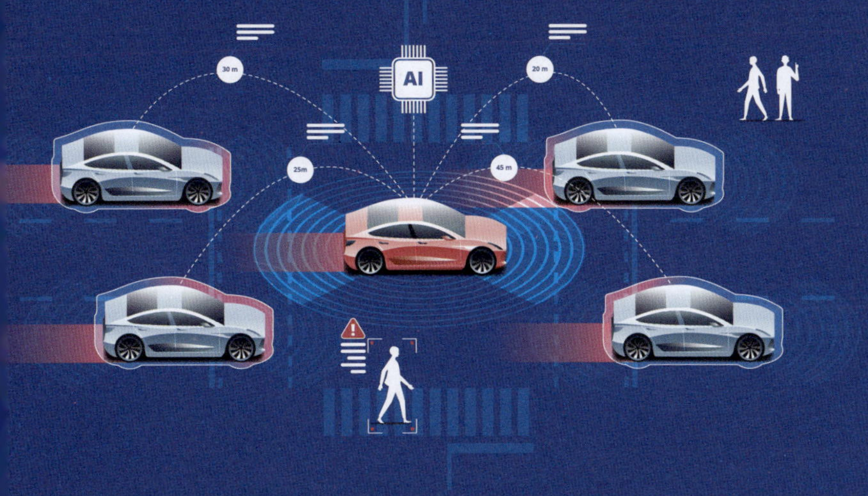

第1章 新能源汽车维修职业要求和装备

1.1 职业能力

1.1.1 新能源汽车维修能力要求

从职业要求来讲，新能源汽车维修技术人员应同时具备两方面能力：一是仍然要具备传统汽车的维修能力；二是专门的新能源汽车的维修能力。

传统汽车维修能力相关内容在本书的姊妹书《汽车维修从入门到精通》（书号：9787122452856）中已详细介绍，本书中不再赘述。新能源汽车维修能力主要包括以下几个方面。

（1）整车绝缘和断电检修　检查整车绝缘电阻监测系统，绝缘电阻监测系统无报警，如存在异常情况，应熟练进行检查、诊断和维修。

在电动汽车上进行检查及维修与高压系统相关的部件时，须先断开高压电，以确保人身安全。常见的需要断电的维修有：检查或更换高压组件、检查或更换高压线路、检查高压系统绝缘故障、拆卸和安装高压蓄电池（动力电池）。

（2）仪表、信号指示装置检查

❶ 检查仪表外观及指示功能，仪表应完好有效，指示功能应正常。

❷ 检查信号指示装置，信号指示应无异常声光报警和故障提醒。

❸ 检查电池荷电状态（SOC）示值或参考行驶里程示值情况，示值应符合车辆维修手册的规定。

（3）电动化系统检修　检查驱动电机系统运行工作状况，运行应平稳，且无异常振动和噪声，如存在异常情况，应熟练进行检测、诊断和维修。

对动力电池系统及其冷却系统、高压配电系统、高压维修开关、车载充电机、电源变换器、电动空气压缩机等电气化系统熟练进行检测、诊断和维修。

1.1.2　新能源汽车维修技能证书

维修新能源电动汽车需要持国家应急管理行政部门颁发的低压电工作业证（图 1.1-1）。

图 1.1-1　低压电工作业证

1.2　电动汽车维修装备和工具

1.2.1　绝缘护具

纯电动轿车上的用电设备分为低压用电部件与高压用电部件，低压用电部件包括仪表、音响、灯光、喇叭和鼓风机等；高压用电部件包括驱动电机、电机控制器、电池包、高压配电箱、充电机 / 直流转换器、空调压缩机、电池换热器、水加热器等。高压部件上贴有橙黄色警告标签，注意警告标签上的内容要求，操作时必须穿戴绝缘护具。

使用前必须检查绝缘防护用品，保证其无破损、漏孔等，内外表面清洁、干燥，不能带水进行操作，确保安全。维修人员操作前必须穿戴好绝缘级别为 5kV 的绝缘防护服、绝缘级别为 10kV 的绝缘鞋、绝缘级别为 10kV 的绝缘帽、绝缘级别为 1kV 绝缘手套以及护目镜（图 1.2-1 ～图 1.2-3）。

对于绝缘手套，要根据工作情况选择相应的防高压电工手套或防电池电解液酸碱性手套，使用前要具体按照以下方法检查。

❶ 目视检查绝缘手套的整个外表面，以确保它们没有损坏。

❷ 打开绝缘手套的袖带，并向其中注入空气。

❸ 折叠袖带并将其卷起至手套的手腕，以防止空气泄漏（图 1.2-4）。

❹ 折叠卷起的袖带以密封空气。

❺ 确保没有漏气。

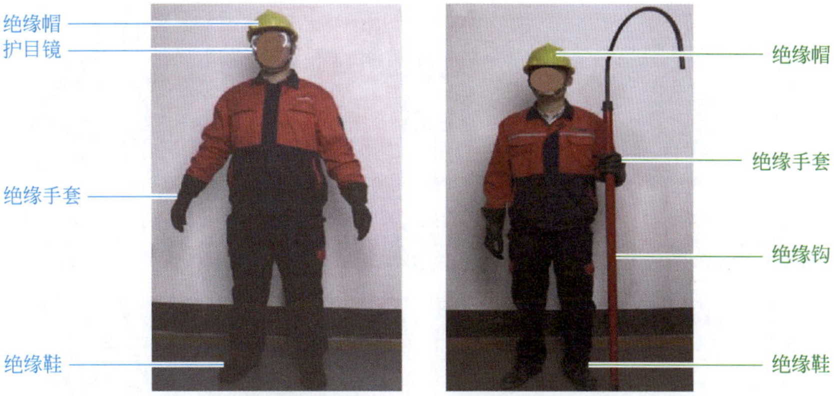

(a) 维修操作技师　　(b) 辅助技师

图 1.2-1　绝缘护具

图 1.2-2　绝缘鞋

图 1.2-3　护目镜

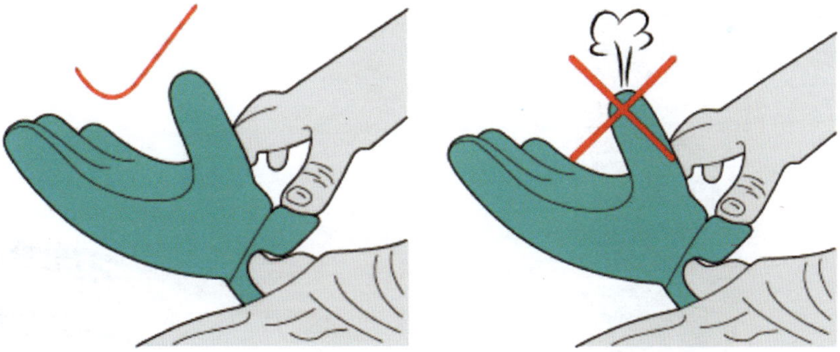

图 1.2-4　绝缘手套

1.2.2　绝缘工具

（1）工具种类　使用前必须检查绝缘工具，保证其无破损、破洞和裂纹，内外表面清洁、干燥，不能带水进行操作，确保安全。操作时，在维修区域垫上绝缘级别为 1kV 的绝缘胶垫。维修人员对带电部件进行操作时，必须使用绝缘工具，包括绝缘工具套装（图 1.2-5）、兆欧表、放电工装、内阻测试仪、万用表、故障诊断仪等专业工具和设备，同时应该配备如图 1.2-1 所示的绝缘级别为 30kV 的绝缘钩。检修动力电池和电控元件时，必须使用带绝缘垫的专业工作台。

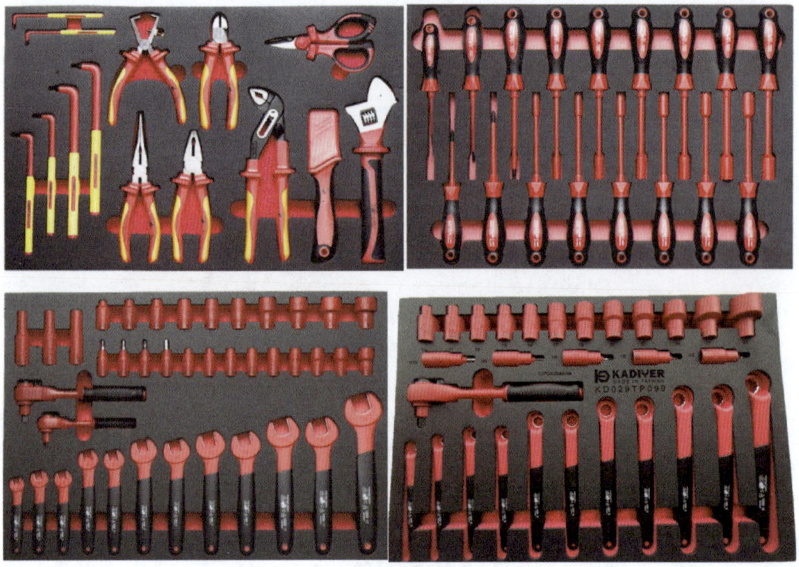

图 1.2-5　绝缘工具套装

（2）兆欧表

❶ 兆欧表的使用。如图 1.2-6 所示是某款兆欧表。兆欧表是维修电动汽车时常用的重要仪表。

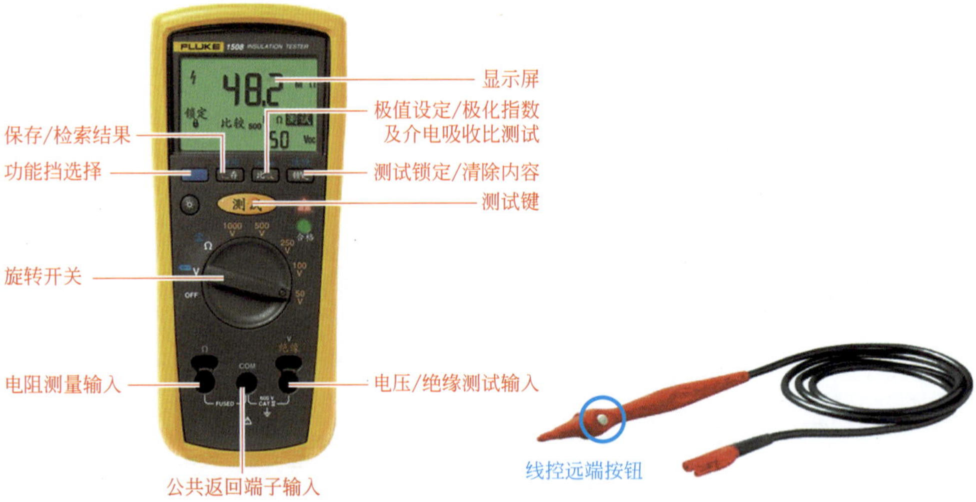

图 1.2-6　某款兆欧表

使用兆欧表时应注意以下事项。

a. 黑表笔插入 COM 端子，红表笔插入绝缘测试插孔。

b. 绝缘测试电压挡调至 500V（或 1000V），或者调扭到合适的电压挡位。

c. 黑表笔触头接车身地，红表笔触头接高压线束端子的正极或负极。

d. 按住兆欧表上的“测试”按钮或红表笔上的“TSET”按钮 5s 左右，或者数值趋于稳定为止，此时的数显值即为绝缘值（图 1.2-7）。

e. 将兆欧表的探头留在测试点上面，释放“测试”按钮，被测电路即开始通过仪表放电（图 1.2-8），直到显示屏显示的电压为零，测试结束。

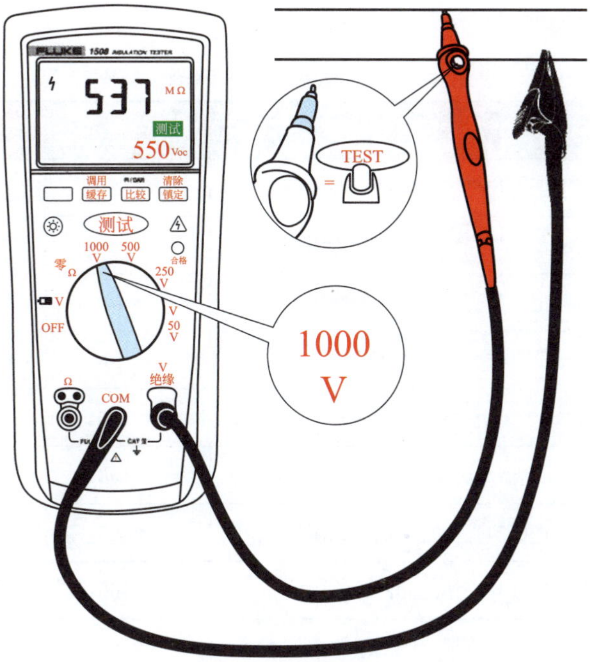

图 1.2-7　使用兆欧表测量绝缘电阻

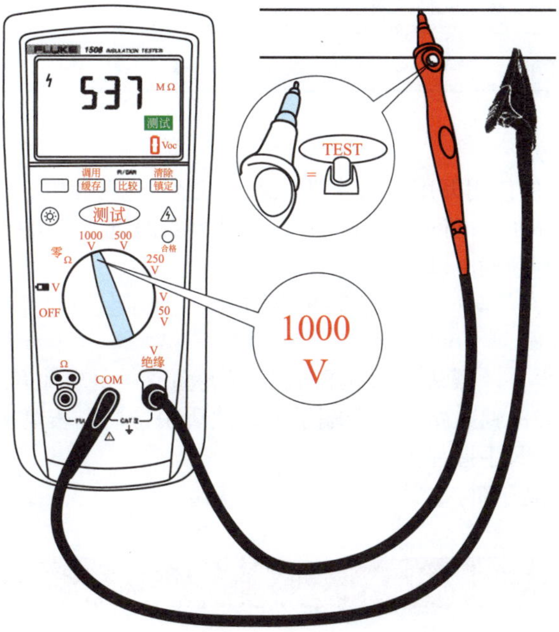

图 1.2-8　被测电路通过兆欧表放电

❷ 绝缘电阻测量方法。

a. 车辆正常下电后，断开 12V 电池的负极。

b. 拔掉连接压缩机或 PTC 的高压接插件。

c. 分别测试压缩机高压线束的正负极和高压部件的正负极，所测得的值即为压缩机和高压回路的绝缘电阻。

❸ 高压部件绝缘电阻测量标准见表 1.2-1。

表 1.2-1 高压部件绝缘电阻测量标准

名称	检查项目	检测标准 /MΩ	检测方式 / 检验方法
空调压缩机	高压正极与壳体之间的绝缘阻值	≥ 5	兆欧表，500V（DC）挡
	高压负极与壳体之间的绝缘阻值	≥ 5	兆欧表，500V（DC）挡
PTC	高压正极与壳体之间的绝缘阻值	≥ 10	兆欧表，500V（DC）挡
	高压负极与壳体之间的绝缘阻值	≥ 10	兆欧表，500V（DC）挡
驱动电机	驱动电机定子绕组对机壳的冷态绝缘电阻值	≥ 100	兆欧表，1000V（DC）挡
电机控制器	驱动电机控制器动力端子与外壳的绝缘阻值	≥ 100	兆欧表，500V（DC）挡
PDU	高压正极与壳体之间的绝缘阻值	≥ 100	兆欧表，500V（DC）挡
	高压负极与壳体之间的绝缘阻值	≥ 100	兆欧表，500V（DC）挡
动力电池总成	高压正极与壳体之间的绝缘阻值	≥ 100	兆欧表，500V（DC）挡
	高压负极与壳体之间的绝缘阻值	≥ 100	兆欧表，500V（DC）挡
车载电源	高压正极与壳体之间的绝缘阻值	≥ 100	兆欧表，500V（DC）挡
	高压负极与壳体之间的绝缘阻值	≥ 100	兆欧表，500V（DC）挡

（3）万用表测量方法

❶ 检修高压系统前应使用万用表测量整车高压回路，确保无电，方法如下：断开高压维修开关后，测量动力电池和车身之间的电压来初步判断是否漏电，如果检测到电压大于等于 50V，应立即停止操作，检查判断漏电部位。

❷ 使用万用表测量高压时，需注意选择正确量程，要求具有直流电压测量挡位，量程范围不小于 1000V。

❸ 所使用的万用表，一根表笔线上配备绝缘鳄鱼夹（要求耐压为 3KV，过流能力大于 5A），测量时先把鳄鱼夹夹到电路的一个端子上，然后用另一个表笔接到需测量端子上测量读数，每次测量时只能用一只手握住表笔。

❹ 使用万用表测量高压时，严禁触摸表笔的金属部分。

维修提示

使用万用表测量高压时，需遵守“单手操作”原则。

1.2.3 维修工位

❶ 维修场地需要设置高压警示牌，拉起高压警戒线，以警示相关人员，避免发生安全事故。同时配备专用维修工位接地线，在维修高压设备前，将车身用搭铁线连接到电动汽车专用

维修工位的接地线上（图 1.2-9）。

❷ 安装专用的 220V/50Hz/16A 交流电路和电源插座。如果给电动车充电时没有使用专用线路，可能会影响线路上的其他设备的正常工作。

❸ 维修场地应通风良好、无易燃易爆物品，地面平整，场地较开阔，同时必须配备适当型号的灭火器或消防设备。

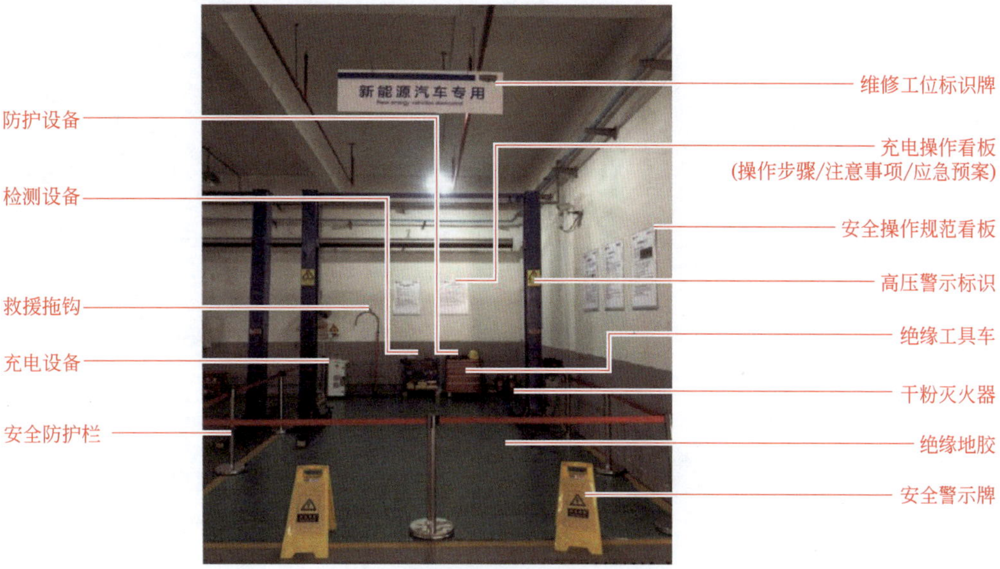

图 1.2-9　电动汽车维修工位

扫一扫

看视频

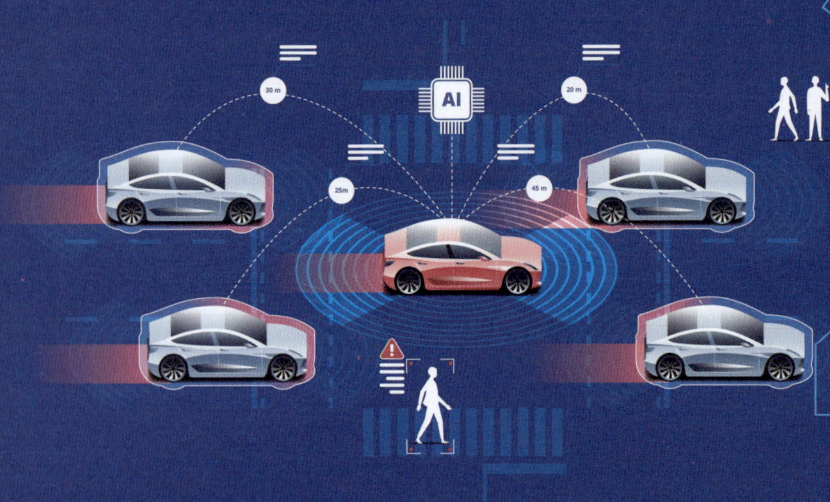

第 2 章 新能源汽车的类型与结构原理

2.1 电动汽车的类型

电动汽车包括纯电动汽车（BEV）、混合动力电动汽车（HEV）（图 2.1-1）和燃料电池电动汽车（FCEV）。表 2.1-1 列出了《电动汽车术语》（GB/T 19596—2017）中对电动汽车的定义。电动汽车的英文为 Electric Vehicle，缩写为 EV，表 2.1-1 中所述的汽车总称为电动汽车。

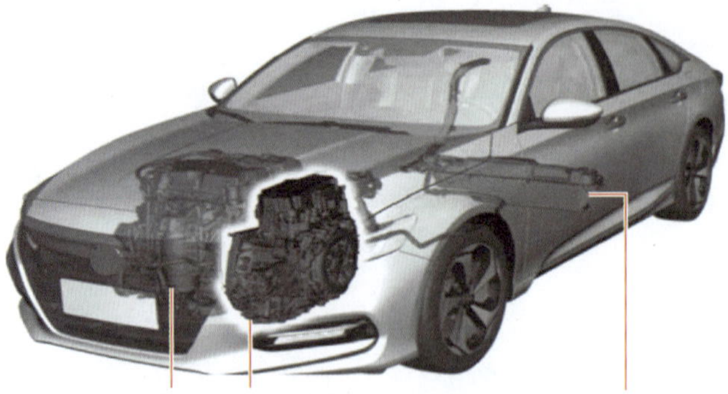

图 2.1-1　混合动力电动汽车

表 2.1-1　电动汽车分类与定义

<table>
<tr><th>术语</th><th colspan="2">分类</th><th colspan="2">定义</th></tr>
<tr><td>纯电动汽车（BEV）</td><td>—</td><td>—</td><td colspan="2">动能完全由电能提供、由电机驱动的汽车。电机的驱动电能来源于车载可充电储能系统或其他能量储存装置</td></tr>
<tr><td rowspan="7">混合动力电动汽车（HEV）</td><td rowspan="3">动力系统结构类型分类</td><td>串联式</td><td>驱动力只来源于电机的混合动力电动汽车</td><td rowspan="3">能够至少从下述两类车载储存的能量中获得动力的汽车：可消耗的燃料；可再充电能 / 能量储存装置</td></tr>
<tr><td>并联式</td><td>驱动力由电机及发动机同时或单独供给的混合动力电动汽车</td></tr>
<tr><td>混联式</td><td>同时具有串联式和并联式驱动方式的混合动力电动汽车</td></tr>
<tr><td rowspan="2">外接充电能力分类</td><td>可外接充电式（OVC-HEV）</td><td colspan="2">正常使用情况下可从非车载装置中获取电能的混合动力电动汽车。插电式混合动力电动汽车（PHEV）属于此类型</td></tr>
<tr><td>不可外接充电式（NOVC-HEV）</td><td colspan="2">正常使用情况下从车载燃料中获取全部能量的混合动力电动汽车</td></tr>
<tr><td rowspan="2">按照行驶模式的选择方式分类</td><td>有手动选择功能</td><td colspan="2">具备手动选择行驶模式功能的混合动力电动汽车。车辆可选择的行驶模式包括纯电动模式、热机模式和混合动力模式</td></tr>
<tr><td>无手动选择功能</td><td colspan="2">不具备手动选择行驶模式功能的混合动力电动汽车。车辆的行驶模式可根据不同工况自动切换</td></tr>
<tr><td rowspan="3">燃料电池电动汽车（FCEV）</td><td>增程式电动汽车（RFFV）</td><td colspan="3">一种在纯电动模式下可以达到其所有的动力性能，而当车载可充电储能系统无法满足续航里程要求时，打开车载辅助供电装置为动力系统提供电能，以延长续航里程的电动汽车，且该车载辅助供电装置与驱动系统没有传动轴（带）等传动连接</td></tr>
<tr><td>燃料电池混合动力（FCHEV）</td><td colspan="2">燃料电池混合动力电动汽车是以燃料电池系统与可充电储能系统作为混合动力源的电动汽车</td><td rowspan="2">以燃料电池系统作为单一动力源或者是以燃料电池系统与可充电储能系统作为混合动力源的电动汽车</td></tr>
<tr><td>纯燃料电池（PFCV）</td><td colspan="2">纯燃料电池电动汽车是以燃料电池系统作为单一动力源的电动汽车</td></tr>
</table>

2.2　混合动力汽车的类型

2.2.1　按电机功率划分

根据所使用电机的功率可以将混合动力汽车分为三类：微混合型、部分混合型以及完全混合型。

（1）微混合型混合动力汽车　其实，微混合型车辆并不能算是严格意义上的混合动力汽车，因为它仅有一种驱动类型。微混合型是初级混合动力汽车。采用了普通 12V 蓄电池技术的微混合型混合动力汽车的电机功率为 2 ～ 3kW，仅具有停车怠速停机功能。

如图 2.2-1 所示，使用微混合动力驱动结构，电动部件（起动机 / 发电机）只用来执行启动 - 停止功能。一部分动能在制动时又可作为电能使用（能量回收）。不能以纯电动方式驱动车辆行驶。

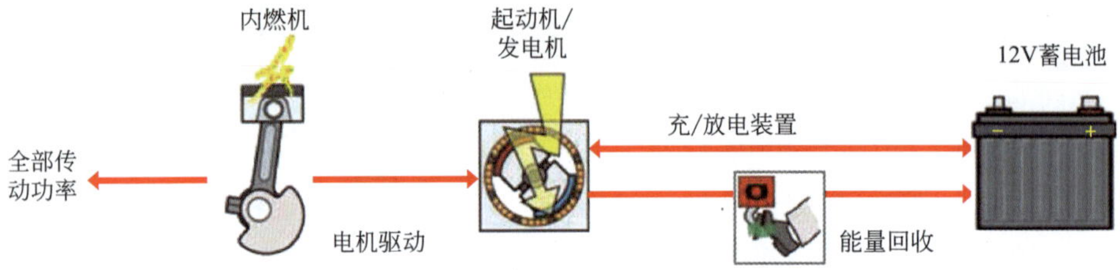

图 2.2-1　微混合型混合动力汽车的驱动形式

（2）部分混合型混合动力汽车　部分混合型混合动力汽车以发动机为主要动力源，电机作为辅助动力。

维修提示

部分混合动力驱动在技术上和部件方面都与完全混合动力驱动是一样的，只是它不能以纯电动方式驱动车辆行驶。

（3）完全混合型混合动力汽车　完全混合型混合动力汽车以发动机或电机为动力源，电机可以独立驱动车辆正常行驶。

如图 2.2-2 所示，完全混合型混合动力汽车是将一台大功率电机与内燃机组合在一起，可以以纯电动方式来驱动车辆行驶。内燃机和电机之间有一个离合器，通过它可以断开这两个系统。内燃机只在需要时才接通工作。

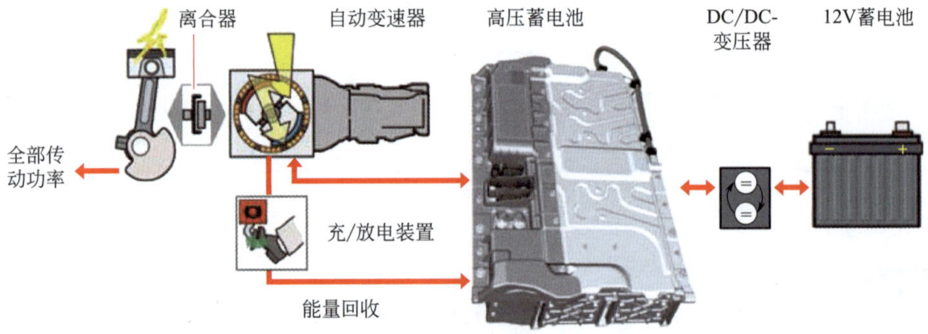

图 2.2-2　完全混合型混合动力汽车的驱动形式

2.2.2　按动力总成布置划分

按动力总成布置划分有四种形式：串联式混合动力系统、并联式混合动力系统、分支式混合动力系统以及插电式混合动力系统。其中插电式混合动力系统目前应用最广，将在 2.3 节单独介绍，本小节介绍前三种混合动力系统。

（1）串联式混合动力系统　使用串联式混合动力系统的驱动方案的混合动力车辆包括一个电机和一个内燃机。

纯电动传动装置在特定情况下同样也是一种串联传动装置。

如图 2.2-3 所示，车辆只通过电机来驱动，内燃机与驱动轴是没有机械连接的。内燃机带动一个发电机，该发电机在车辆行驶时为电机供电或者给高压蓄电池充电。

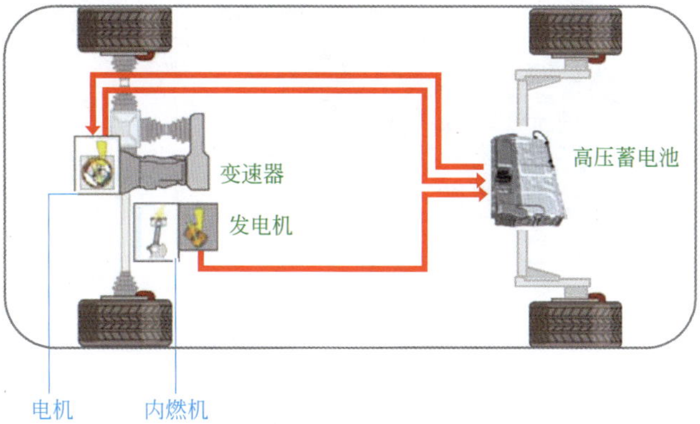

图 2.2-3　串联式混合动力组件

通俗地讲，串联式混合动力系统的结构为电动机 + 发动机 = 串联。串联式混合动力系统的结构布局见图 2.2-4。

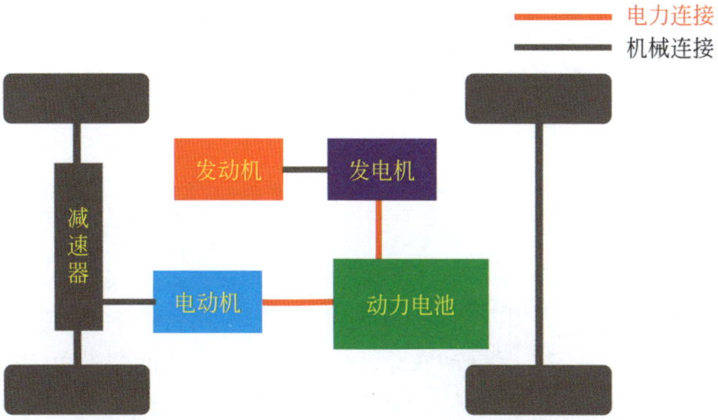

图 2.2-4　串联式混合动力系统的结构布局

扫一扫

看视频

维修提示

上述这种串联方式其实就是增程式混合动力汽车（EREV），是在纯电动汽车的基础上开发的电动汽车。典型的汽车有理想 ONE（图 2.2-5）。增程式混合动力汽车之所以叫“增程”，是体现在增加了纯电系统使用的行驶里程。从系统动力总成划分的角度上看，增程式混合动力汽车必须是串联式混合动力型式，而插电式混合动力汽车可以是并联式混合动力型式，也可以是混联式混合动力型式。

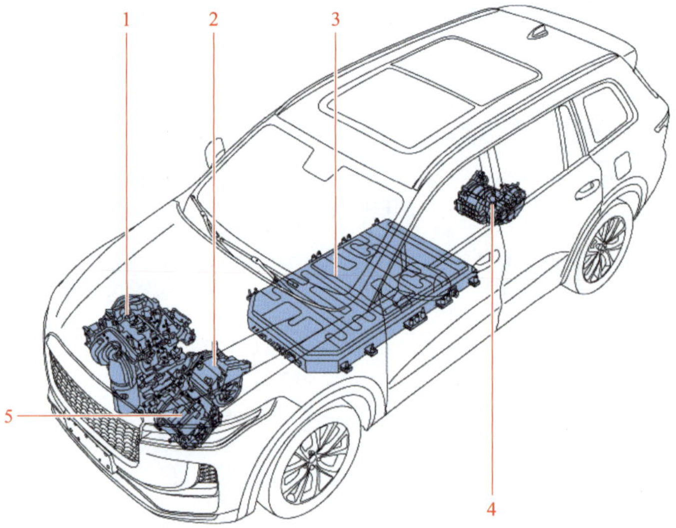

图 2.2-5 增程式电动汽车（理想 ONE）

1—增程器；2—前驱动电机；3—动力电池；
4—后驱动电机；5—发电机

增程式混合动力汽车，电动机直接驱动车轮，发动机则用于驱动发电机给电池进行充电。因为发动机并不直接驱动车轮，这相当于在普通的电动汽车上装载了一台汽油或柴油发电机。所以说，要判断一辆车到底是插电式混合动力汽车还是增程式电动汽车，其本质就是看它的发动机是否与车轮直接机械连接。

划重点

增程式电动汽车上的发动机仅用于给车辆充电，作为发电机使用。

（2）并联式混合动力系统　与串联式混合动力系统不同，在并联式混合动力系统中内燃机和电机都要与驱动轮进行机械连接。驱动车辆时不仅可以单独而且也可以同时使用两种动力传动系统。因为可以同时将作用力输送至传动系统，所以将该系统称为并联式混合动力系统。见图 2.2-6。

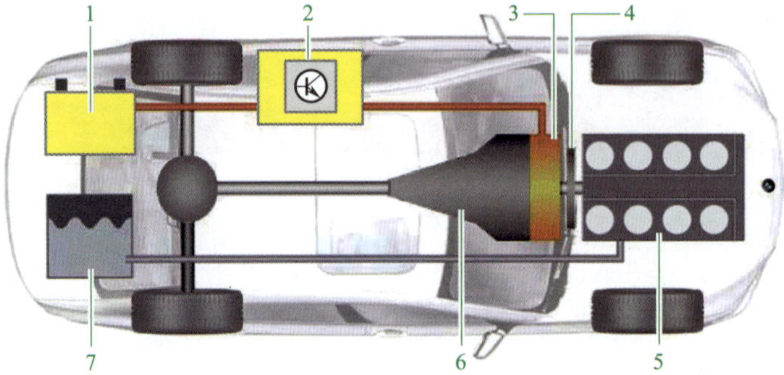

图 2.2-6 并联式混合动力传动装置的组件

1—高压蓄电池；2—供电电子装置；3—电机；4—离合器；5—内燃机；6—变速箱；7—燃油箱

内燃机、电机和变速器装在同一根轴上。内燃机和电机各自的功率加起来，就是总功率。对于四轮驱动车辆来说，并联式混合动力系统可以将动力分配到四个车轮上。

通俗地讲，并联混合动力系统的结构为普通汽车 + 电动机 = 并联。并联式混合动力系统的结构布局见图 2.2-7。

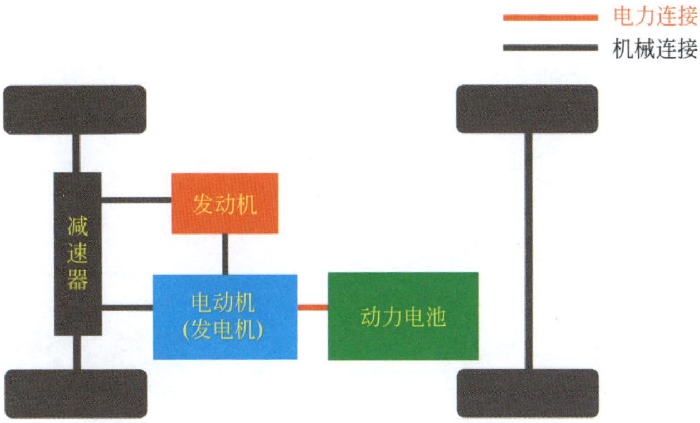

扫一扫

看视频

图 2.2-7　并联式混合动力系统的结构布局

只有一台电机，驱动车轮的时候充当电动机，不驱动车轮，给电池充电的时候充当发电机。

（3）分支式混合动力系统　因为在这种混合动力传动装置中可以用串联和并联的方式传递作用力，所以该系统也被称为串并联或功率分支式混合动力系统、混联式混合动力系统。分成两种：一种为发动机主动型，车辆运行时，主要是发动机起作用；另一种是电力主动型，车辆运行时，主要是电机起作用。

针对不同行驶状态提供以下运行模式：

❶ 由内燃机驱动发电机以便为高压蓄电池充电；

❷ 由内燃机驱动发电机，使用其所产生的电能驱动电机（串联式混合动力）；

❸ 与电机一样，内燃机以机械方式与驱动轴相连，由两个传动装置同时驱动车辆（并联式混合动力）。

功率分支式混合动力传动装置的组件见图 2.2-8。

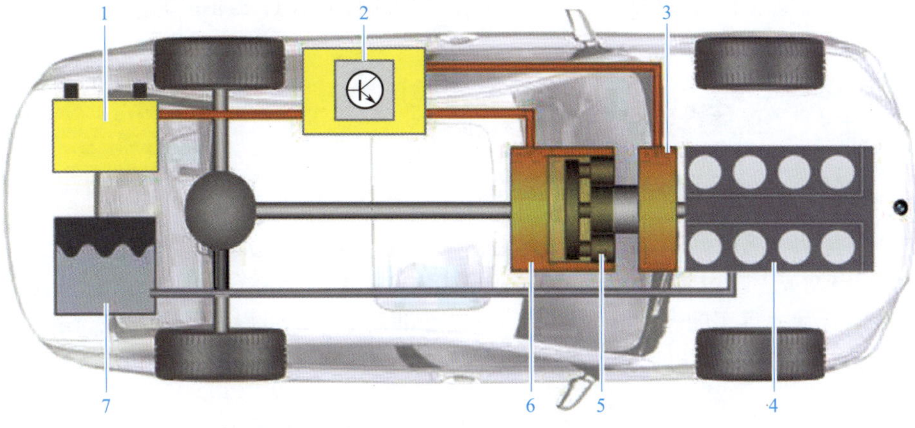

图 2.2-8　功率分支式混合动力传动装置的组件

1—高压蓄电池；2—供电电子装置；3—发电机；4—内燃机；
5—行星齿轮箱；6—电机；7—燃油箱

在这种组合式混合动力传动装置中只需使用一个离合器就可以完成两种运行模式的切换。使用功率连接混合动力传动装置的车辆可以在某一特定速度下以纯电动方式行驶。此外，通过两种传动装置良好的组合可以使内燃机始终在其最佳运行范围内工作。功率分支式混合动力传动装置的缺点是传动控制复杂且成本较高。通常只有在全混合动力中才会使用功率分支式混合动力系统。

（1）分支式混合动力系统的结构特点　分支式混合动力系统在发动机和电动机协同驱动汽车行驶的同时，发动机还能带动发电机为电池充电，不再像并联结构中单一电动机需要身兼二职，并且理论上它能够实现发动机带动发电机发电，电动机驱动汽车的模式。当然，两个动力单元也能够单独驱动车辆。分支式混合动力系统的结构布局见图 2.2-9。

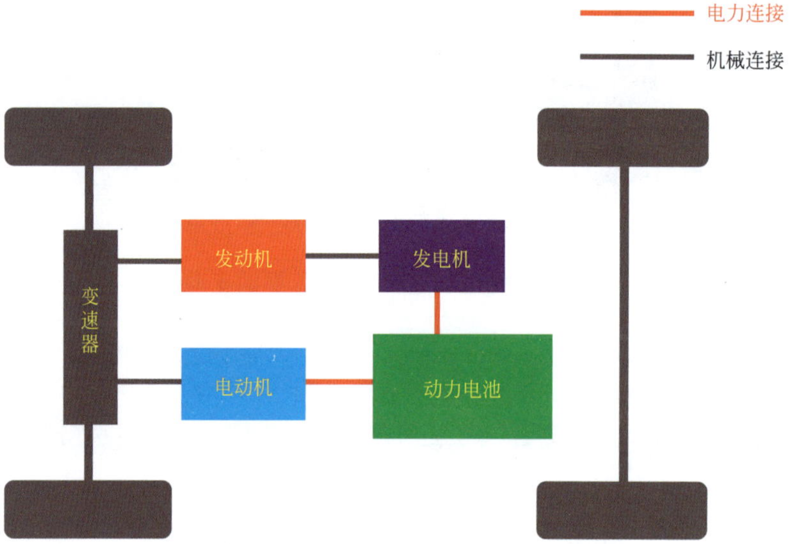

图 2.2-9　分支式混合动力系统的结构布局

（2）分支式混合动力系统的运行特点　分支式混合动力系统主要靠电机驱动，发动机为辅助，电动机和发动机都能单独驱动汽车。由于系统中配置有独立发电机，因而系统输出的最大动力等于发动机、电动机以及充当电动机（部分情况）的发电机的输出动力之和。分支式混合动力系统结构复杂，但动力性能和燃油经济性都相当出色，其中典型的有丰田 THS-Ⅱ系统。

2.3 插电式混合动力汽车

插电式混合动力汽车（PHEV）指汽车上使用了混合动力装置，而其高压蓄电池还可以通过外接电源（充电站或者家用插座）来充电。使用插电式混合动力系统可以进一步降低耗油量。

插电式混合动力汽车的电池相对较大，可以外部充电，也可以用纯电模式行驶，电池电量耗尽后再以混合动力模式（以内燃机为主）行驶，并适时向电池充电。插电式混合动力的组件见图 2.3-1。

插电式混合动力车型，简单地说就是介于电动汽车与燃油汽车两者之间的一种车型。既有传统汽车的发动机、变速器、传动系统、油路、油箱，也有电动汽车的电池、电机、控制电路。而且电池容量比较大，行驶里程更长，有充电接口。

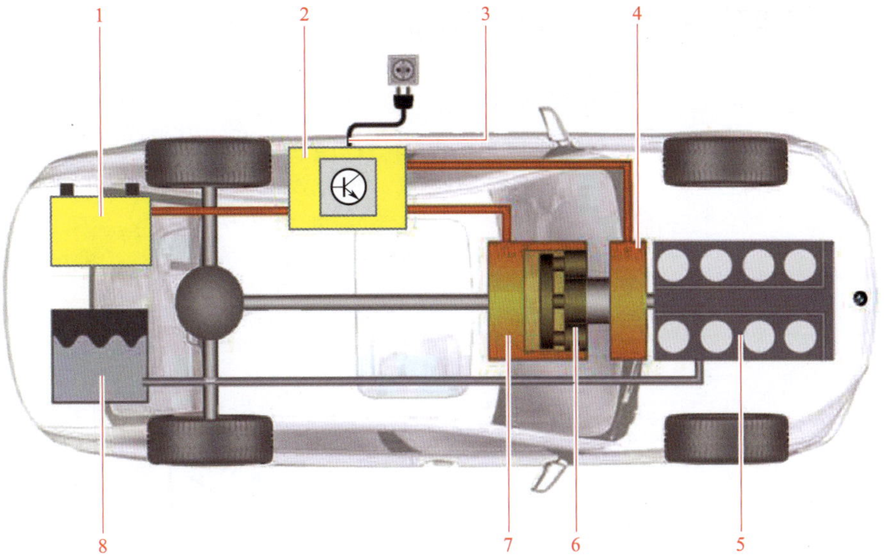

图 2.3-1　插电式混合动力的组件

1—高压蓄电池；2—供电电子装置；3—电源插头；4—发电机；
5—内燃机；6—行星齿轮箱；7—电机；8—燃油箱

2.4　纯电动汽车

2.4.1　基本结构原理

纯电动汽车的结构与燃油汽车相比，主要增加了电力驱动控制系统，取消了发动机。当汽车行驶时，由蓄电池输出电能（电流），通过控制器驱动电机运转，电机输出的转矩经传动系统带动车轮前进或后退。

纯电动汽车的基本结构比较简单，主要由动力电池和电动机组成。动力电池、变速器和电动机之间是电气连接；电动机、减速器和车轮之间为机械连接（图 2.4-1）。

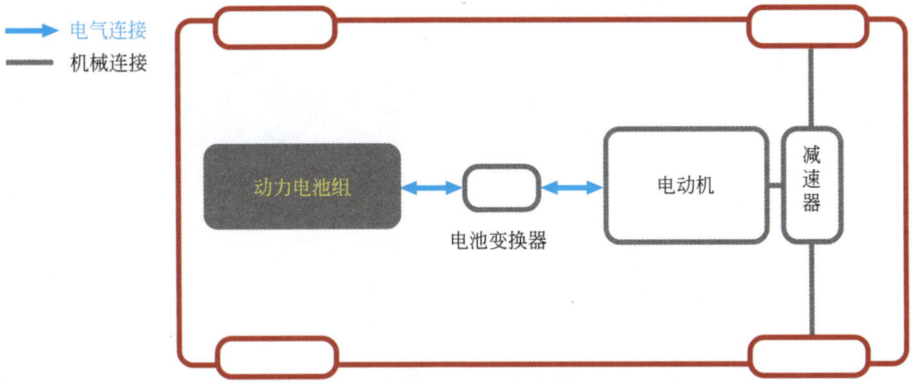

图 2.4-1　纯电动汽车基本结构原理示意

2.4.2 核心部件——“三电”系统

纯电动汽车主要由“三电”系统（即以动力蓄电池为核心的电源系统、以驱动电机为核心的驱动电机系统和以警车控制器为核心的电控系统）以及其他辅助系统组成见图 2.4-2 和图 2.4-3。

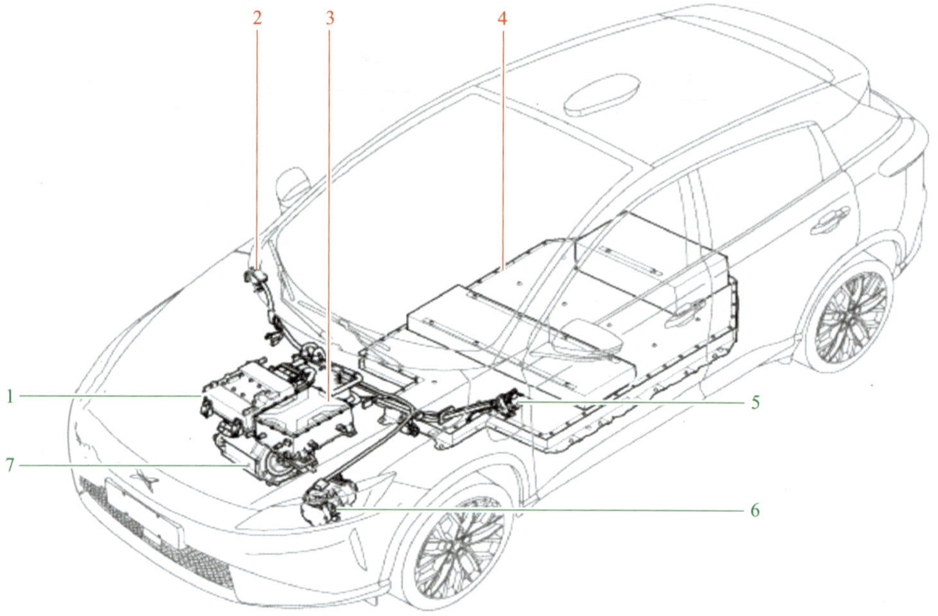

图 2.4-2　电动化系统整车布局

1—电机控制器；2—交流充电口；3—充电机 / 直流转换器；4—动力电池；5—直流充电口；6—空调压缩机；7—驱动电机

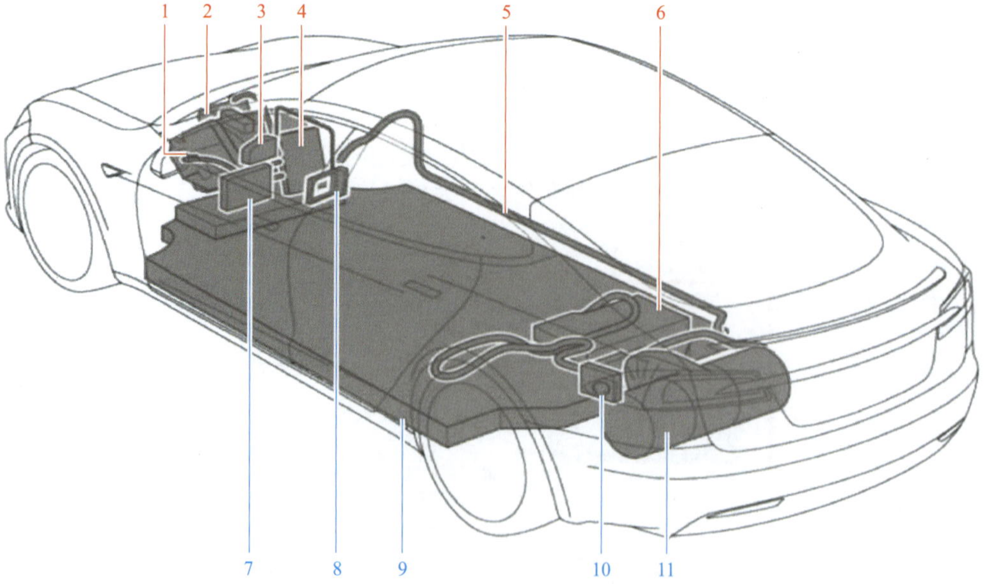

图 2.4-3　电动化系统整车布局（双电机）

1—前置电机；2—空调压缩机；3—电池冷却剂加热器；4—前接线盒；5—高压电缆；6—车载充电器；7—直流 / 直流变换器；8—驾驶室加热器；9—电池；10—充电端口；11—后置电机

（1）电源系统　电源系统主要包括动力电池、电池管理系统、车载充电机及辅助动力源等。动力电池是电动汽车的动力源，是能量的存储装置。

动力电池，通常也称高压蓄电池，在电动汽车标准术语中称动力蓄电池。动力电池的功能是存储能量，通过从主电源电路充电以及通过再生制动接收能量（图 2.4-4 和图 2.4-5）。

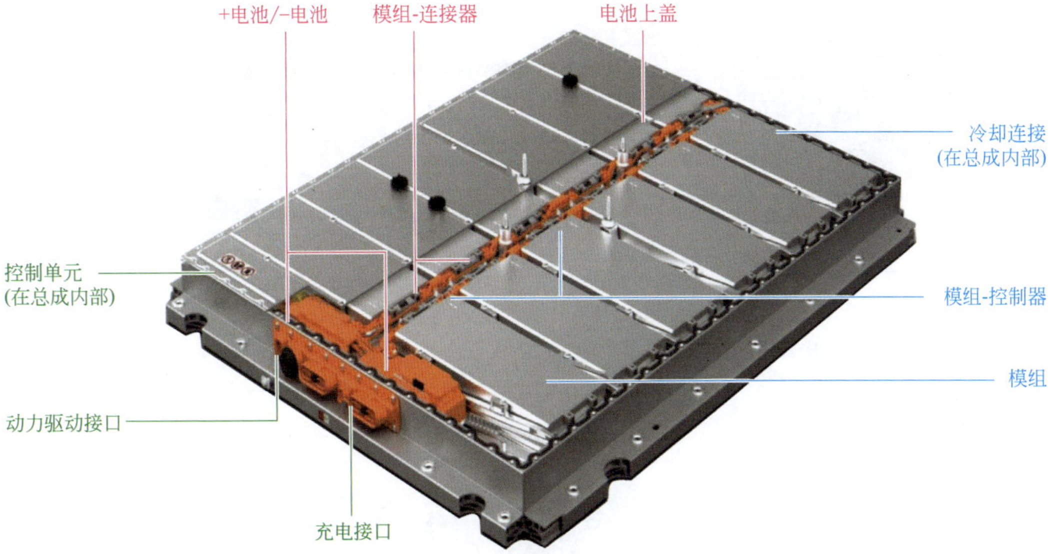

图 2.4-4　动力电池（总成）

图 2.4-5　动力电池结构

（2）驱动电机系统　驱动电机系统以驱动电机为核心，是将存储在蓄电池中的电能高效地转化为车轮的动能，进而推进汽车行驶，并能够在汽车减速制动或者下坡时，实现再生制动（图 2.4-6）。

驱动电机系统由驱动电动机、驱动电机控制器构成，通过高低压线束、冷却管路，与整车其他系统作电气和散热连接。

驱动电机通常为三相永磁同步电机，是电动汽车的“心脏”，是纯电动汽车的唯一动力来源，是汽车行驶的主要执行机构，其决定汽车的动力性等重要指标（图 2.4-7 和图 2.4-8）。

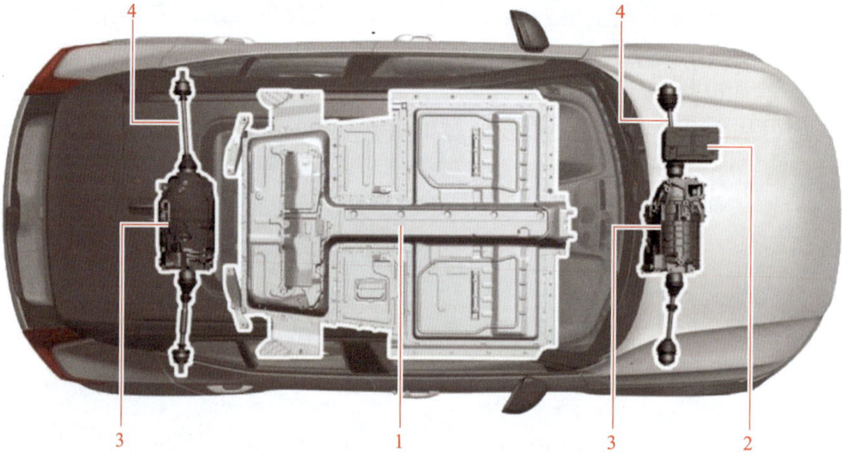

图 2.4-6　驱动电机系统

1—动力电池；2—蓄电池（12V）；3—驱动电机；4—传动轴

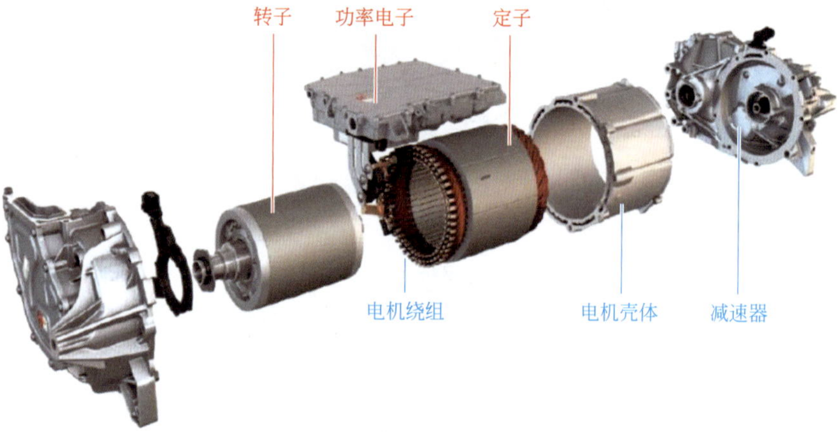

图 2.4-7　驱动电机

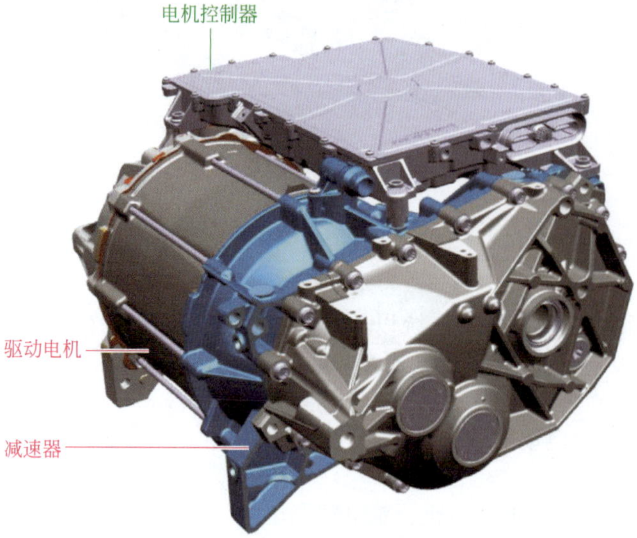

图 2.4-8　电驱系统（“三合一”电驱）

（3）整车控制器　整车控制器是电机系统的控制中心。它对所有的输入信号进行处理，并将电机控制系统运行状态的信息发送给电机控制器。根据驾驶员输入的加速踏板和制动踏板的信号，向电机控制器发出相应的控制指令，对电机进行启动、加速、减速、制动控制。

（4）其他功能和控制系统　其他功能和控制系统包括减速器（图 2.4-9）、车载充电源系统（图 2.4-10）、电动空调和热管理系统（图 2.4-11）、电动转向系统等。

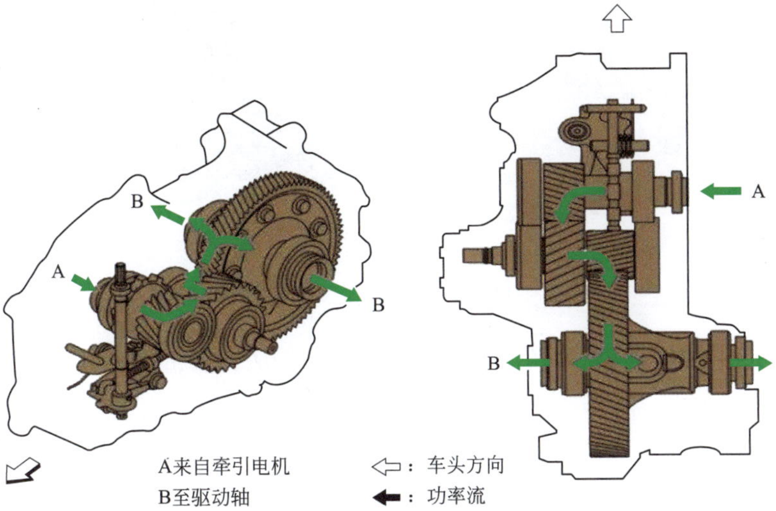

图 2.4-9　减速器

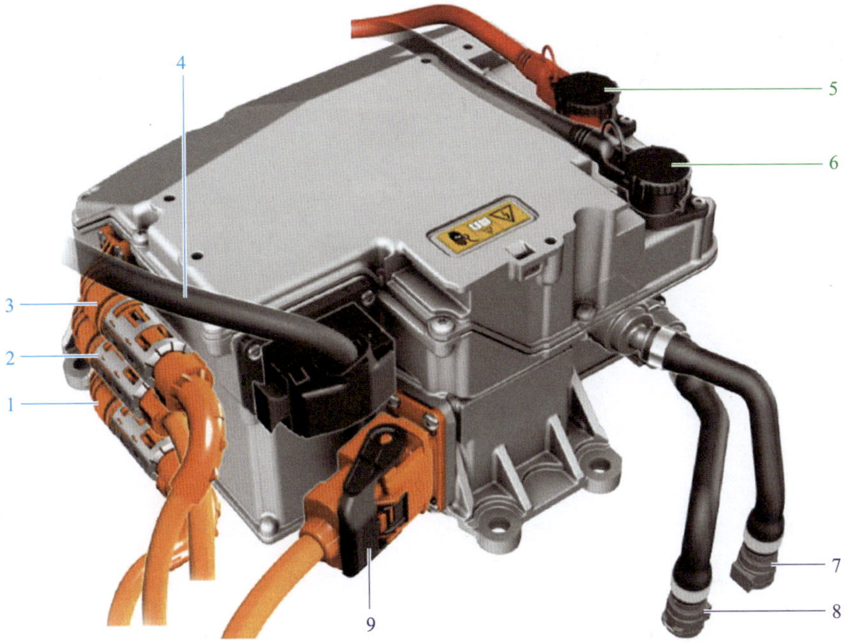

图 2.4-10　车载电源系统

1—连至电子暖风装置（车厢内部）和连至电加热装置（动力电池）的高压接口；
2—连至电动空调压缩机的高压接口；3—连至高压蓄电池单元的高压接口；4—低压电车载网络的接口；
5—12V 供电正极（DC/DC 转换器输出端）；6—12V 供电负极（DC/DC 转换器输出端）；
7—冷却液回流接口；8—冷却液进流接口；9—交流充电高压接口（充电接口的输入端）

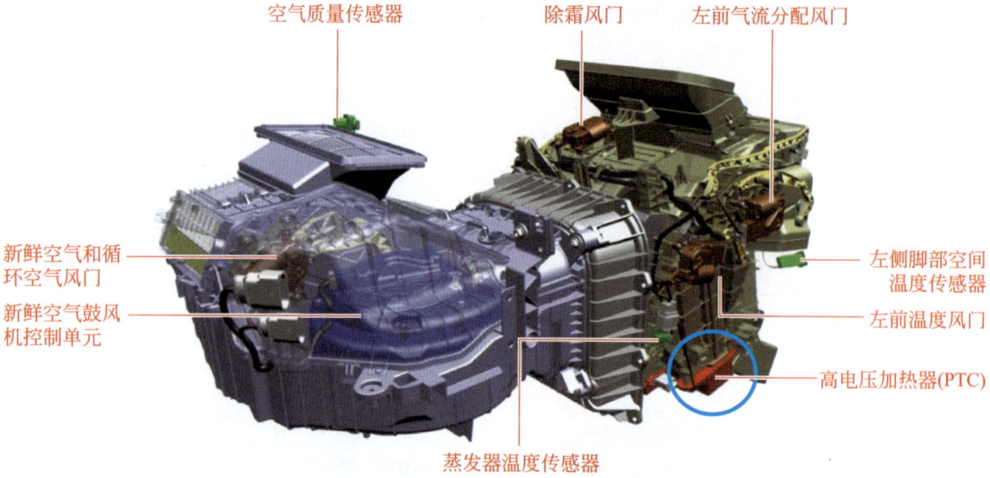

图 2.4-11　电动空调和热管理系统

（5）辅助系统　辅助系统包括车载信息显示系统、照明及除霜装置、刮水器和收音机等，借助这些辅助设备来提高汽车的操纵性和驾乘的舒适性。

扫一扫

看视频

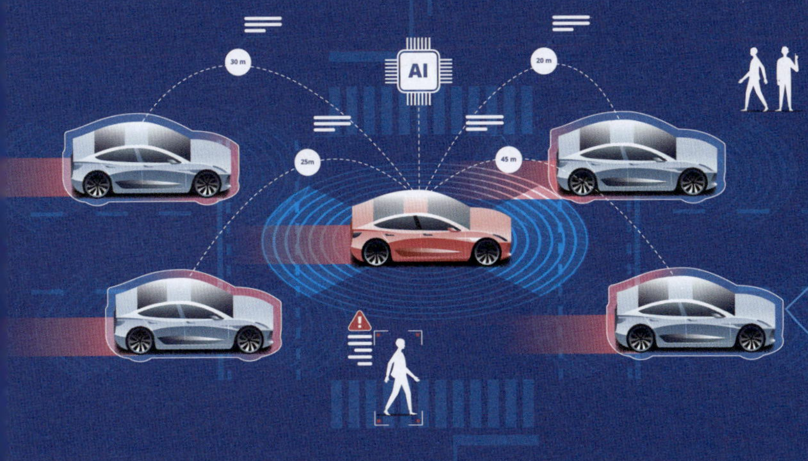

第 3 章 新能源汽车维护

3.1 维护特点

3.1.1 整车维护

（1）工况特点 纯电动汽车采用纯电驱动，不需要使用发动机提供动力，在各种工况下都由电动机驱动，在环保方面完全实现了零排放，这是与传统燃油汽车最主要的区别。此外，纯电动汽车和混合动力汽车完全在纯电动工况下行驶，车内、车外声音极小，能给用户提供燃油车无法比拟的驾驶、乘坐环境。如果感觉电机噪声很大，则需要进行维护检查。

由于驾驶习惯、道路状况、气候条件等因素的影响，实际电能消耗量与续驶里程可能与车辆标识的电能消耗量不同。

（2）存放环境 电动汽车允许短期存放的温度范围为 -40 ～ 55℃，如果存放时间超过一周，温度应确保在 -10 ～ 45℃。

3.1.2 电池系统维护

（1）电池 使用锂离子动力电池储存电能，行驶前动力电池尽量保持电量充足。车辆行驶过程中，动力电池处于逐渐放电状态，当动力电池电量不足时，必须给动力电池充电，否则车辆无法行驶。

电动汽车装备两种电池：一种是锂离子动力电池（高压），用于给驱动电机供电，驱动车辆行驶，动力电池包安装与车身有机地融为一体，充分保证电池和整车的安全；另一种是低压的

12V 蓄电池，布置在前机舱，其功能与传统燃油汽车的 12V 蓄电池相同，用于向车上的大灯、音响、喇叭等低压电气系统供电。电动汽车中 12V 蓄电池的电量来自动力电池。

（2）电池管理单元　电池管理单元在动力电池总成内部，时刻监控动力电池，根据每节电池的电压、电流等各项性能指标，调整电池对外输出，防止过充、过放、过温等一系列影响电池性能的问题出现，从而保证电池一直在正常状态下工作。

3.1.3　高压系统维护

电动汽车高压系统电压有几百伏，严禁在未断开高压电的情况下裸手触碰高压部件，高压部件包括：驱动电机控制器、分线盒、动力线束装置、车载充电机、高压主线缆、快充充电插头、快充充电插座、动力电池、驱动电机、慢充充电插座、慢充充电插头等（图 3.1-1）。车内高压线缆都用橙色波纹管包裹，注意识别（图 3.1-2）。

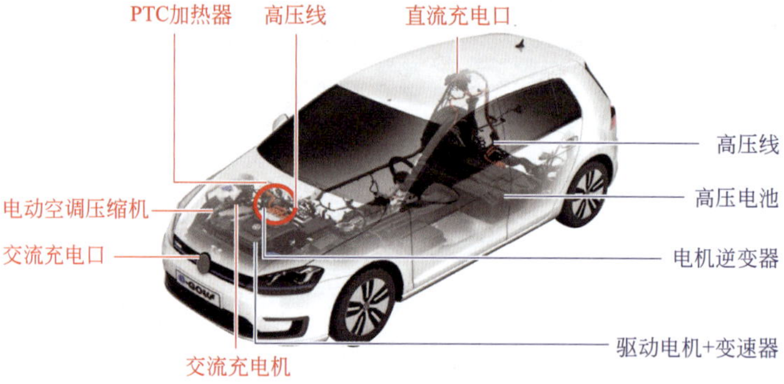

图 3.1-1　高压部件

扫一扫

看视频

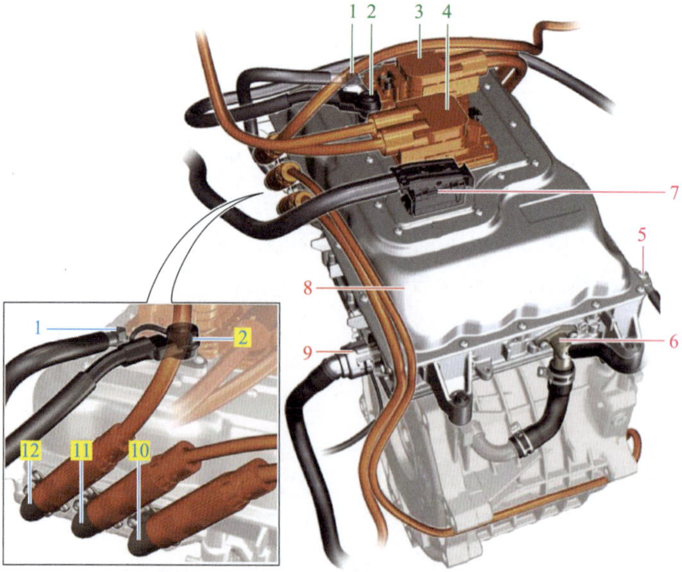

图 3.1-2　高压线（橙色）

1—DC/DC 变换器（-12V 输出端）；2—DC/DC 变换器（+12V 输出端）；3—至高电压蓄电池的高电压导线（直流电）；4—至增程电机电子装置的高电压导线（直流电）；5—电位补偿导线接口；6—冷却液管路（输入端，自电机）；7—低电压插头；8—电机电子装置壳体；9—冷却液管路（输出端，至散热器）；10—至电动制冷剂压缩机的高电压接口；11—至电气加热装置的高电压接口；12—自充电接口（交流电充电）的高电压接口

3.1.4　充电系统维护

（1）回收及充电特点

❶ 电动汽车使用充电插头与电网连接，为动力电池充电。此外，在制动时，通过驱动电机发电，将部分电能储存到动力电池内，称为能量回收，从而延长车辆续航里程。

❷ 电动汽车慢速充电枪和慢速充电口盖都配备相应的应急解锁装置，以便在遇到突发情况时能够打开慢充充电口盖和解锁慢充充电枪。

❸ 在初次使用车辆时，可以采用交流慢充方式将车辆充满电后再使用，有助于更准确地估算车辆续驶里程。

（2）充电注意事项

❶ 充电前请务必先将车身充电口附近的雨水、污渍擦干，再打开充电口充电。特别注意充电插座及其附近区域不得残留水渍。

❷ 充电时禁止触摸充电接口、充电插头的金属部分，若车辆或车载充电机出现电火花，则禁止触摸电动车辆和任何器件，否则会受到电击，引起人身伤亡。

❸ 充电过程中，确保充电线缆处于自然状态，而不是悬挂在空中。

❹ 如果发现车上出现特殊气味或烟雾，请立即安全地切断供电电源。

❺ 拔下充电插头时请握住插头绝缘部分进行操作，禁止直接拖、拽充电线缆。

3.1.5　其他维护事项

❶ 车辆处于可行驶状态（READY 状态），挡位置于“D”挡（前进挡）或“R”挡（倒挡）时，松开制动踏板和电子驻车制动器，车辆会缓慢前进。

❷ 在清洗车辆时，不要将水枪对准车辆底部接插件进行冲洗。

❸ 车辆使用环境中应无腐蚀性、爆炸性和破坏绝缘的气体或导电尘埃，并远离热源。

❹ 任何时候都严禁用双手同时触摸动力电池箱体的正负极柱。

❺ 严禁对动力电池进行挤压、刺穿、燃烧等破坏电池系统的行为。

3.2　检查与保养

电动汽车应在间隔的时间或里程段进行维护。根据目视检查或系统操作（性能）功能测量的结果，按需进行修正、清洗或更换。保养项目是根据车辆正常行驶情况下制定的，对于经常在恶劣条件下使用的车辆，应增加保养频率。

3.2.1　“三电”系统的检查

❶ 断开蓄电池负极。

❷ 检查高压接插件、低压接插件外观，以及安装是否可靠；检查接插件表面是否有损坏，以及安装是否到位。

❸ 检查集成电力驱动总成的可靠情况（检查高压线束的连接是否可靠，检查固定支架是否松动，读取故障码）。

❹ 检查动力电池的可靠情况（检查与电池箱相连接的高压线束连接是否可靠，用专用工具检测电芯工作状态，读取故障码）。

❺ 检查集成电源系统的可靠情况（检查高压和低压接插件连接是否完好，检查蓄电池正负极线束连接是否可靠，检查安装螺母是否紧固，读取故障码）。

❻ 检查特殊部位的高压线束（底盘下的高压线束及高压线束护板是否有损坏，与电机连接部位是否可靠、完好，快、慢充电高压线束连接是否可靠、完好）。

3.2.2 电动化系统保养项目及周期

电动汽车电动化系统保养项目及周期如表 3.2-1 所示。

表 3.2-1 电动汽车电动化系统保养项目及周期

系统	检查项目	每 5000km 或半年	每 10000km 或一年	每 40000km 或两年
动力电池系统	电池包外观	检查	检查	检查
	异味检查	检查	检查	检查
	高压插接器及线束	—	检查	检查
	低压插接器及线束	—	检查	检查
	螺栓扭矩	紧固	紧固	紧固
	平衡阀 / 透气阀	—	—	检查
	维修开关	—	—	检查
电机系统	前、后电机外观	检查	检查	检查
	插接器及线束	—	检查	检查
	温控管路	检查	检查	检查
	支撑胶及螺栓扭矩	—	紧固	紧固
充电系统	“三合一”外观	检查	检查	检查
	高压插接器及线束	检查	检查	检查
	低压插接器及线束	检查	检查	检查
	温控管路	—	检查	检查
	低压输出正端子	检查	检查	检查
	接地端子	检查	检查	检查
	螺栓扭矩	—	检查	检查

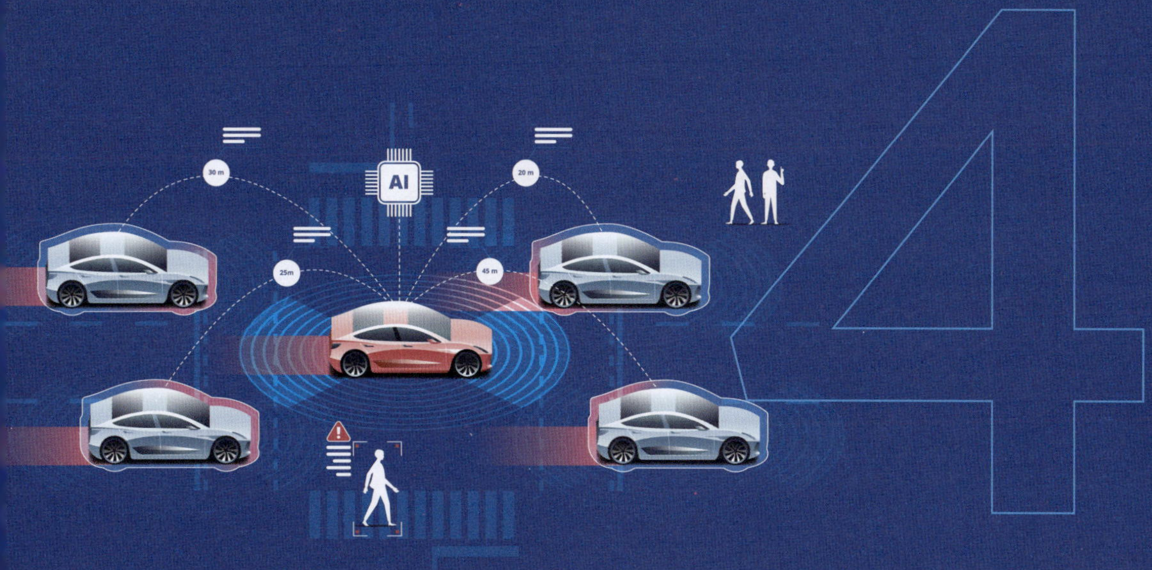

第4章
动力电池系统结构原理与维修

电动汽车普遍使用三元锂电池和磷酸铁锂电池等高压蓄电池为动力电池（图4.0-1）。三元锂电池的能量密度很高，对于续航里程有要求的纯电动汽车，其应用前景更广，是目前动力电池的主流方向。三元锂电池也就是三元材料电池，一般是指采用镍钴锰酸锂或镍钴铝酸锂三元正极材料的锂电池，把镍盐、钴盐、锰盐作为三种不同的成分比例进行不同的调整，所以称为“三元”。

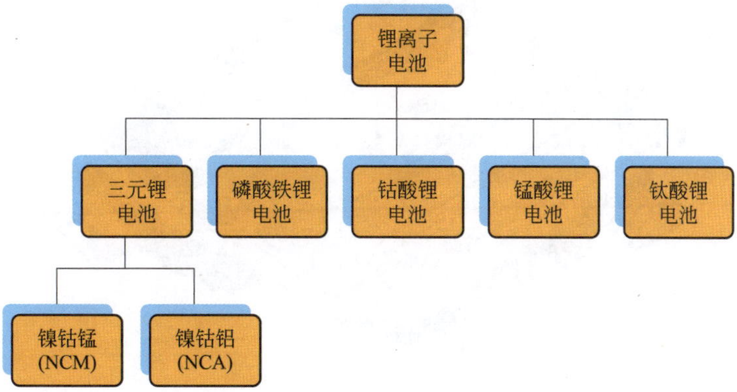

图4.0-1　锂电池类型

扫一扫

看视频

维修提示

在电动汽车中，高压蓄电池单元、高压蓄电池、高压电池包、电池箱总成均表示动力电池，在《电动汽车术语》(GB/T 19596—2017）中称为动力蓄电池。

4.1 动力电池基本构造与零部件识别

4.1.1 动力电池外部特征

在动力电池上，粘贴了铭牌警示牌。铭牌上提供了关于高压蓄电池单元的具体信息（包括零件号码、系列号、装配号码等）以及重要的技术数据（例如额定电压、容量等)。如图 4.1-1 ～图 4.1-3 所示，根据设计和装车需求，动力电池有不同的外形。

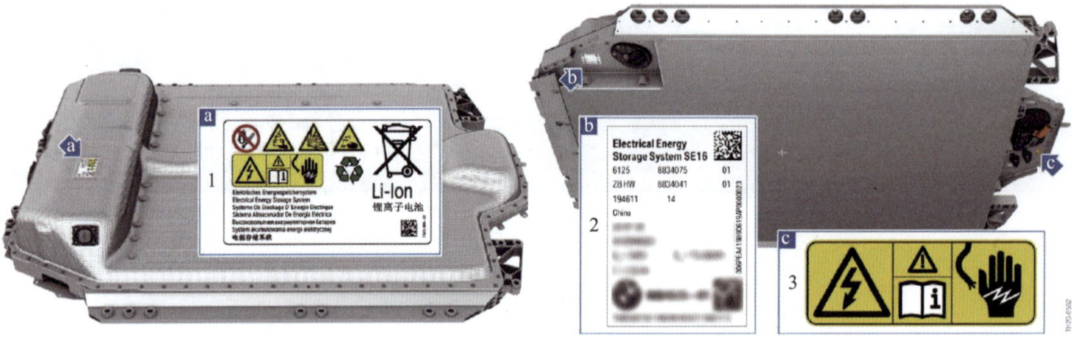

图 **4.1-1**　动力电池（宝马某款纯电动汽车）

1—高压蓄电池单元的警告牌；2—带有技术数据的铭牌；3—高压组件的警告

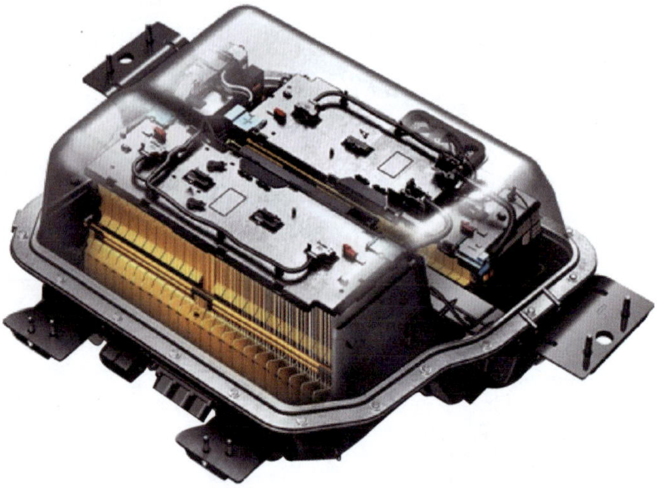

图 **4.1-2**　动力电池（混合动力汽车）

图 4.1-3　动力电池（纯电动力汽车）

4.1.2　动力电池内部结构

动力电池内部结构如图 4.1-4 和图 4.1-5 所示。

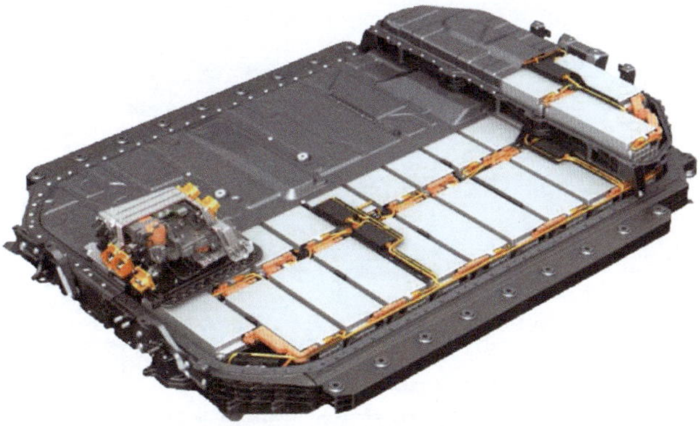

图 4.1-4　动力电池

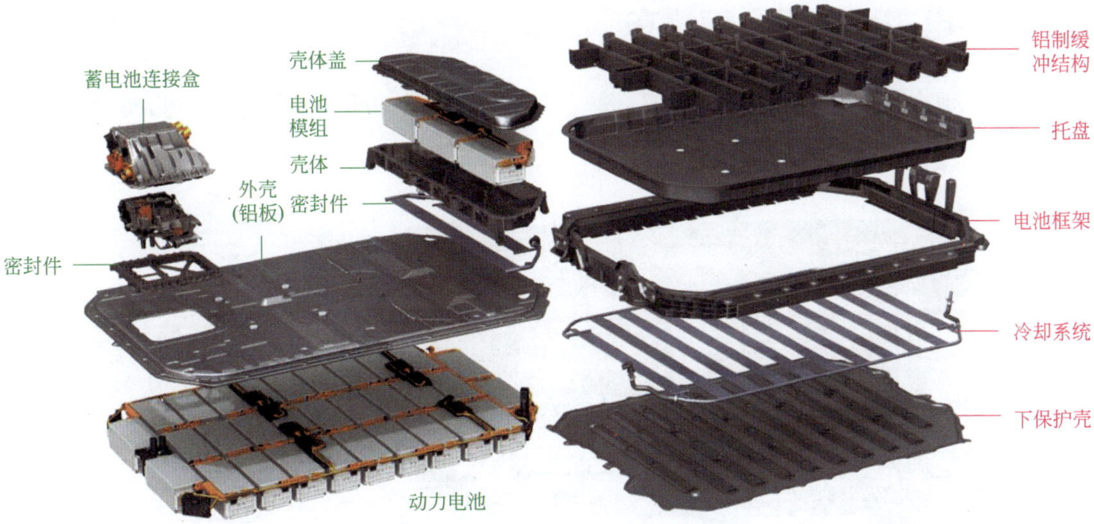

图 4.1-5　动力电池组成

电池壳体密封满足高压水枪或高温水蒸气冲刷标准。

举例说明

如图 4.1-6 所示为蔚来 ES8 动力电池。该系统共有 32 个基础电池模组并通过串并联的方式实现，模组与外壳体之间通过螺纹连接固定，每 4 个模组共用一块冷却板，系统共有 8 块独立的冷却水板，电池管理单元、电力分配单元、高低压电气连接接口、冷却连接接口均布置在电池包的一侧。

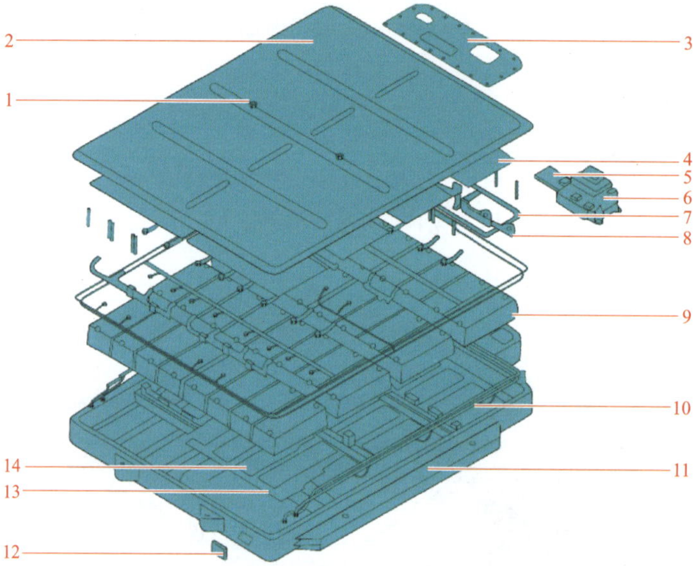

图 4.1-6 蔚来 ES8 动力电池

1—顶部套筒；2—顶板；3—前盖板；4—防火垫；5—电池管理系统；6—电源分配单元；7—密封圈；8—铜排；9—模组；10—冷却水管；11—电池底壳；12—泄压阀；13—冷却板；14—导热垫

4.1.3 电芯和模组内部排布

动力电池由多个电池模组串联而成，每一个电池模组内部都有多个单体电池并联连接构成蓄电池模块（图 4.1-7 和图 4.1-8）。

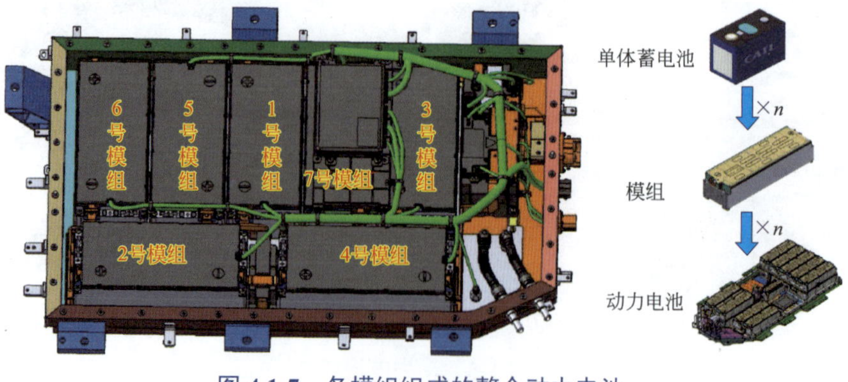

图 4.1-7 各模组组成的整个动力电池

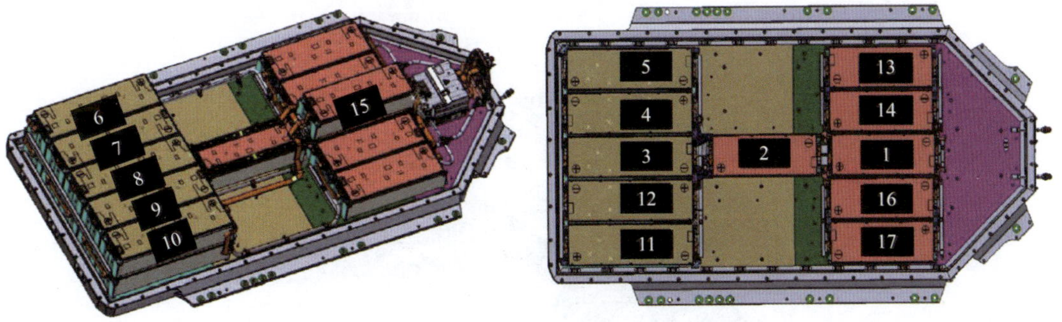

(a) 上层模组　　(b) 下层模组

图 4.1-8　双层排布的电池模组

（1）单体蓄电池（电芯）　将化学能与电能进行相互转换的基本单元装置，通常包括电极、负极、隔膜、电解质、外壳和端子，并被设计成可充电，也称作电芯。

锂电池按结构形式不同可分为圆柱形锂离子电池、方形锂离子电池、软包电池和纽扣式锂离子电池。其中原型根据尺寸，主要型号为 18650 和 26650、21700 等。电动汽车上主要采用圆柱形锂离子电池和方形锂离子电池（图 4.1-9）。纽扣式锂离子电池在汽车上主要用于遥控钥匙。

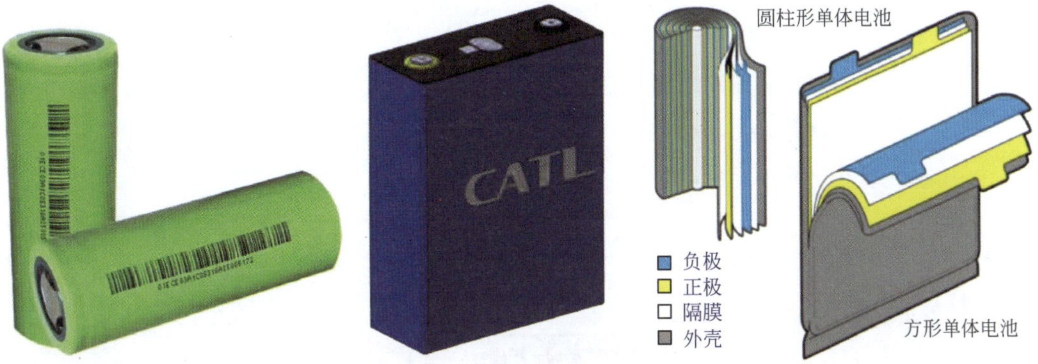

图 4.1-9　单体蓄电池结构

按电解质不同可以分为液态锂离子电池、聚合物锂离子电池和全固态锂离子电池，其中液态锂离子电池由有机溶剂和锂盐构成，目前锂离子电池仍是主流。

举例说明

例如 18650 型号圆柱形锂离子电池：18 代表电池的直径为 18mm，65 代表不包含极柱的电池高度为 65mm，0 代表圆柱形形状。

（2）蓄电池模组　将一个以上单体蓄电池或蓄电池模块按照串联、并联或串并联混合方式组合，并作为电源使用的组合体，称为蓄电池模组（图 4.1-10）。

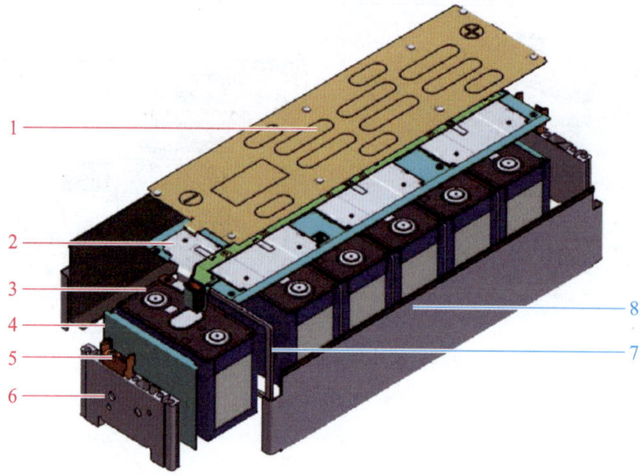

图 4.1-10　蓄电池模组

1—上盖；2—线束隔离板组件；3—电芯；4—端板绝缘膜；
5—输出级底座；6—端板；7—口字缓冲垫；8—侧板

划重点

单体电池组合成电池模组有并联、串联和混联。并联、串联和混联分别用 P、S 和 SP 来表示。采用这样的连接方式的目的：

① 串联在一起，可提升电压；

② 并联在一起，可提升电量；

③ 混联在一起，电压累积，容量累积。

❶ 1P4S：1 并 4 串。即 1 个电芯并联，由 4 个电芯串联一起，组成一个电池模组（图 4.1-11）。

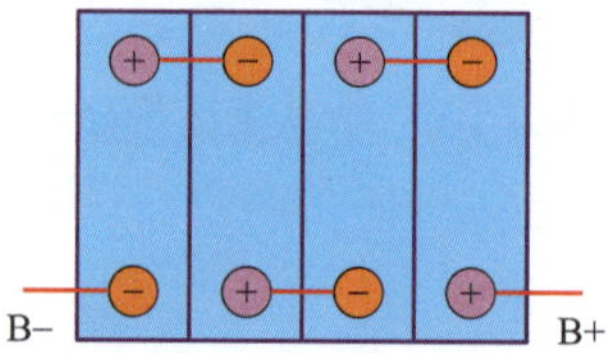

图 4.1-11　1P4S 排布

❷ 2P4S：2 并 4 串。即 2 个电芯并联组成一个独立的蓄电池电芯组，再由 4 个蓄电池电芯组串联一起，组成一个电池模组（图 4.1-12）。这样的连接方式，可把两个电芯看成一个电芯。

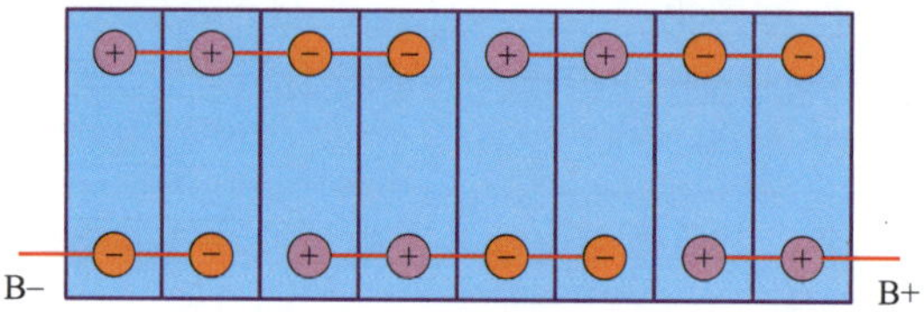

图 4.1-12　2P4S 排布

❸ 3P4S：3 并 4 串。即 3 个电芯并联组成一个独立的蓄电池电芯组，再由 4 个蓄电池电芯组串联一起，组成一个电池模组（图 4.1-13）。这样的连接方式，可把三个电芯看成一个电芯。

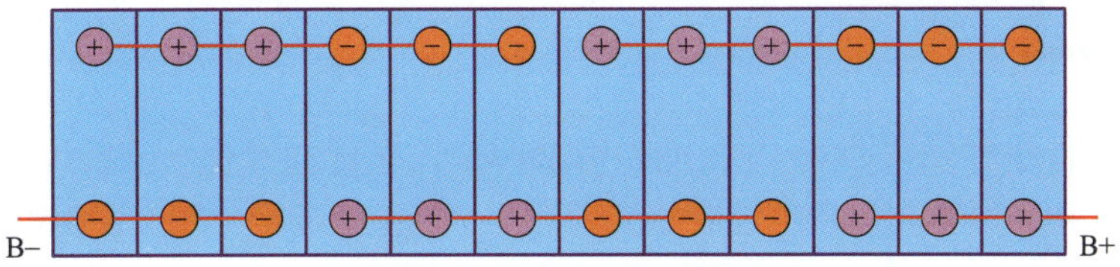

图 4.1-13　3P4S 排布

动力电池额定电压 / 串联数 = 单体电压。

举例说明

例如 3P91S：表示 3 个电芯并联成 1 个独立单体电池，再由 91 个独立单体电池串联成动力电池总成，假如这个动力电池的额定电压为 332V，则单体电池电压为：332V/91 ≈ 3.6V。这里三个单独电芯组成一个电芯组，那么其单独电芯电压约为 1.2V。

4.1.4　电池管理系统电气结构

（1）电池管理系统（BMS）控制单元结构

BMS 控制单元布局在动力电池总成内部，如图 4.1-14 所示为 BMS 控制单元插件端。BMS 和其他控制系统一样有硬件和软件，BMS 具有数据采集和控制的功能。

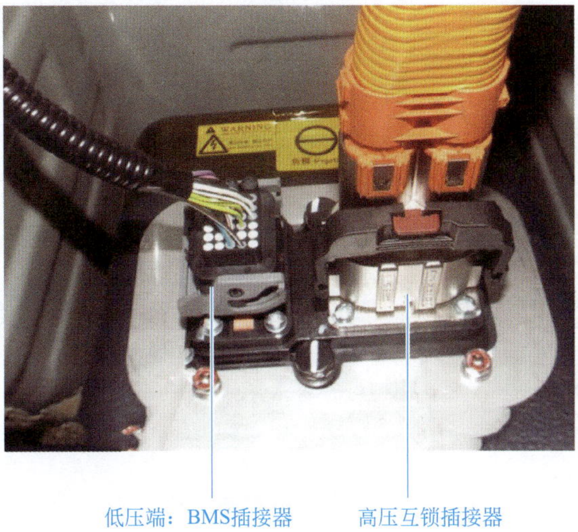

扫一扫

看视频

图 4.1-14　BMS 控制单元插件端

❶ 硬件。BMS 硬件有主板、从板及高压盒，还包括采集电压线、电流、温度等数据的电子器件。

❷ 软件。BMS 软件方面有监测电池的电压、电流、SOC 值、绝缘电阻值、温度值，与功率集成单元（PEU）通信，控制动力电池系统的充放电。

举例说明

如图 4.1-15 所示是奥迪 e-tron 动力电池以及控制单元分布，共分布有 12 个蓄电池模组控制单元，每一个蓄电池模组控制单元管理三个蓄电池模组。每个模组控制单元负责测量 3 个蓄电池模组的电压、测量蓄电池格的温度、电池格组。

具体控制分布：蓄电池模块控制单元 1（J1208），控制蓄电池模组 1 ~ 3；蓄电池模块控制单元 2（J1209），控制蓄电池模组 4 ~ 6；蓄电池模块控制单元 3（J1210），控制蓄电池模组 7 ~ 9；蓄电池模块控制单元 4（J1211），控制蓄电池模组 10 ~ 12；蓄电池模块控制单元 5（J1212），控制蓄电池模组 13 ~ 15；蓄电池模块控制单元 6 （J1213），控制蓄电池模组 16 ~ 18；蓄电池模块控制单元 7（J1214），控制蓄电池模组 19 ~ 21；蓄电池 模块控制单元 8（J1215），控制蓄电池模组 22 ~ 24；蓄电池模块控制单元 9（J1216），控制蓄电池模组 25 ~ 27；蓄电池模块控制单元 10（J1217），控制蓄电池模组 28 ~ 30；蓄电池模块控制单元 11（J1218），控制蓄电池模组 31 ~ 33；蓄电池模块控制单元 12（J1219），控制蓄电池模组 34 ~ 36。

蓄电池模组控制单元通过 CAN 总线与蓄电池调节控制单元 J840（图 4.1-16）和高电压蓄电池开关盒进行通信。

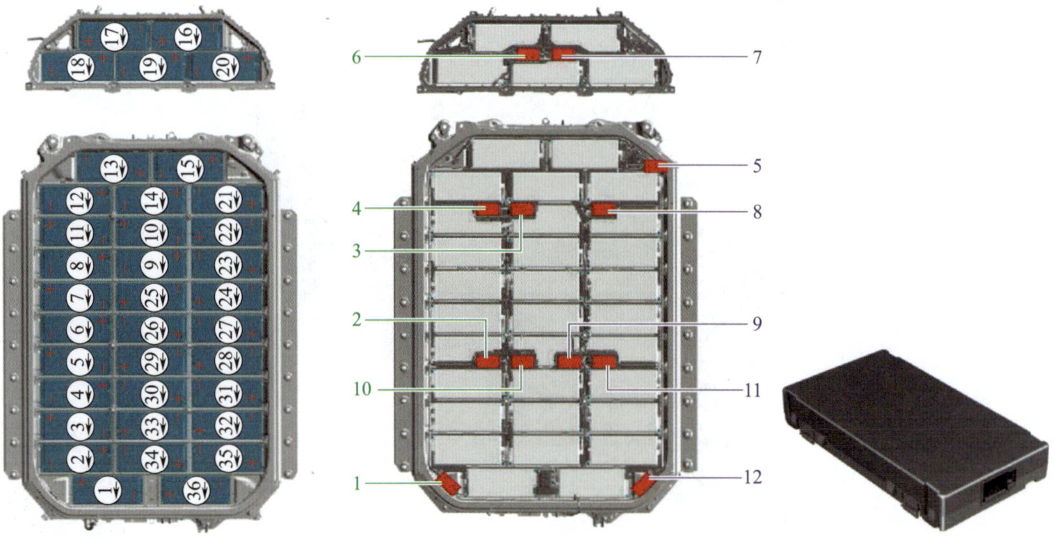

(a) 蓄电池模组(1～36)　　(b) 蓄电池模组控制单元(1～12)　　(c) 模组控制单元

图 4.1-15　奥迪 e-tron 动力电池以及控制单元分布

（2）电池管理系统（BMS）功能　动力电池管理系统（BMS）是电池保护和管理的核心

部件，在动力电池系统中，它不仅要保证电池安全可靠的使用，而且要充分发挥电池的能力和延长电池的使用寿命，作为电池和其他控制器以及驾驶信息沟通，根据采集到的动力电池系统的基本参数及故障信息，通过控制继电器控制动力电池的充电和放电。BMS 具备的功能：

图 4.1-16　蓄电池调节控制单元

❶ 通过电压；

❷ 电流及温度检测等功能实现对动力电池系统的过压、欠压、过流、过高温和过低温保护；

❸ 继电器控制；

❹ SOC 估算；

❺ 充电管理；

❻ 平衡控制；

举例说明

如图 4.1-17 所示的是估算电池格电压及平衡控制示意。在这个例子中，3 号单元 100% 充电，充电循环就结束了，尽管高电压蓄电池整体充电量只达到了 92.5%。

对 3 号单元进行放电，使得充电循环可以继续，高电压蓄电池的充电水平就可以上升到 100%。

充电时，电压差超过 1% 执行平衡。点火开关关闭，蓄电池充电状态高于 30% 执行平衡。

❼ 故障报警及处理；

❽ 与其他控制器通信功能等；

❾ 高压回路绝缘检测功能以及为动力电池系统加热功能。

维修提示

各种车系的电池控制管理装置的具体控制策略可能有所不同，对蓄电池控制系统的装置的命名也可能有所不同 [例如宝马车系称蓄能器管理电子装置（SME），见图 4.1-18]，但蓄电池电子控制装置的具体作用肯定是行使控制蓄电池的功能，例如奥迪 e-tron 蓄电池调节控制单元具体行使以下控制功能。

① 确定高电压蓄电池的充电状态。

② 确定并监控允许的充电电流和放电电流以及蓄电池充电的电压和电流。

③ 评估高电压开关盒所测得的高电压系统绝缘电阻值（图 4.1-19）。在高电压系统处于激活状态时，高电压蓄电池开关盒（图 4.1-20）每隔 30s 就会进行一次绝缘检查。

④ 监控安全线。

⑤ 估算电池格电压及平衡。

⑥ 把要求高电压蓄电池加热的指令发给温度管理控制单元（J1024）。

⑦ 按温度管理控制单元提供的参数来激活高电压蓄电池冷却液泵。

⑧ 在发生碰撞时促使接触器脱开。

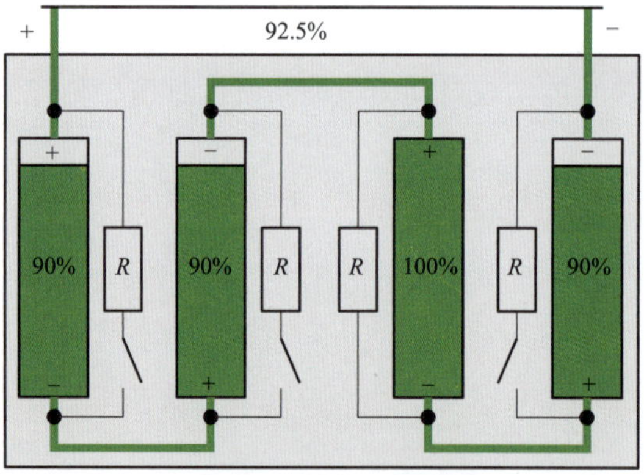

图 4.1-17　估算电池格电压及平衡控制示意

图 4.1-18　蓄能器管理电子装置（SME）（宝马 iX3 G08 BEV）

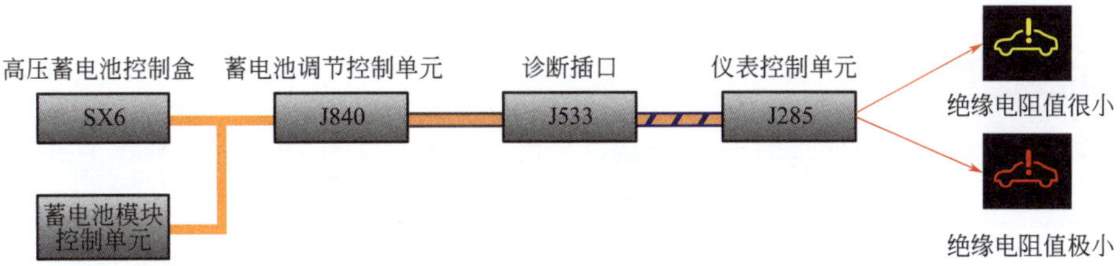

图 4.1-19　绝缘检查

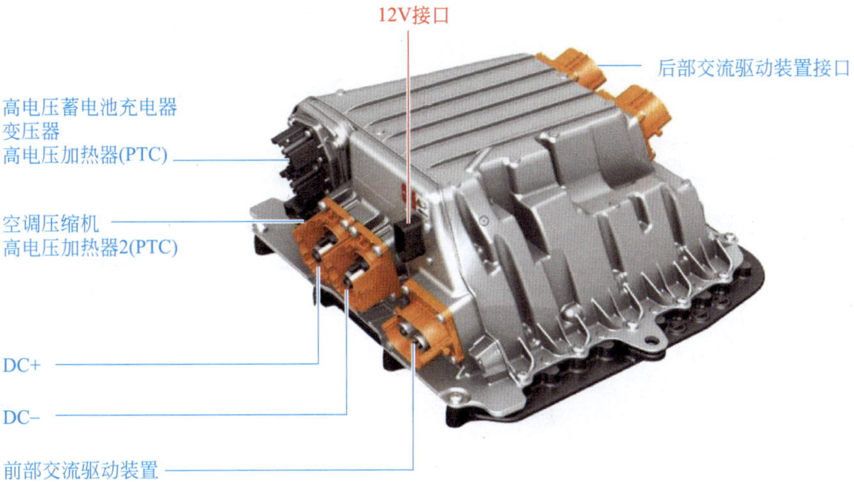

图 4.1-20　蓄电池开关盒

4.1.5　动力电池上的高低压接线和接口

（1）高压导线和插头　高压导线将高压组件相互连接在一起。高压电缆不允许过度弯曲或者折叠，否则可能会导致导线屏蔽层损坏，继而导致高电压系统出现绝缘故障。最小弯曲半径 2 取决于高压导线的外径 1，它大约为对应高压导线直径的 5 倍（图 4.1-21）。

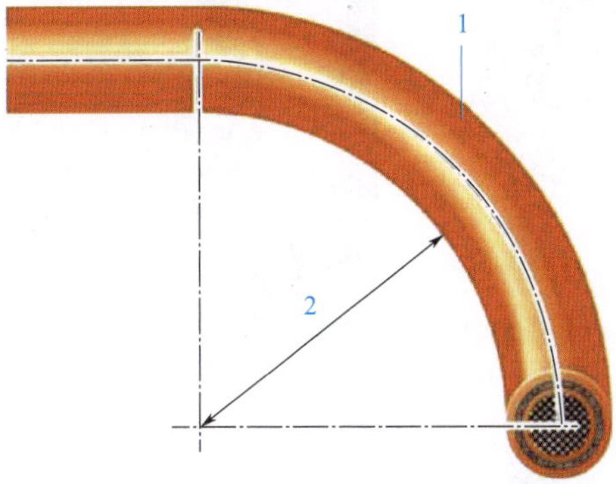

图 4.1-21　高压电缆的弯曲半径

（2）动力电池高压电缆插头　动力电池和电气化驱动单元之间高压导线的屏蔽层在插头外壳中，通过弹性触点过渡到对应高压组件的外壳上。动力电池和充电接口之间的高压导线没有屏蔽层。

举例说明

对于在配有专用插头的高压导线中是否存在屏蔽层，可以通过插头外壳上两个塑料端盖的彩色设码进行识别。对于插头中高压触点的接触保护，这一彩色设码得到了沿用。在宝马 G08 BEV 上，采用了不同颜色识别（图 4.1-22）：若高压插头端盖的颜色为灰色，表明带有高压导线的屏蔽层；若高压插头端盖的颜色为青绿色，表明没有高压导线的屏蔽层。高压插头和高压接口如图 4.1-23 所示。

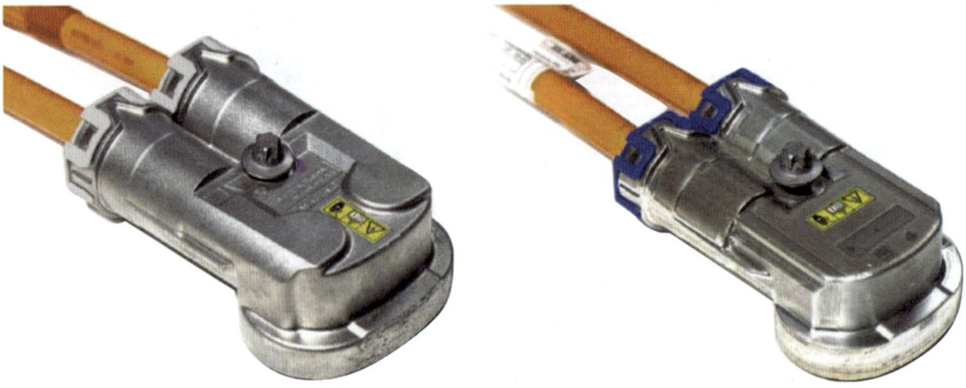

(a) (b)

图 4.1-22　动力电池上的高压插头

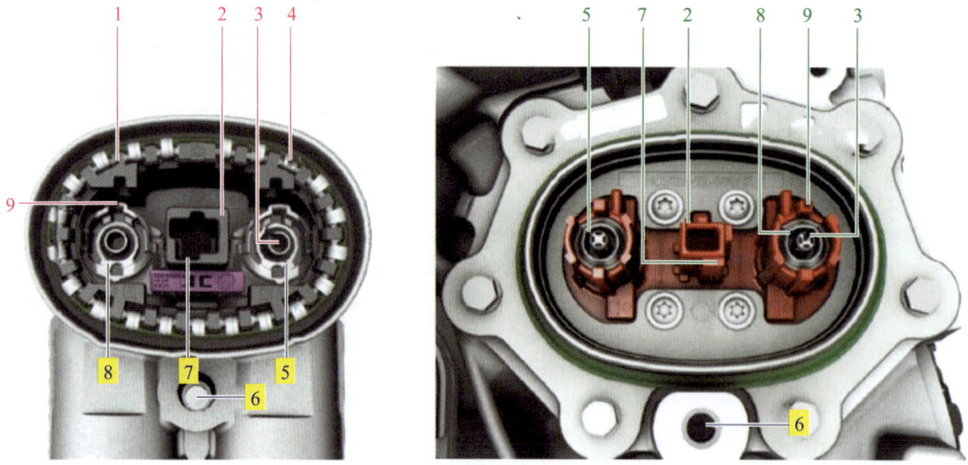

(a) 插头　(b) 组件上的高压接口

图 4.1-23　高压插头和高压接口

1—外部设码；2—用于高压触点监控的插头外壳；3—高压触点的内部接触保护；4—屏蔽层的电触点；5—高压导线线脚 2（负极）的电触点；6—螺栓连接；7—内部机械设码；8—高压导线线脚 1（正极）的电触点；9—高压触点的外部接触保护

（3）动力电池电气接口　除了高压接口以外，动力电池同样也具有一个连至低压车载网络的接口。通过它，为集成在动力电池中的管理系统供电，并且提供总线信号和其他信号。

举例说明

如图 4.1-24 所示，动力电池上具有一个连至低压车载网络的 16 芯接口。通过它，为集成在动力电池中的存储器电子管理系统 SME 供电，并且提供总线信号和其他信号。SME 同样也会通过该接口实现高压蓄电池单元冷却液截止阀的促动。

其中一个高压接口将动力电池和联合充电单元 CCU 连接在一起，通过这个接口，向高压蓄电池单元提供经过整流的充电电压，这个接口被称为高压连接区；另一个是高压接口将高压蓄电池单元和电气化驱动单元连接在一起；还有一个高压接口将高压蓄电池单元直接和直流充电接口相连。

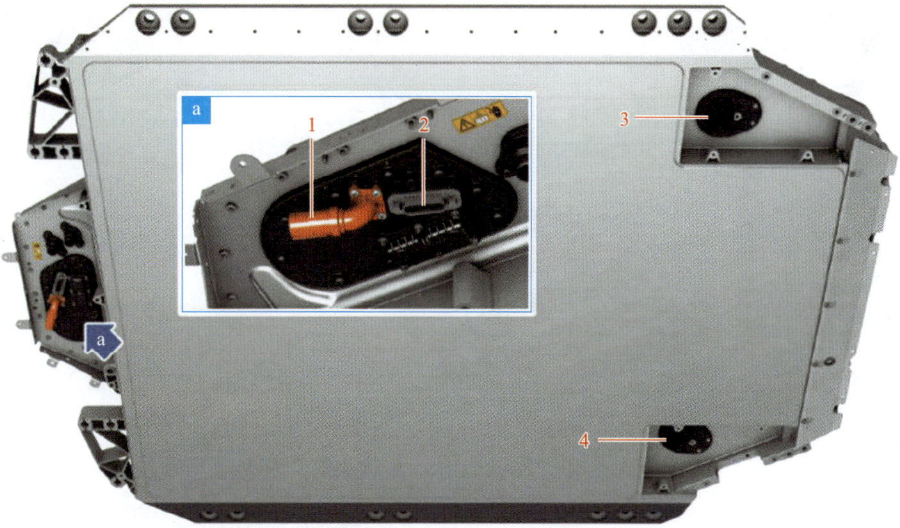

图 4.1-24　动力电池上的电气接口

1—连至联合充电单元 CCU 的高压接口；2—连至低压车载网络的接口；3—连至电气化驱动单元的高压接口；4—直流充电高压接口

4.1.6　动力电池冷却系统结构

（1）动力电池的水冷冷却方式　水冷冷却方式是电动汽车动力电池冷却普遍采用的一种方式。动力电池冷却系统组成结构见图 4.1-25。

动力电池总是在不断地充电、放电，在这个热力学过程中会放出热量。当动力电池温度过高时，除了老化外，最重要的是还会使得相关导体上的电阻增大，这会导致电能不转换为功，而是转换成热量损耗掉。所以动力电池系统必须进行冷却。当然，动力电池不仅仅需要冷却降温，也需要加热。冷却系统的作用就是通过冷却液循环对动力电池进行散热，并且通过热交换管理模块及整车管路在适当的时候给动力电池加热。

如图 4.1-26 所示的是动力电池内部冷却系统部件结构排布：水冷板布置于下箱体和模组之间；口琴管布置方向同模组方向；连接管路采用尼龙管并用快接头连接；水冷板与模组之间铺设导热硅胶垫；水冷板底部采用弹性支撑；连接管路布置水温传感器。冷却液流向从 1 处分两支路流入，从 2 处汇合流出。

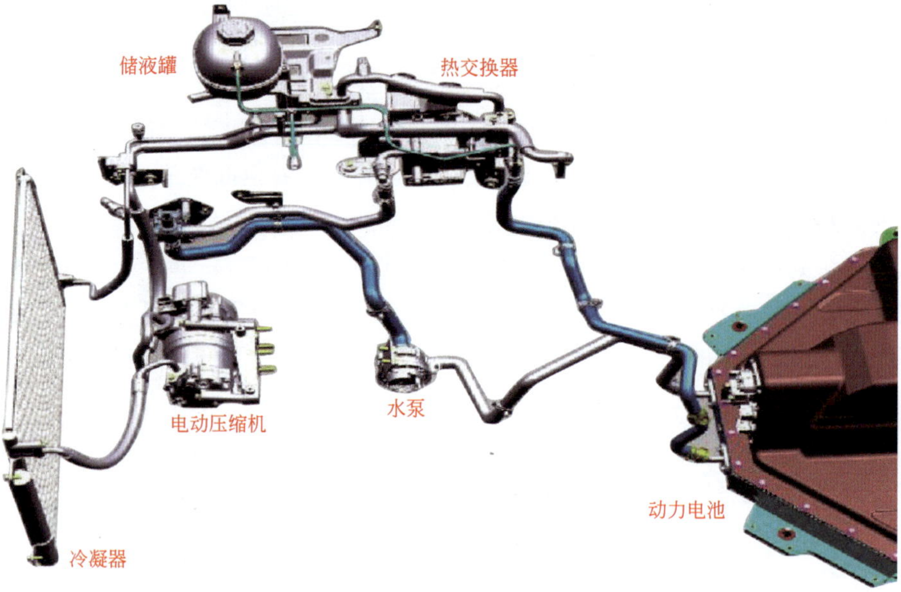

图 4.1-25　动力电池冷却系统组成结构

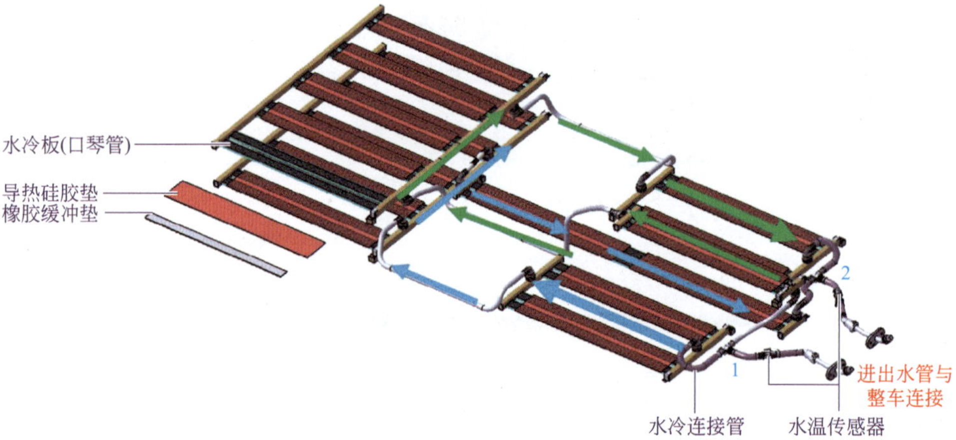

图 4.1-26　动力电池内部冷却系统部件结构排布

根据电池的特性要求，电池包内部采用水冷方式实现包内外热交换。通过电池散热器与热交换管理模块实现对电池的冷却和加热，保证电池可以正常高效地工作（图 4.1-27）。

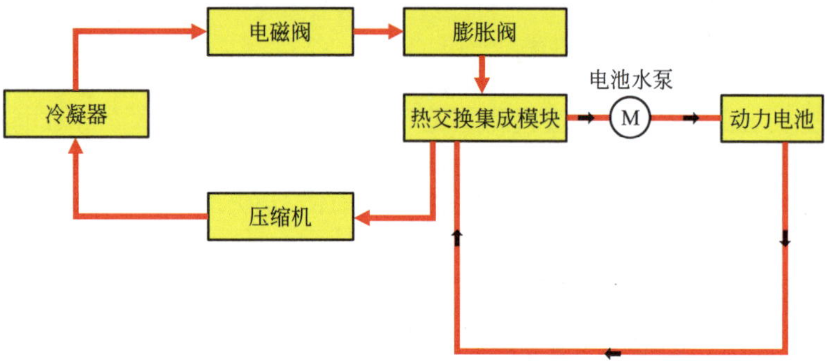

图 4.1-27　动力电池冷却系统运行示意

扫一扫

看视频

举例说明

如图 4.1-28 所示的是宝马 G08 BEV 动力电池的冷却液循环回路和零部件，动力电池的冷却通过车辆冷却液循环回路进行。冷却液会通过冷却液 / 制冷剂热交换器和配套的制冷剂循环回路加以冷却。

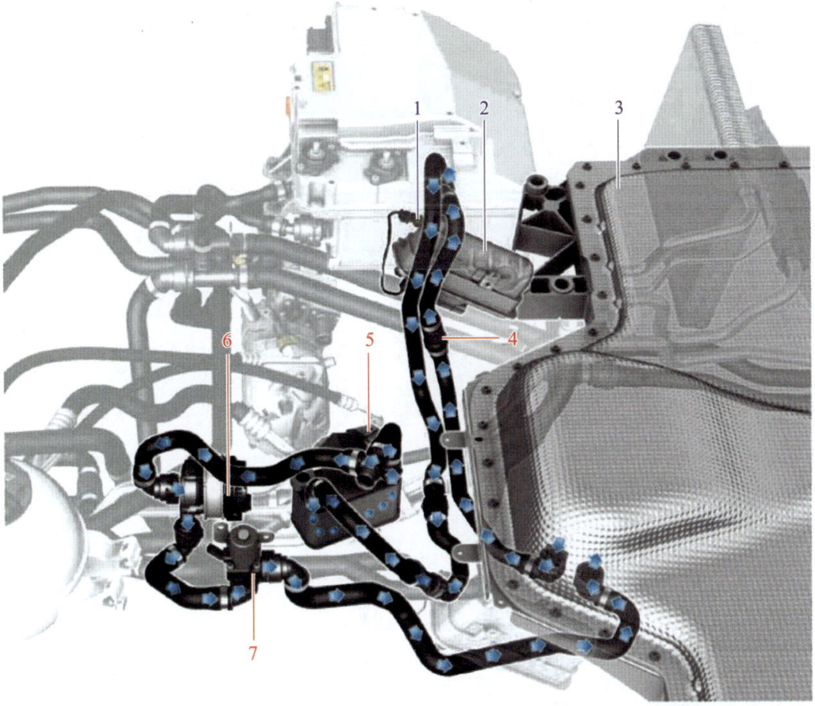

图 4.1-28　宝马 G08 BEV 动力电池的冷却液循环回路和零部件

1—电子暖风装置上的冷却液温度传感器；2—电加热装置（动力电池）；3—动力电池；4—单向阀；5—冷却液制冷剂热交换器；6—冷却液泵；7—冷却液截止阀

（2）动力电池的风冷冷却方式　风冷冷却方式在电动汽车上应用并非主流，但丰田公司一直在多款车型中使用该系统。动力电池的风冷冷却方式是利用来自空调系统的冷气来冷却动力电池。以空调压缩机为制冷源，与密封管路、空气（冷热交换介质）和风扇一起构成一种主动式风冷散热方案。

举例说明

如图 4.1-29 所示为丰田某款混合动力汽车的动力电池冷却系统。该冷却系统通过空调系统和车厢引入冷气，并采用专用控制风门来控制进气。

动力电池冷却鼓风机风扇引入的冷气通过单格之间的缝隙从动力电池的上部流至下部，然后绕经 DC/ DC 变换器进入后备厢。

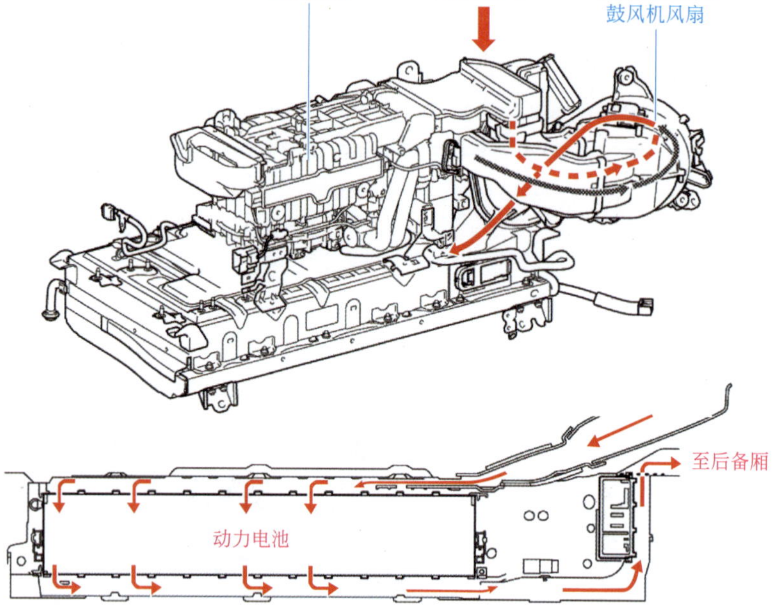

图 4.1-29 丰田某款混合动力电动汽车的动力电池冷却系统

在动力电池总成壳体内，蒸发器与承载冷量的空调管路关联并进行“热量交换”。电芯产生的热量，通过围绕模组设定的封闭管路内的空气进行“冷量交换”并循环至驾驶舱内的冷凝器。以此往复，电芯产生的热量，在动力电池总成壳体内的风扇、管路、承载冷量的空气交互作用下，进行主动式风冷热管理（图 4.1-30）。

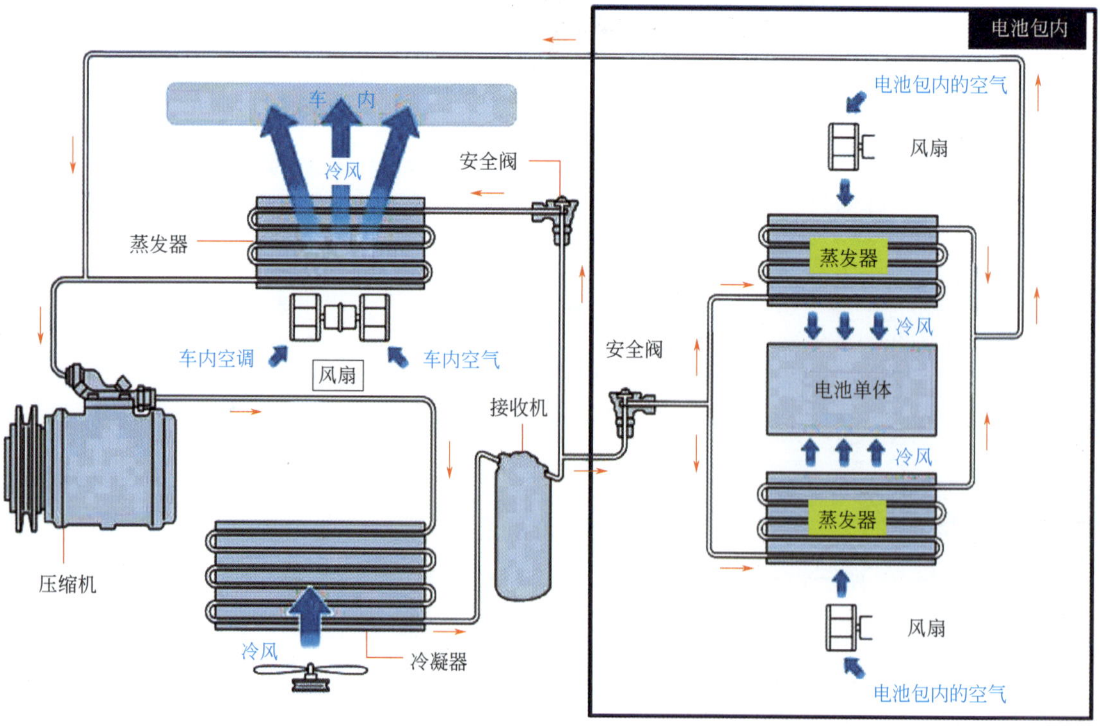

图 4.1-30 动力电池的风冷冷却系统运行示意

以丰田 C-HR EV 纯电动汽车为例，其动力电池内部布设冷却管路，将这种金属材质的电池冷风管作为缓冲吸能区，保护电池单体以及高压回路，将冷风管同时作为碰撞缓冲区如图 4.1-31 所示。

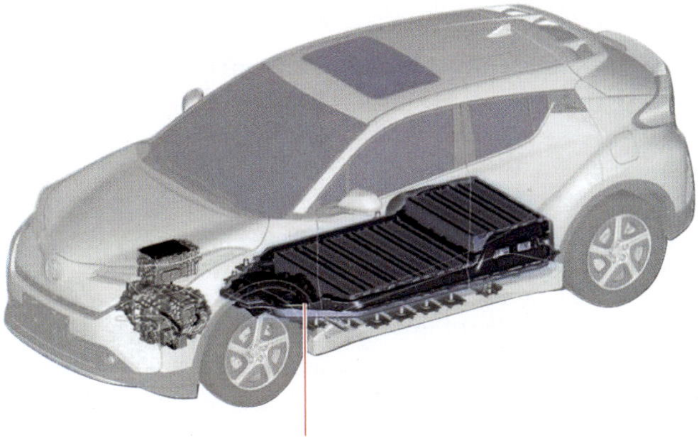

图 4.1-31　带有冷却管的动力电池在车上的布局

在控制电池温度上，将车载空调制冷系统同时应用在乘员舱和动力电池内，而在低温环境下，每一个电池单体都有独立的加温系统（图 4.1-32），避免电池性能下降而影响续航里程。同时，该套温控系统在充电时也能让电池保持适宜的温度，并加快充电速率。

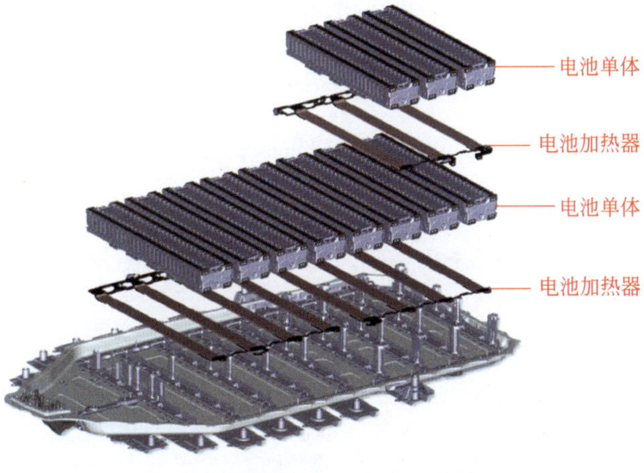

图 4.1-32　每个单体电池下方布置有电池加热器

4.2　动力电池系统维修原理与特点

4.2.1　动力电池性能特点

动力电池性能及对比见表 4.2-1 和表 4.2-2。

表 4.2-1 动力电池性能指标

指标		单位	说明
电压	开路电压	V	指电池在没有连接外电路或者外负载时的电压。开路电压与电池的剩余能量有一定的联系，电量显示利用的就是这个原理
	工作电压	V	指电池在工作状态下即电路中有电流流过时电池正负极之间的电势差。在电池放电工作状态下，当电流流过电池内部时，必须克服内阻的阻力，故工作电压总是低于开路电压
	放电截止电压	V	也称下限保护电压，指电池充满电后进行放电，放完电时达到的电压（如果继续放电则为过度放电，对电池的寿命和性能有损伤）
	充电限制电压	V	也称上限保护电压。充电过程中由恒流变为恒压充电的电压
电池容量		A • h	电池容量是指电池所能够储存的电量多少，容量是电池电性能的重要指标，它由电极的活性物质决定 容量用 C 表示，单位用 A • h（安时）或 mA • h（毫安时）表示 $C=It$，即电池容量（A • h）= 电流（A）× 放电时间（h） 容量为 10A • h 的电池，以 5A 放电可放 2h，以 10A 放电可放 1h 电池的实际容量主要取决于活性物质的数量、质量、活性物质的利用率等因素
电池能量		W • h	电池的能量是指在一定放电制度下，电池所能输出的电能 电池储存的能量，能量（W • h）= 电压（V）× 电池容量（A • h）
能量密度		W • h/L、W • h/kg	单位体积或单位质量电池释放的能量，决定汽车的续航里程
功率密度		W/L、W/kg	单位质量（有些地方也直接叫比功率）或单位体积电池输出功率，决定汽车的加速性能
电池放电倍率		C	放电倍率是指在规定时间内放出其额定容量（Q）时所需要的电流值，它在数值上等于电池额定容量的倍数，即充放电电流（A）/ 额定容量（A • h）
荷电状态（SOC）		%	SOC，全称是 State of Charge。荷电状态，也叫剩余电量，代表的是电池放电后剩余容量与其完全充电状态的容量的比值。其取值范围为 0 ～ 1（即 SOC 取值为 0 ≤ SOC ≤ 100%）。电池管理系统（BMS）就是主要通过管理 SOC 并进行估算来保证电池高效的工作，所以它是电池管理的核心
内阻		mΩ	电池内阻是非常复杂而又非常重要的特性，影响内阻的因素有材料和结构等 内阻是指电池在工作时，电流流过电池内部受到的阻力。内阻大的电池，在充放电的时候，内部功耗大，发热严重，会造成电池的加速老化和寿命衰减，同时也会限制大倍率的充放电应用。所以内阻越小，电池的性能越好，不仅电池的实际工作电压高，消耗在内阻上的能量也少 电池内阻包括欧姆内阻和极化内阻，欧姆内阻由电极材料、电解液、隔膜电阻及各部分零件的接触电阻组成，极化内阻包括电化学极化和浓差极化引起的电阻
自放电率		%	电池自放电，是指在开路静置过程中电压下降的现象，又称电池的荷电保持能力。电池自放电将直接降低电池的容量和储存性能

续表

指标	单位	说明
放电深度	%	电池保有容量数值的表示方法。放电深度以比例（%）来表示，如容量为 10A·h 的电池放电后容量变为 2A·h，可以称为 80%DOD
循环寿命	次	循环寿命指的是电池可以循环充放电的次数（容量衰减到 80%）
电池组的一致性		单体电池在制造出来后，由于工艺的问题，导致内部结构和材质不完全一致，本身存在一定性能差异。初始的不一致随着电池在使用过程中连续的充放电循环而累积。目前行业普遍采用带有均衡功能的电池管理系统来控制电池组内电池的一致性，以延长产品的使用寿命
化成		车辆制动后，需要对电池的电芯进行小电流充电，将其内部正负极物质激活，在负极表面形成一层钝化层（SEI 膜），使电池性能更加稳定，这一过程称为化成。化成过程中的分选过程能够提高电池组的一致性，使最终电池组的性能提高，化成容量是筛选合格电池的重要指标

表 4.2-2　不同正极材料的锂电池对比

项目	钴酸锂电池	锰酸锂电池	磷酸铁锂电池	镍钴锰电池	镍钴铝电池
化学式	层状氧化物	$LiMnO_4$	$LiFePO_4$	$Li(Ni_xCo_yMn_z)O_2$	$Li(Ni_xCo_yAl_z)O_2$
结构类型	$LiCoO_2$	尖晶石	橄榄石	层状氧化物	层状氧化物
电压平台 /V	3.7	3.8	3.2	3.6	3.7
理论比容量	274	148	170	273 ~ 285	
实际比容量	135 ~ 155	100 ~ 120	130 ~ 150	155 ~ 200	
压实密度 /（g/cm^3）	3.6 ~ 4.2	3.2 ~ 3.7	2.1 ~ 2.5	3.7 ~ 3.9	
能量密度 /（W·h/kg）	180 ~ 240	100 ~ 150	100 ~ 150	180 ~ 300	
循环寿命 / 次	500 ~ 1000	500 ~ 200	>2000	800 ~ 2000	500 ~ 2000
低温性能	好	好	一般	好	好
高温性能	好	差	好	一般	差
安全性	差	较好	好	较好	较差
储量	贫乏	丰富	丰富	较丰富	较丰富
主要应用领域	消费型锂电池	动力电池、储能	动力电池、储能	动力电池、储能	动力电池、储能
优势	充放电稳定、生产工艺简单	锰资源丰富、价格低、安全性能	安全性好、成本较低、循环寿命好	能量密度高、循环寿命好、电化学性能稳定、低温性能好	
劣势	钴资源紧缺、价格高、循环寿命短	能量密度低、循环寿命短、相容性差	能量密度较低、低温性能差、产品一致性差	钴资源贫乏、价格高、热稳定性差、生产工艺复杂	

举例说明

表 4.2-3 列举了 2020 年款小鹏 P7 动力电池指标参数，分为长续航版本及标准续航版本，长续航版本组成方式为 2P96S，共 192 颗电芯；标准续航版本组成方式为 4P96S，共 384 颗电芯。

表 4.2-3　2020 年款小鹏 P7 动力电池指标参数

参数 / 指标		长续航版	标准续航版	单位
动力电池总成	型号	TPLi0808-346	TPLi0708-350	—
	串并联	2P96S	4P96S	—
	额定容量	234	202	A・h
	额定能量	80.87	70.78	kW・h
	额定电压	345.6	350.4	V
	充电温度范围	-20 ～ 55	-20 ～ 55	℃
	放电温度范围	-30 ～ 55	-30 ～ 55	℃
	最大允许持续充电电流	336	333	A
	最大允许持续放电电流	234	202	A
	防护等级	IP68	IP68	—
	质量	490±14	450±13	kg
模组	串并联数	2P6S	4P4S	—
	额定容量	234	202	A・h
	额定电压	21.6	14.6	kW・h
	质量	23.4	14.6	kg
电芯	类型	三元	三元	—
	额定电压	3.6	3.65	V
	电压范围	2.85 ～ 4.2	2.5 ～ 4.2	V
	额定容量	117	50.5	A・h

4.2.2　高压互锁维修原理、作用和结构机理

（1）高压互锁维修原理　动力蓄电池总成内部有高压互锁检测回路，为了确认高压插接件的连接可靠性，整车高压系统中的插接件基本都连接有检测电路。当检测电路断开的时候，整车控制器或 BMS 即认定高压插接件松脱，此时为了保证整车安全，不许上高压电。

高压互锁原理见图 4.2-1。动力电池高压母线带高压互锁见图 4.2-2。

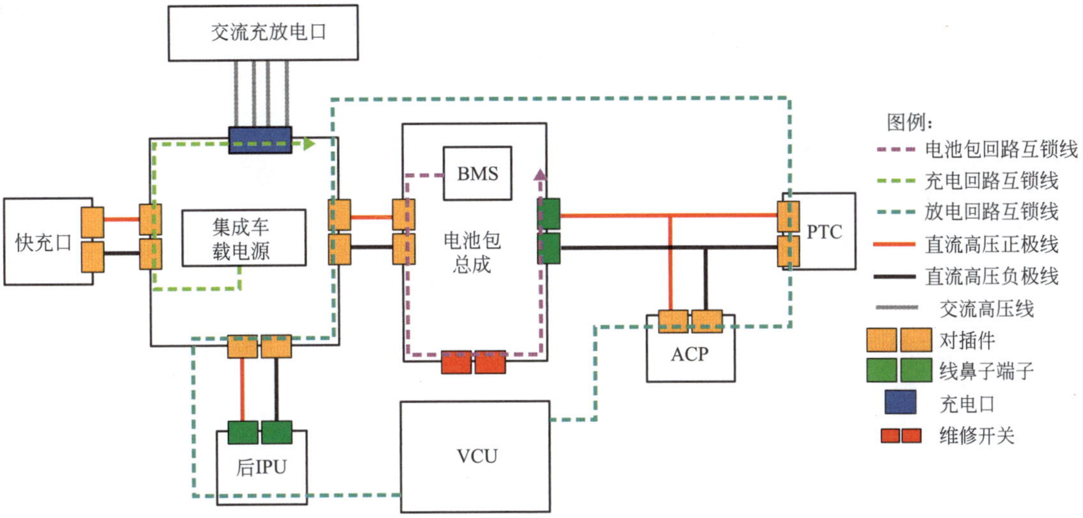

图 4.2-1　高压互锁原理

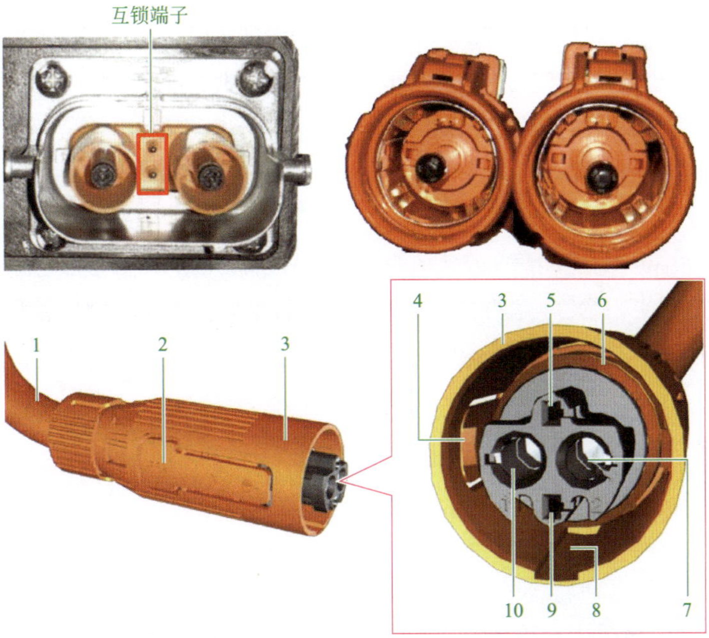

扫一扫

看视频

图 4.2-2　动力电池高压母线带高压互锁（结构互锁）

1—高电压导线；2—锁止元件操作部位；3—插头壳体；4—锁止元件；5—插头内电桥接口 1；6—用于屏蔽的接口；7—高电压接口（线脚 2）；8—机械设码；9—插头内电桥接口 2；10—高电压接口（线脚 1）

划重点

电动汽车高压动力系统的控制是通过低压系统进行的，一旦低压电气系统出现故障，电动汽车高压动力系统将无法上电。

举例说明

1. 故障信息

2017 年款比亚迪 e5 纯电动汽车，打开点火开关后无法上电，动力系统警告灯亮，仪表显示“请检查动力系统”字样。

2. 解决思路

根据该车上电流程（图 4.2-3）和启动控制电路（图 4.2-4）可知，以下情况都可能导致电动汽车无法上电。

① 蓄电池的电压不正常以及 F5-3 和 F5-4 保险有异常。

② 制动踏板信号或启动信号未被 MICU 车身模块接收。

③ 防盗模块认证信息未被 VGOT 或 Klyess-ECU 认证。

④ IG1 继电器未吸合，IG3 和 IG4 继电器未吸合。

⑤ 高压互锁连接引起的故障。

⑥ 单体电池过温、过压、漏电、欠压导致电池管理系统自检异常。

⑦ 高压母线未达到规定电压、严重漏电导致预充失败。

⑧ 电池管理器故障导致接触器无法工作。

⑨ CAN 网络通信故障。

3. 故障检测

① 维修技师执行维修电动汽车安全防护后，首先对车辆执行故障诊断检测，进入双向逆变充放电式电机控制器（VTOG）读取故障码，显示故障内容为“P1A6000，高压互锁 1 故障”。

② 读取数据流，与该故障相关的主要数据流信息为：不允许充放电；主接触器断开；高压互锁 1 锁止。

4. 故障判断

根据故障诊断检测数据流，初步确定该故障为高压互锁系统线路故障或高压互锁系统元件故障。

5. 故障分析

① 根据图 4.2-5 所示，该车型高压互锁电路由电池管理系统（BMS）、动力电池、电机控制器及空调加热器（PTC）构成。据此，关闭点火开关测量电阻：断开电池管理系统的 BK45-A 插接器及 BK45-B 插接器，用万用表电阻挡测量 BK45-A/1 端子与 BK45-B/7 端子之间电阻，测得阻值为∞；正常情况该阻值应小于 1.0Ω，这就说明在互锁电路中存在断路。

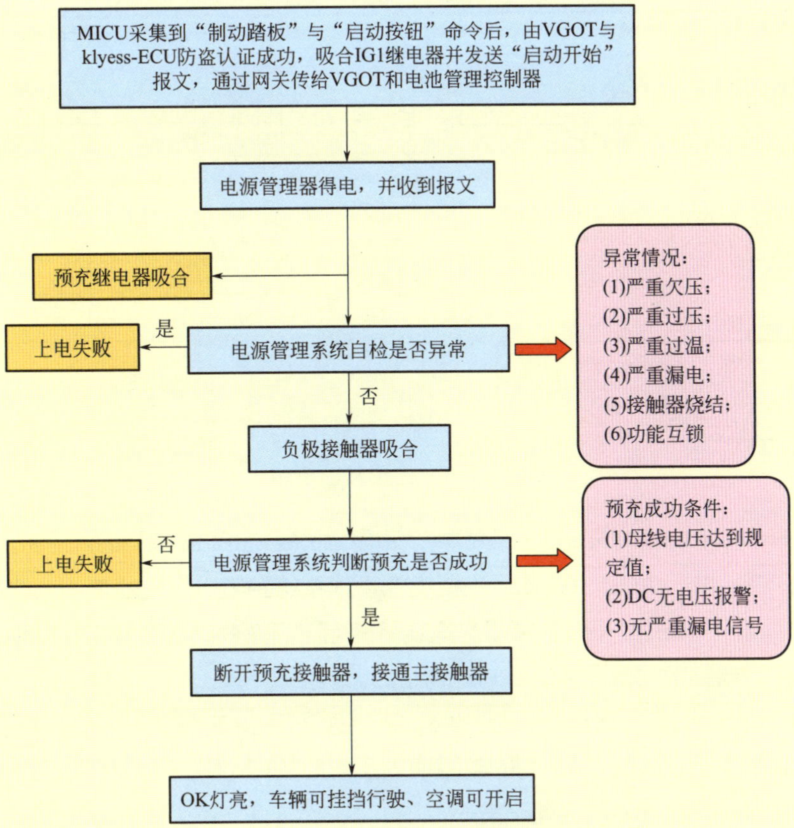

图 4.2-3　比亚迪 e5 上电流程

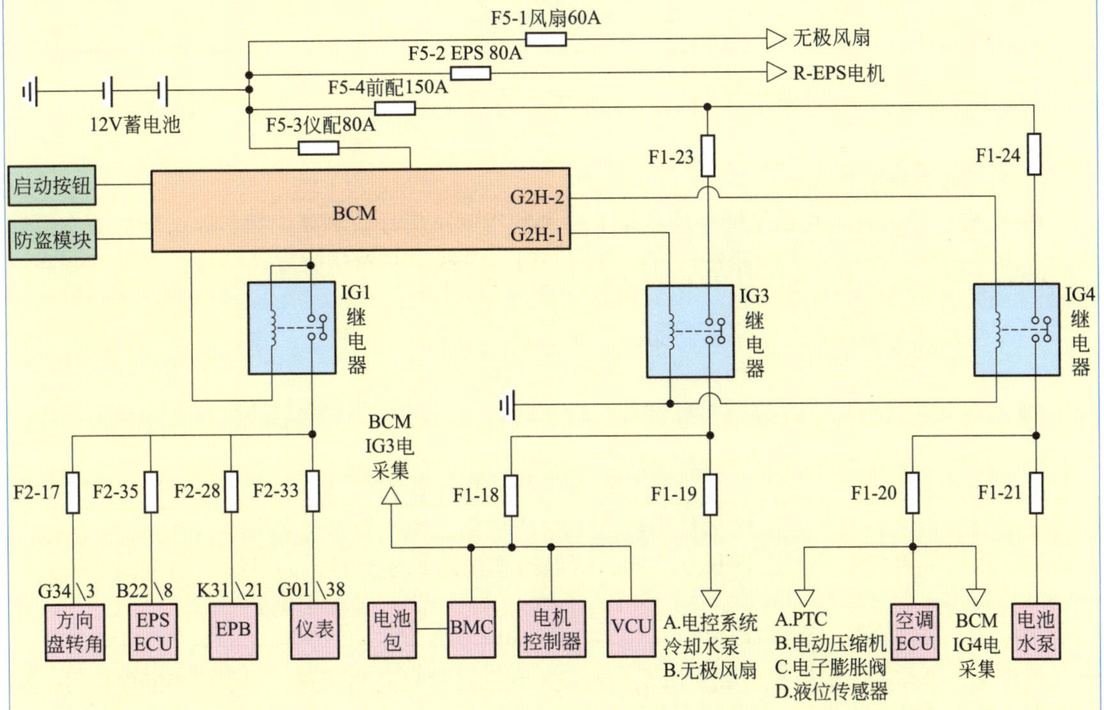

图 4.2-4　比亚迪 e5 启动控制电路

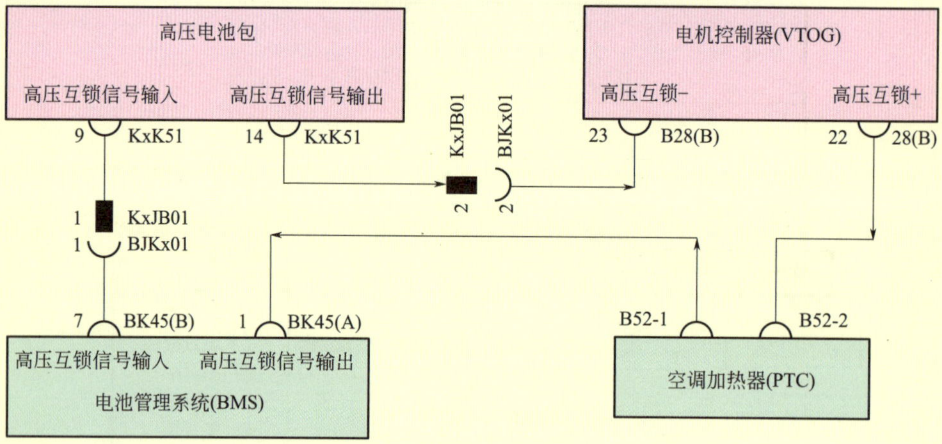

图 4.2-5 高压互锁电路

② 断开电机控制器的 B28-B 插接器，测量 BK45-B/7 端子与 B28-B/23 端子之间的电阻为 0.7Ω，小于 1.0Ω。由此可判断电池管理系统到电机控制器之间的线路正常；测量 BK45-A/1 端子与 B28-B/22 端子之间线路的电阻值为∞，这时基本可以确定线路的断点位于电机控制器到电池管理系统之间的线路上。

③ 为了明确断点所在位置，继续检测：断开空调加热器的 B52 插接器，测量 BK45-A/1 端子与 B52/2 端子之间的电阻值为正常范围内（0.6Ω），这样可以确定空调加热器到电池管理系统之间的线路是正常的。

6. 故障确定和排除

根据上述检测分析和推断，可以确定线路断点位于空调加热器与电机控制器之间的线路。

更换空调加热器与电机控制器之间的线束，故障排除。

（2）高压互锁的作用

❶ 结构互锁。高压互锁是纯电动汽车上一种利用低压信号监测高压回路完整性的安全设计措施，其作用在于高压互锁回路接通或断开的同时，电源控制器接收反馈信号，进而控制高压电路的通断。

高压互锁相关节点有：整车控制器、电池管理器、车载充电机、后电机控制器、前电机控制器、压缩机、PTC、高压能量分配单元（PDU）、高压线束等。

❷ 功能互锁。电动汽车在连接外部充电设备时，为避免发生安全事故，不允许车辆依靠自身驱动系统移动，这也是充电的优先原则。

（3）高压互锁结构机理　高压互锁装置采用低压导线作为信号线，与高压电源线并联在高压线束护套管内，并将所有高压部件串联起来形成回路。由于高压互锁插头中高压电源的正、负极端子与中间互锁端子的物理长度不同，所以当连接高压插头时，高压插头的电源端子会先于中间互锁端子完成连接（图 4.2-6）。断开高压插头时，中间互锁端子则先于高压电源的正、负极端子脱开，从而避免了高压环境下拉弧的产生。同时，高压互锁装置内还配备了用于监测高压部件盖板是否可靠关闭的行程开关，以及车辆碰撞和翻转信号监测装置，用于触发断电信号，确保能在瞬间断开高压回路。

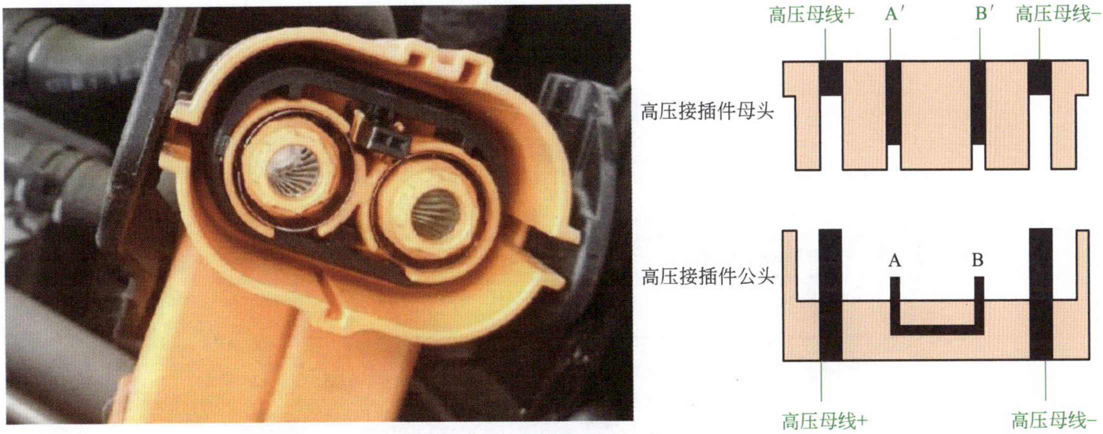

图 4.2-6　结构互锁示意

4.2.3　维修开关的作用

维修开关串联在动力电池模块之间，连接动力电池的一个正极和一个负极，用于手动关闭高压电路。它的主要作用是在车辆维修时直接断开高压回路，从而保证操作人员的安全。

举例说明

如图 4.2-7 所示，该动力电池模组中，在 B2 与 C2 之间串联一个高压维修开关，维修高压电时需要断开此开关，并在电池组 B1、E、D2 三处设有熔丝，对电路进行保护。每个电池模组上的分采集控制单元，均通过 CAN 总线与电源管理系统控制单元 BMS 进行交互，以便对放电电流进行控制，这样便构成了动力电池。

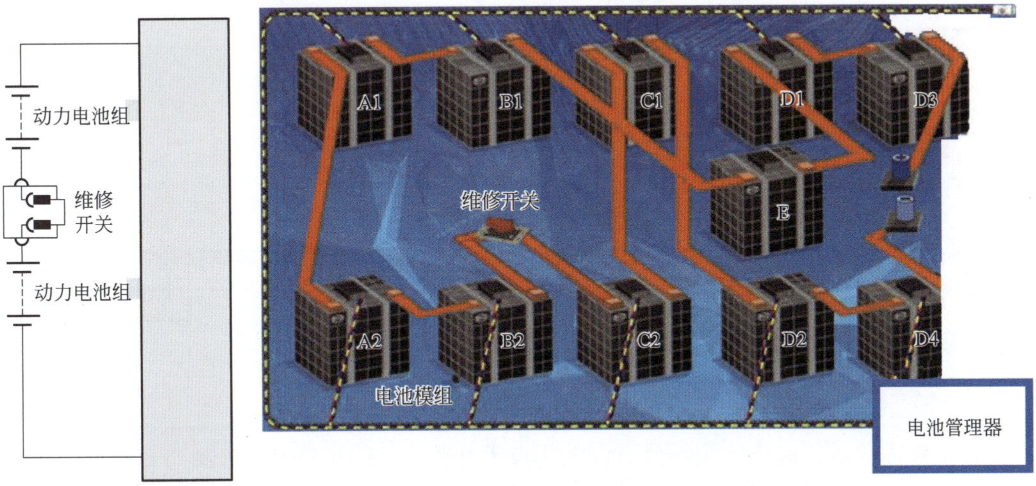

图 4.2-7　维修开关串联在模组间

维修开关通常位于动力电池（插座端）上方的左上角或中间位置（图 4.2-8）。其他相关内容见图 4.2-9 ～图 4.2-11。

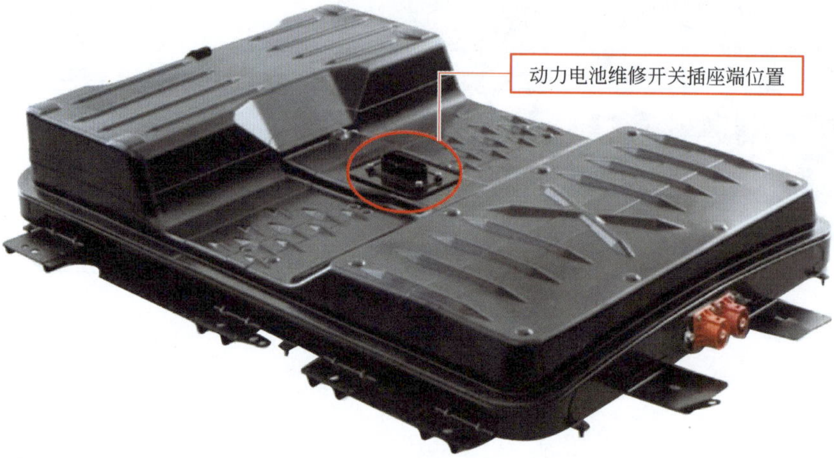

图 4.2-8　动力电池维修开关插座端位置

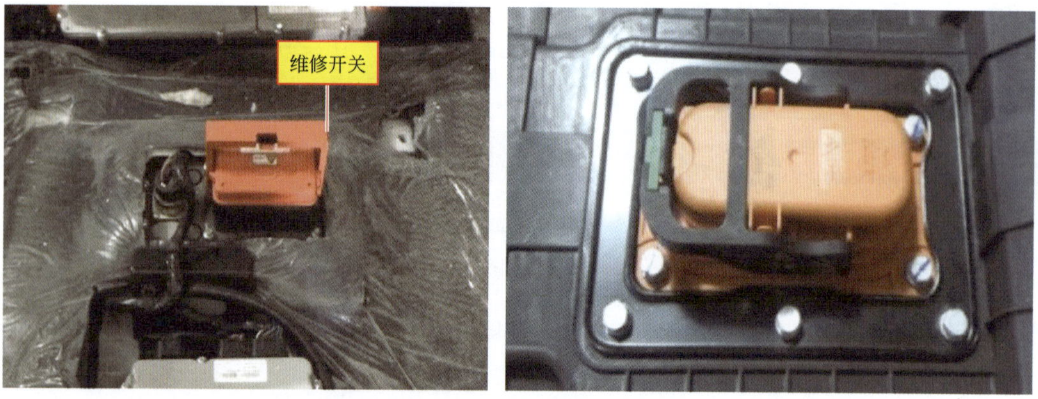

图 4.2-9　在车上安装的维修开关

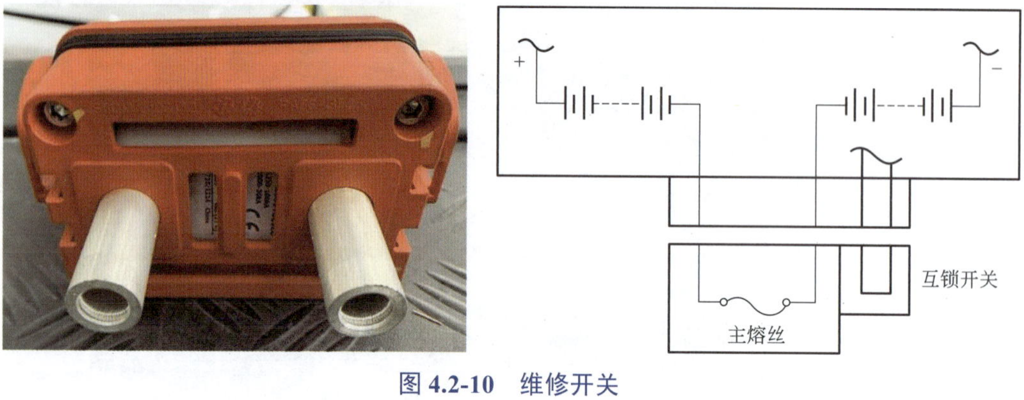

图 4.2-10　维修开关

根据维修需要进行高压系统维修时，关闭点火开关，关闭维修开关，拆下蓄电池负极，戴绝缘手套，从手柄处拔出高压维修开关（插头端），其安装位置根据动力电池形态和布置而不同，有的在后座椅下方，有的在副仪表板位置下方，有的在后备厢。

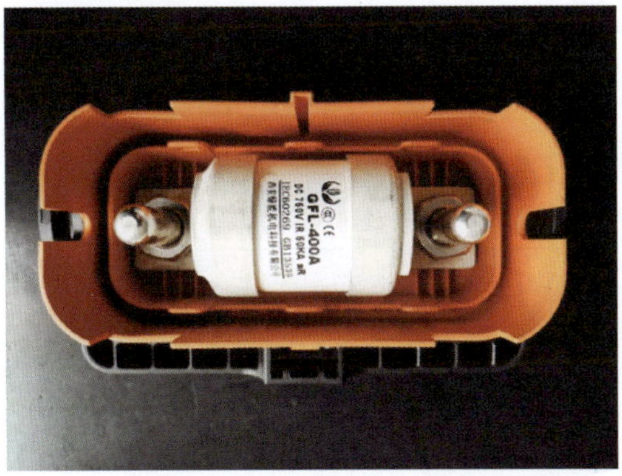

图 4.2-11　维修开关内部

举例说明

比亚迪 e5 的维修开关在扶手箱下边。蔚来的维修开关在左前机舱减振器上部位置（图 4.2-12）。

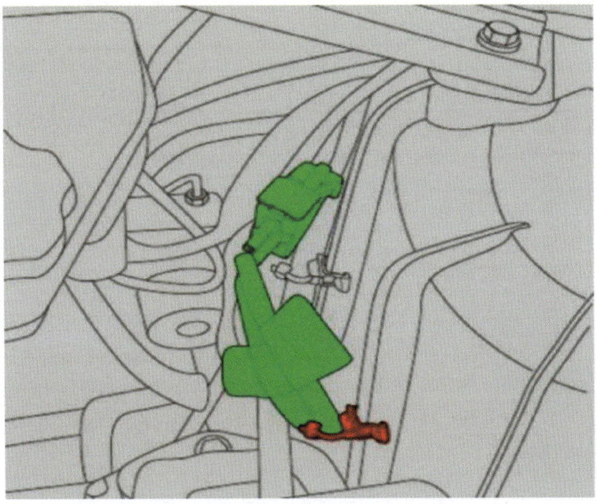

图 4.2-12　蔚来的维修开关位置

扫一扫

看视频

4.2.4　电池管理系统控制策略

如图 4.2-13 所示，电池管理系统主要由电池管理系统从控板（2 个）、电池管理系统主控板及各种传感器组成，动力电池高压电路的单体电压、动力电池电压、电池模组温度、电流、绝缘状态等信息传递到电池管理系统从控板，信息经过从控板的处理后通过内部 CAN 线传递到电池管理系统主控板，然后经过电池管理系统的处理，最终传递到整车控制器，再经过计算分析，将命令传递到电机控制器、车载充电机等执行器，由各执行器完成动作。

电池管理系统故障包括 CAN 通信故障、总电压测量故障、单体电压测量故障、温度测量故障、电流测量故障、继电器故障、加热器故障和冷却系统故障等。

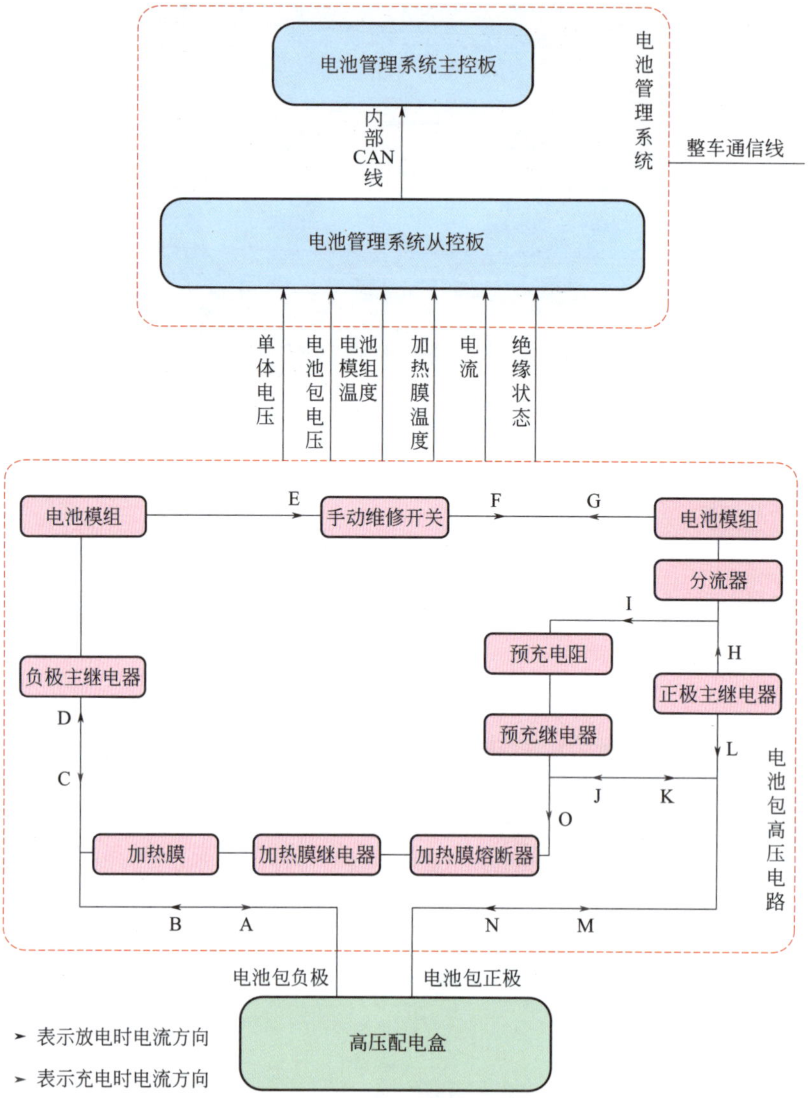

图 4.2-13　充和放电运行框图

举例说明

各种车系的动力电池管理硬件和策略有所不同，例如图 4.2-14 和图 4.2-15 所示的是比亚迪 EV 很多款车型设计的分布式电池管理系统，其由 1 个电池管理控制器（BMC）和 13 个电池信息采集器（BIC）及 1 套动力电池采样线组成。

① 电池管理控制器主要实现充 / 放电管理、接触器控制、功率控制、电池异常状态报警和保护、SOC/SOH 计算、自检以及通信功能等。

② 电池信息采集器的主要功能有电池电压采样、温度采样、电池均衡、采样线异常检测等。

③ 动力电池采样线的主要功能是连接电池管理控制器和电池信息采集器，实现两者之间的通信及信息交换。

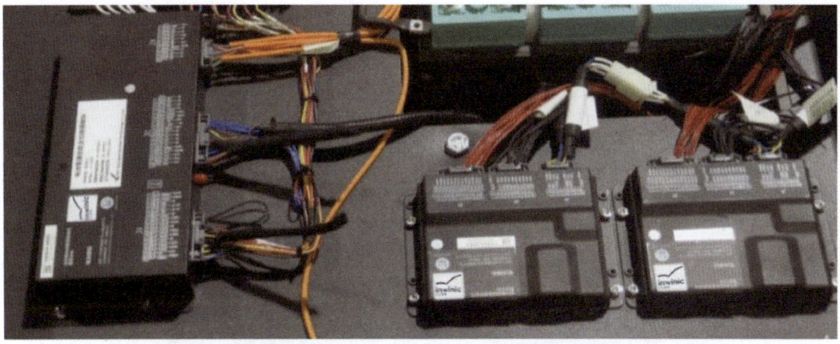

(a) BMC(电池管理控制器)　　(b) BIC(电池信息采集器)

图 4.2-14　电池管理系统

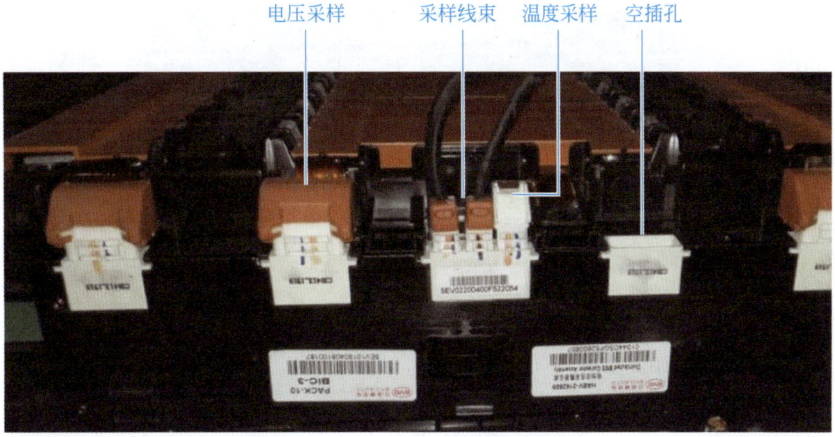

图 4.2-15　BIC 电池信息采集

举例说明

电池电压和电池温度不允许低于或高于特定数值，否则可能导致电池持续损坏，因此动力电池内带有 8 个电池监控电路 CSC 的电池监控电子装置。如图 4.2-16 所示，宝马某款电动汽车动力电池由 8 个串联连接的电池模块构成，每个电池模块都分配有一个电池监控电子装置。电池模块自身由 12 个串联连接的电池构成，每个电池的额定电压为 3.75V，额定电容量为 60A · h。

4.2.5　动力电池上电

❶ 启动钥匙打在 ON 挡，蓄电池 12V 供电、全车高压有控制器的部件（动力电池、电机控制器、整车控制器、空调控制器、DC/DC 控制器）低压上电唤醒、初始化、自检，若无故障，则上报整车控制器 VCU；若动力电池内部动力母线绝缘检测合格，各个继电器状态合格，各个电池模组电压温度状态合格，则上报整车控制器 VCU。

❷ VCU 控制动力电池负极母线继电器闭合。

❸ 动力电池内部主控盒控制预充电继电器闭合，动力电池首先为负载端各个电容充电，电池管理系统检测到电容充满电后，主控盒闭合正极母线继电器，然后断开预充电继电器；此时，

仪表上 Ready 指示灯亮起，则 Ready 成功。

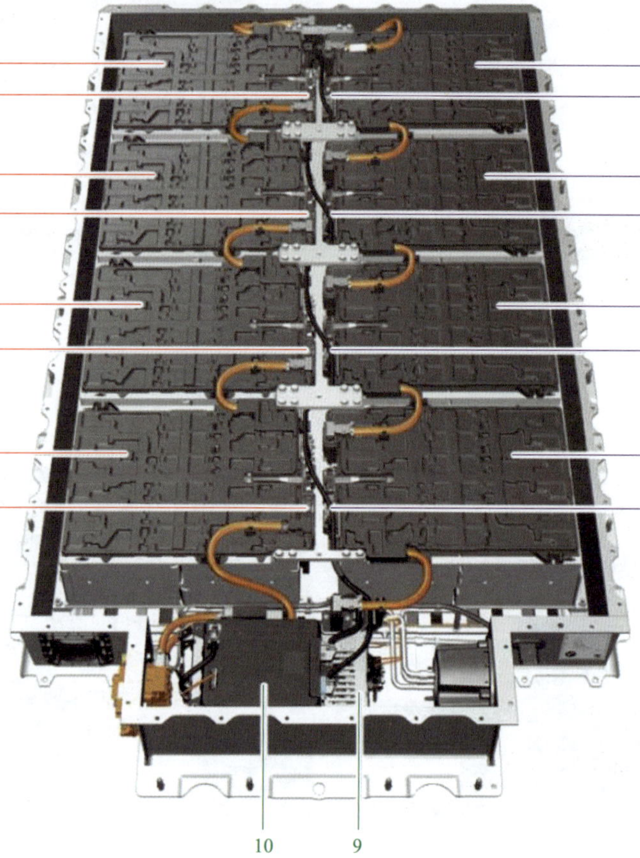

图 4.2-16　电池管理系统

1—电池模块 1；1a—电池监控电子装置 1；2—电池模块 2；2a—电池监控电子装置 2；3—电池模块 3；3a—电池监控电子装置 3；4—电池块 4；4a—电池监控电子装置 4；5—电池模块 5；5a—电池监控电子装置 5；6—电池模块 6；6a—电池监控电子装置 6；7—电池模块 7；7a—电池监控电子装置 7；8—电池模块 8；8a—电池监控电子装置 8；9—安全盒；10—蓄能器管理电子装置

4.3 动力电池拆装维修与检测诊断

4.3.1 拆卸维修开关

❶ 关闭所有用电器，车辆下电。

❷ 断开蓄电池负极夹。

❸ 拆卸后排座椅和坐垫总成。

❹ 拆卸手动维修开关。

如图 4.3-1 所示，往上脱开维修开关红色解锁键，然后反方向翻转维修开关拆卸手柄，拆下手动维修开关 1。

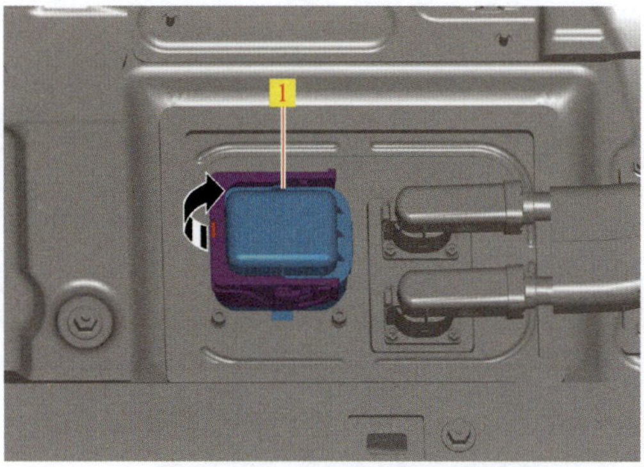

图 4.3-1　拆卸维修开关

扫一扫

看视频

维修提示

拆卸维修开关时，务必佩戴绝缘手套。

拆卸手动维修开关后，注意防护，不要触摸维修开关座裸露的高压部件，并用合适绝缘工具遮挡维修开关座，防止异物或水进入。将维修开关专门放置在指定位置或工具箱中，遵守谁拆卸谁保管的原则。

4.3.2　拆装动力电池

动力电池系统位于整车底盘下方，如图 4.3-2 ～图 4.3-4 所示，主要由电池模组、电池箱体、辅助支架、电池管理系统（BMS）、高低压电气系统（高压配电盒、高压铜排总成、低压线束总成）以及热管理系统（液冷板总成、水管总成）构成。

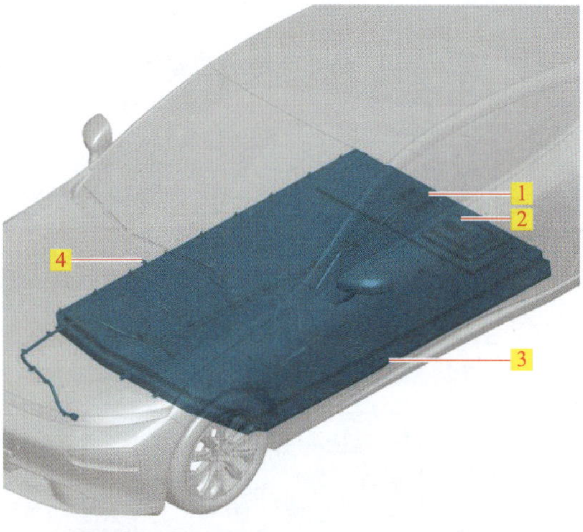

图 4.3-2　动力电池位于车辆底部

1—动力电池线缆；2—维修开关；3—动力电池（电池包）；4—等电位铜排[❶]总成

❶ 等电位铜排又称铜母线、铜母排或铜汇流排、接地铜排，是一种大电流导电产品，适用于高低压电气。它由铜材质制作，截面为矩形或倒角（圆角）矩形的长导体。

图 4.3-3　动力电池外观

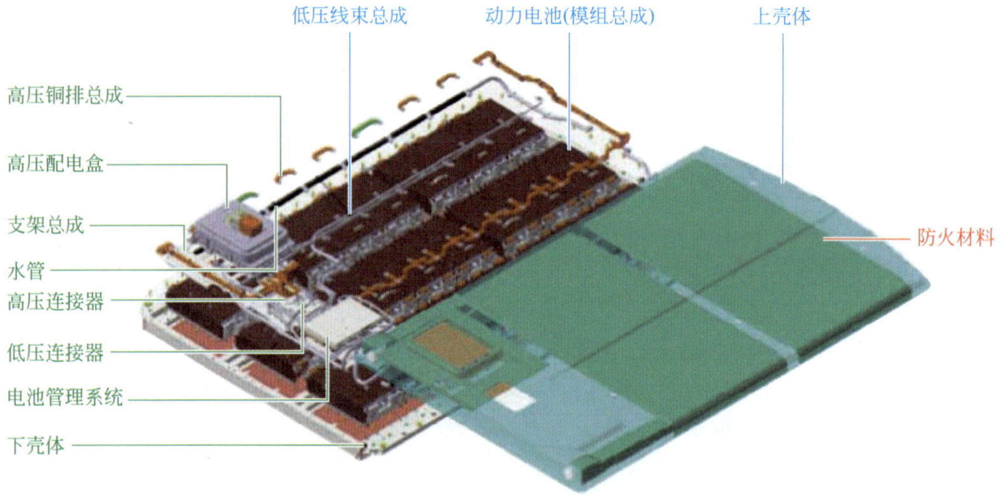

图 4.3-4　动力电池总成零部件

（1）动力电池保养检修内容及判定标准（表 4.3-1）

表 4.3-1　动力电池保养检修内容及判定标准

类别	作业项目	检验方法	判定标准	不合格处理意见与备注
外观检查	异味检查	鼻嗅	箱体周围无刺激性和烧焦等异味	隔离车辆，开箱排查
	箱体外部接插件检查	目测	箱体外部高 / 低压接插件完好、无破损且连接牢靠、无松脱	接插件破损或松脱时禁止现场返修，需联系电池专修组开箱排查，根据故障影响范围确定维修方案
	箱体与车架螺栓紧固	扭矩检测	复检螺栓扭矩值在标准范围内螺栓扭矩值：70N·m	重新锁紧划线

续表

类别	作业项目	检验方法	判定标准	不合格处理意见与备注
外观检查	下箱体检查	目测	（1）PVC 不允许片状脱落	（1）PVC 脱落时需补喷
			（2）PVC 脱落后露底面积不大于 $1cm^2$	（2）箱体变形 / 损伤程度严重时，应隔离电池包，联系电池专修组进行开箱检查，根据故障影响范围确定维修方案
			（3）无严重变形、破损	
	维护开关检查（MSD）	目测	维护开关无变形 / 开裂，开关内部洁净、无污物	MSD 变形 / 开裂后，需电池专修组开箱检查，根据故障影响范围确定维修方案
	检查水冷管进 / 出水口	目测	检查水冷管进 / 出接口是否有冷却液渗漏、接口变形或破损	肉眼可见明显渗液或进出接口变形 / 破损需联系电池专修组开箱检查，根据故障程度确定更换下箱体或电池总成
	上箱盖检查	目测	（1）无裂纹、无破损、无严重变形	（1）箱体或防爆阀开裂 / 破损 / 严重
			（2）防爆阀牢固且外观良好	（2）变形时需电池专修组开箱检查，根据故障程度确定更换上箱盖或电池总成
故障诊断仪执行诊断	读取最高单体温度	借助故障诊断设备	静态的最高单体温度、温差、压差、总电压、绝缘阻抗、进 / 出水口温度（若有监控）等参数应符合该型号电池总成技术要求	根据售后诊断仪测试项目及判定标准，读取到故障码后，先排查故障是否由电池本身导致，如果锁定是电池内部故障后需联系电池专修组开箱检查，根据故障程度确定需要更换的零件或电池总成
	读取电池温差范围			
	读取电池压差范围			
	读取电池总电压			
	实测系统绝缘阻抗			
	读取进水口温度			
	读取出水口温度			
	确认软件版本		判断是否为最新版本	若不符合，需要刷新软件（与整车软件匹配）
	读取电池故障码		根据故障等级分级表判定故障等级	根据故障等级分级表确定处理方案
气密测试	气密性测试	气密性测试	气密检测设备	若不达标需联系电池专修组开箱排查，根据气密失效原因和故障程度确定需要更换的零件或电池总成
开箱检查	由电池专业组执行			

（2）拆卸动力电池

❶ 关闭所有用电器，车辆下电。

❷ 断开蓄电池负极夹。

❸ 拆卸维修开关。
❹ 排放冷却液。
❺ 拆卸前舱底部护板总成。
❻ 拆卸前舱底部护板电池包，安装支架总成。
❼ 拆卸备胎电池护板总成。
❽ 拆卸备胎电池护板电池包安装支架总成。
❾ 拆卸左 / 右后轮导流板。
❿ 拆卸左 / 右侧裙板总成。
⓫ 拆卸电池包。
a. 旋出电池包高压线束固定螺母 A（图 4.3-5）。
b. 断开电池包高压线束连接插头 B（图 4.3-5）。

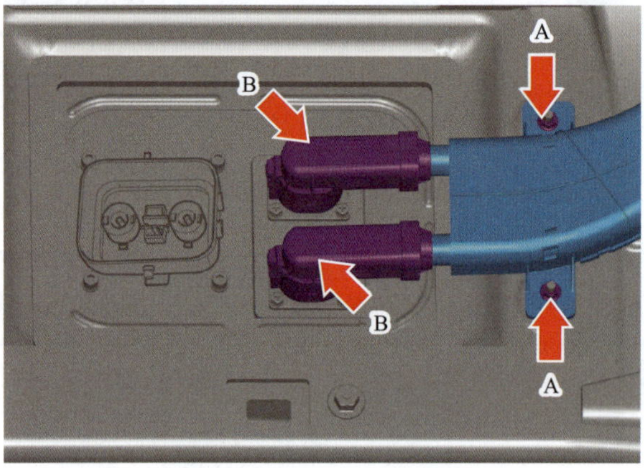

图 4.3-5 断开高压线束

c. 脱开固定卡扣，揭开后座椅下隔音垫总成。
d. 旋出固定螺母，拆下检修口盖组件。
e. 旋出固定螺栓 A，拆下电池包高压接插件 1（图 4.3-6）。
f. 断开电池包低压连接插头 B、C（图 4.3-6）。

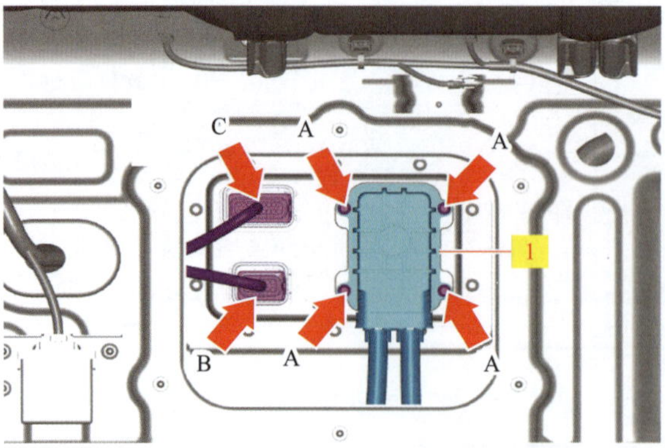

图 4.3-6 拆卸电池包高压接插件、断开电池包低压连接插头

g. 松开固定卡箍，脱开电池出水管与电池包连接。
h. 松开固定卡箍，脱开出水管与电池包连接。
i. 旋出固定螺栓，取出等电位铜排总成。

j. 使用电池包拆装工具支撑电池包。
k. 旋出电池包固定螺栓。
l. 调节电池包拆装工具，缓慢地放下电池包。

维修提示

① 车下操作，戴好安全帽和安全手套，穿好安全鞋。
② 使用动力电池拆装工具支撑电池包时，注意观察动力电池是否支撑稳定。
③ 动力电池比较重，移出整车时，严禁接近升降车，防止侧滑掉落而伤人。

（3）安装动力电池　安装动力电池的程序以倒序进行，同时注意下列事项。
❶ 按规定力矩紧固电池包固定螺栓。
❷ 安装完成后，加注冷却液。

4.3.3　动力电池漏电检测

电动汽车的绝缘电阻监测系统主要是通过在正极动力电缆与底盘，负极动力电缆与底盘之间分压的方式，来测量高压电缆相对于车辆底盘的绝缘程度。一般是将绝缘电阻监测模块设计在动力电池系统内，把绝缘电阻监测功能集成到电池管理系统控制模块内。绝缘电阻监测系统简图见图 4.3-7。

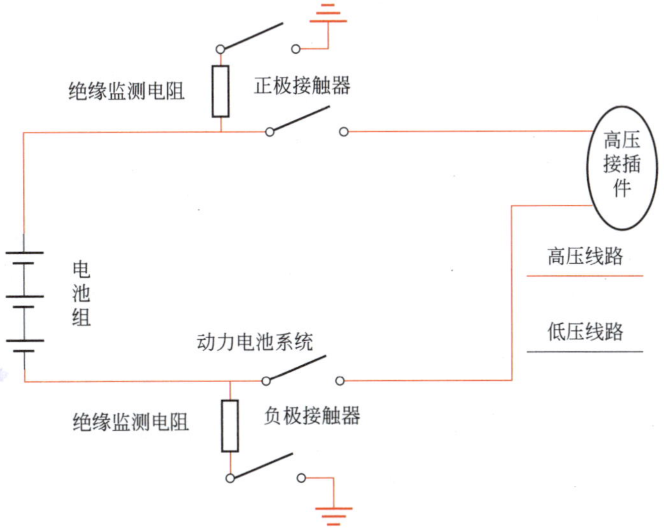

图 4.3-7　绝缘电阻监测系统简图

动力电池出现漏电时，仪表会报电池包漏电故障报警“”，出现严重漏电时，会自动将车辆动力切断进行保护。

用诊断仪读取漏电故障信息。戴上绝缘手套，穿上绝缘鞋，在确保安全的情况下执行以下操作。

❶ 试验前关闭点火开关，拆卸低压蓄电池负极连接线。

❷ 拔下维修开关。
❸ 断开动力电池高压电缆插接件，并用放电工装进行放电。
❹ 对绝缘表进行初步检查，确认绝缘表工作正常。
❺ 选择合适的量程，连接测试线，测试后读取其绝缘电阻值。
如果动力电池漏电，则进行专业拆解维修或返厂更换。

维修提示

在高压电断开的情况下用绝缘表测量正对地和负对地的绝缘阻值，均应大于等于 500Ω/V [也就是说 500V（DC）绝缘电阻应不小于 50MΩ] 且持续 10s。

举例说明

以下列举了一种动力电池漏电检测的具体方法。

正极对车身电压为 U_1，负极对地电压为 U_2，总电压为 U。

如果 $U_1 > U_2$，正极并联电阻 R（50kΩ，100kΩ，110kΩ，150kΩ，最好选 100 或 110kΩ）后测量对地电压 U_3，$R_{绝缘}=[(U_1-U_3)/U_3]R$。

如果 $U_1 < U_2$，负极并联电阻 R（50kΩ，100kΩ，110kΩ，150kΩ，最好选 100 或 110kΩ）后测量对地电压 U_4，$R_{绝缘}=[(U_2-U_4)/U_4]R$。

如果 $R_{绝缘} < 500\Omega/V$，则表示动力电池漏电。

扫一扫

看视频

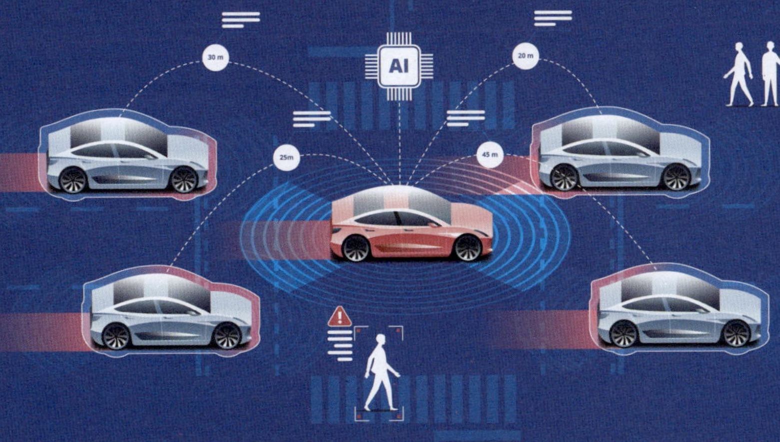

第 5 章 充电系统结构原理与维修

5.1 充电系统基本构造与零部件识别

5.1.1 车载充电机外部特征

（1）充电系统识别 电动汽车充电系统主要由车载充电机（OBC）、DC/DC 变换器、交流充电插座、直流充电插座、充电电缆等组成。它将交流充电口传递过来的交流（220V）电转换为直流高压电，为动力电池充电，与 BMS、VCU 等控制器通信，实时上报充电状态。充电时既需要车内组件，也需要车外组件，电动汽车充电系统和燃油汽车加注燃油对比见图 5.1-1。充电系统如图 5.1-2 ～图 5.1-4 所示。

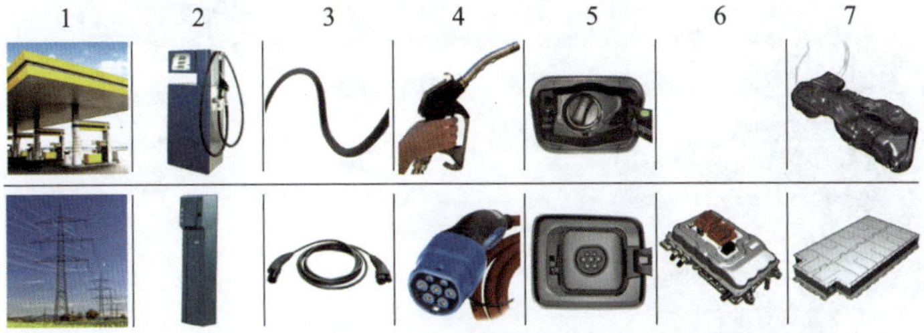

图 5.1-1 电动汽车充电系统和燃油汽车加注燃油对比

1—加油站网络 / 交流电压网络；2—加油机 / 电动车辆供电设备（例如充电柜）；3—加油枪与加油机之间的燃油管路 / 充电电缆；4—加油枪 / 连接充电电缆的车辆插头；5—燃油加注接头 / 充电接口；6—车载充电机；7—燃油箱 / 动力电池

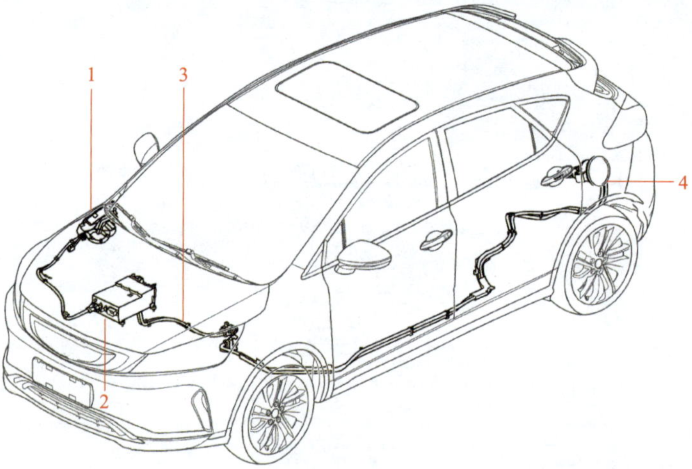

图 5.1-2　充电系统（只有一个直流充电插口）（纯动力汽车）

1—交流充电插座；2—车载充电机；3—直流母线；4—直流充电插座

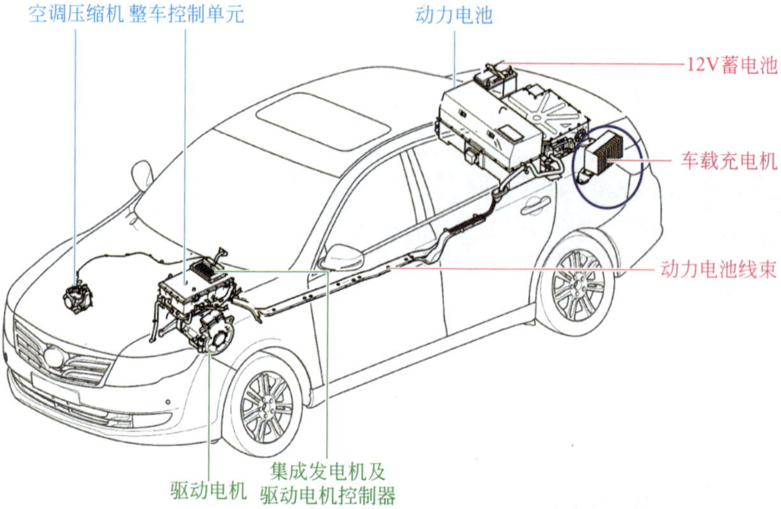

图 5.1-3　充电系统（没有外接充电插口）（非插电混合动力汽车）

图 5.1-4　充电系统（仅有一个直流充电插口）（插电混合动力汽车）

1—车载充电机；2——充电插口

（2）车载充电机外部结构　现在的电动汽车，大部分都采用集成式车载充电机（图 5.1-5）。车载充电机集成了车载充电机、DC/DC 变换器、高压配电盒。有的只有一平层布局，有的有上下两层布局，通常一层是车载充电机和 DC/DC 变换器部分，一层是高压配电盒部分。现在一些高端车集中化程度很高，而有些低端和早些年的电动车，充电机相对比较单一独立。

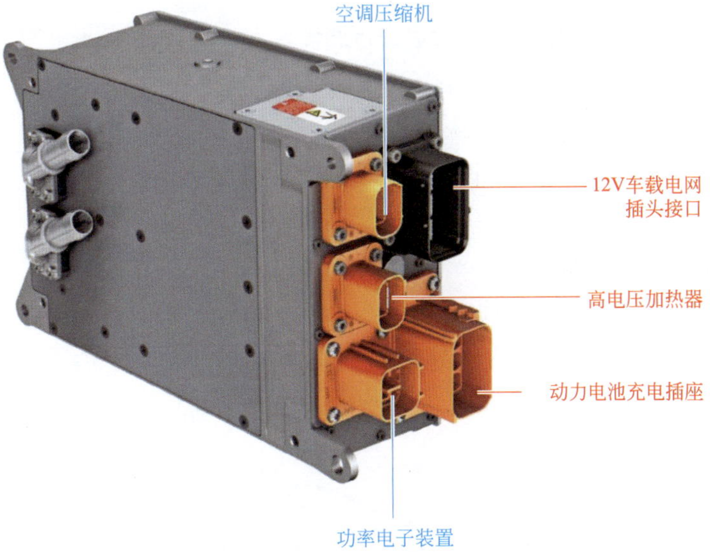

图 5.1-5　车载充电机

图 5.1-6　高度集成的联合充电单元

1—高压接口（连至车内电子暖风装置和连至动力电池电加热装置）；2—高压接口（连至电动空调压缩机）；3—高压接口（连至动力电池）；4—低压电车载网络的接口；5 —12V 供电正极（DC/DC 变换器输出端）；6—12V 供电负极（DC/DC 变换器输出端）；7—冷却液回流接口；8 —冷却液进流接口；9—交流充电高压接口（充电接口的输入端）

举例说明

例如 2021 年款宝马 G8 的联合充电单元 CCU 高度集中了软硬件和功能，见图 5.1-6。充电时，CCU 执行如下功能。

① 通过控制导线和邻近导线与充电装置通信。

② 通过电力线通信 PLC 与充电设备进行通信。

③ 充电过程的协调和监控（AC 和 DC 充电）。

④ 与充电过程中相关的车辆部件进行通信。

⑤ 协调和监视高压电车载网络中的高压电电源管理。

⑥ 将电能分配给电加热器和电动制冷剂压缩机。

⑦ 充电接口电子装置控制。

⑧ 将三相交流电压转换为直流电压。

而如图 5.1-7 所示的 2016 年款帝豪 EV，其充电器和配电盒就没有集成到一起，是分开的。充电接口如图 5.1-8 所示。

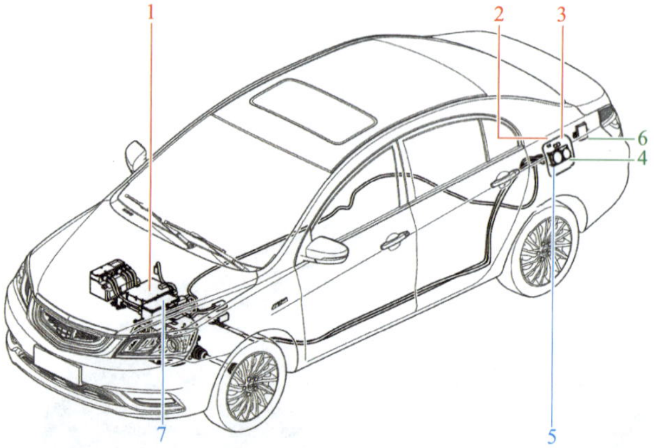

图 5.1-7　充电系统 / 充电机和高压配电盒没有集成在一个单元

1—车载充电机；2—充电接口照明灯；3—充电接口指示灯；4—交流充电接口；5—直流充电接口；6—辅助控制器；7—高压配电盒

扫一扫

看视频

图 5.1-8　充电接口

5.1.2　充电插口外部特征

大部分纯电动汽车有两种充电模式、三种充电方式：家用单相交流充电、充电桩单相交流充电、充电桩直流充电。大部分充电接口置于前脸格栅位置和原来燃油汽车油箱盖位置两侧，以及前翼子板处。交流充电时，充电指示灯显示表示正在进行充电（图 5.1-9）。

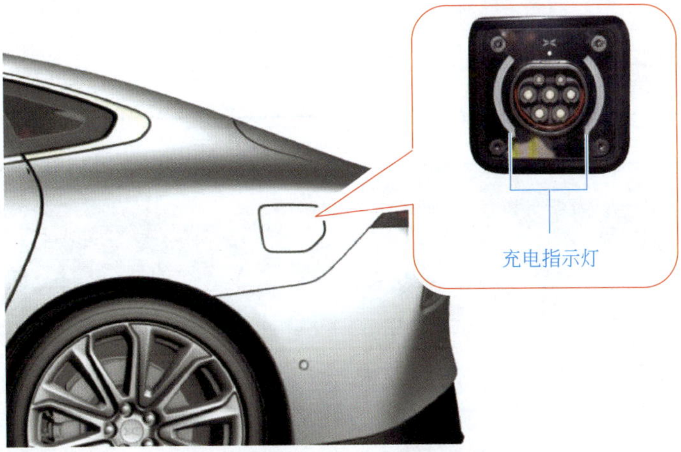

图 5.1-9　交流充电接口（充电指示灯）

举例说明

如图 5.1-10 所示为大众途观 L 插电式混合动力汽车含指示灯的充电接口，指示灯信息见表 5.1-1。

表 5.1-1　指示灯信息

高压充电口盖板上的表示牌	颜色信息识别	说明 / 措施
	绿色指示灯持续亮起	高压电池的充电过程已结束
	绿色指示灯脉动式亮起	高压电池正在充电
	离开车辆后绿色指示灯快速闪烁	已通过信息娱乐系统设定延迟充电（出发时间），但尚未开始。此外延迟充电按钮的指示灯亮起
	黄色指示灯闪烁	将换挡杆置于 P 挡位置

续表

高压充电口盖板上的表示牌	颜色信息识别	说明 / 措施
	黄色指示灯持续亮起	尽管充电电缆已连接，却未识别到电网。检查供电或电源。使用随车充电电缆时，控制盒上会显示电源状态
	红色指示灯持续亮起	充电系统有故障

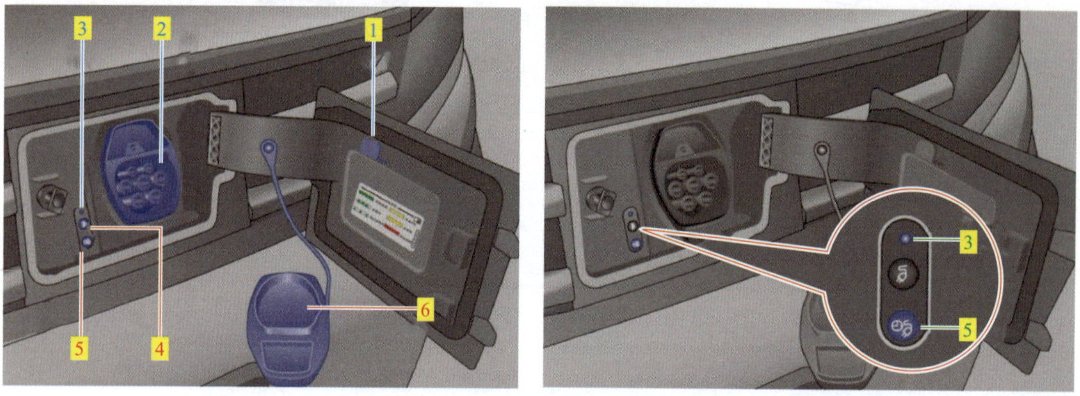

图 5.1-10　大众途观 L 插电式混合动力汽车含指示灯的充电接口

1—高压充电口盖板；2—充电插座；3—充电状态指示灯；4—立即充电按钮；5—延迟充电按钮；6—高压电池充电口保护盖

（1）家用单相交流充电　高压电池可使用固定的家用充电桩进行充电，充电功率最高达 3.6kW。应选用符合国标的家用供电插座，避免因大功率充电导致线路破坏和保护跳闸，影响其他设备的正常使用。

举例说明

如图 5.1-11 和图 5.1-12 所示为 2020 年款比亚迪元 EV 交流充电连接装置，它是随车配送的充电装置，将车辆与家用标准 220V、50Hz、10A 单相两极带地线插座相连，为车辆充电。

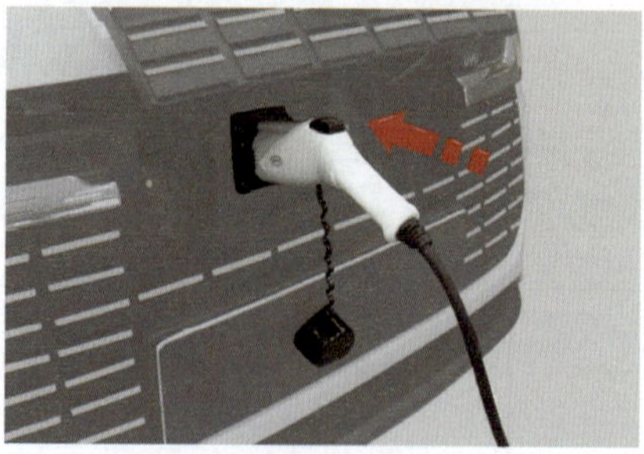

图 5.1-11　利用交流充电插口进行充电

图 5.1-12　随车配送的充电装置

（2）充电桩单相交流充电　使用公共场所电网的交流充电桩或随车配送的充电桩为车辆充电。

举例说明

如图 5.1-13 所示为比亚迪元 EV 的交流充电插口，位置在前保险杠格栅处。

电动开启充电口盖：按下左侧门上的开启充电口盖开关，打开前格栅上的充电口盖。或者手动开启充电口盖：打开前舱盖，同时按下前格栅上两侧开启开关即可开启充电口盖。接入充电桩充电设备或者随车充电设备。

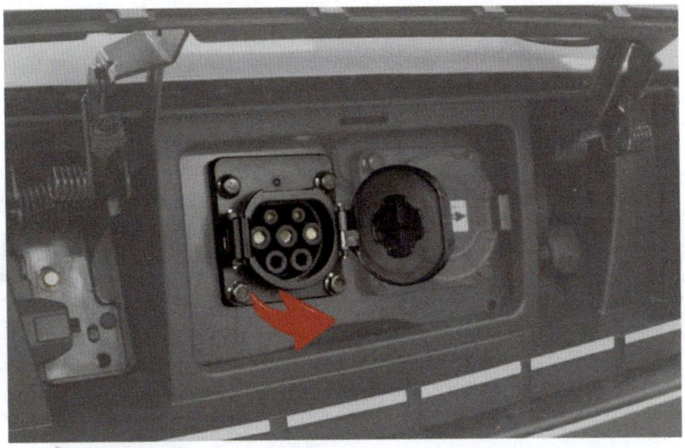

图 5.1-13　比亚迪元 EV 的交流充电插口

（3）充电桩直流充电　使用公共场所电网的直流充电柜为车辆充电，充电柜一般安装在特定的充电站。

举例说明

如图 5.1-14 所示为比亚迪元 EV 的直流充电插口，位置在前保险杠格栅处。

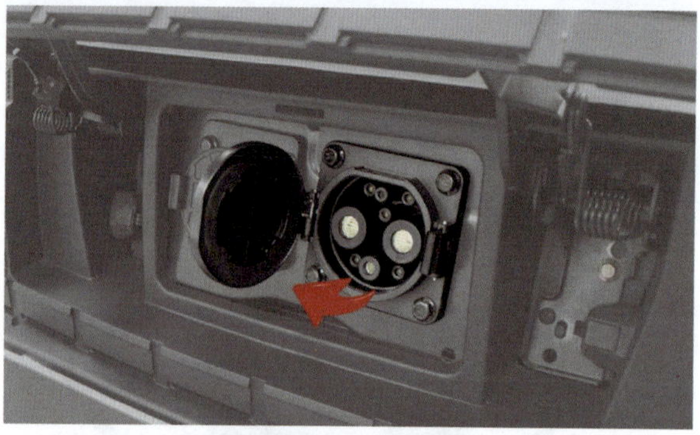

图 5.1-14　比亚迪元 EV 的直流充电插口

维修提示

插电式混合动力汽车虽然可以外接充电，但由于其纯电模式只是辅助功能，同时鉴于混合动力系统的车内物理空间、成本等限制，因此混合动力汽车的动力电池体积小，容量也小，这样就不宜使用直流快充系统进行充电，只能采用交流慢充进行充电。

5.1.3　车载充电机内部电气结构

（1）集成式车载充电机　各种车辆的集成式车载充电机其物理结构也有所不同。交流充电都需要经过车载充电机向动力电池进行传输（图 5.1-15）；充电及高压连接路径见图 5.1-16。

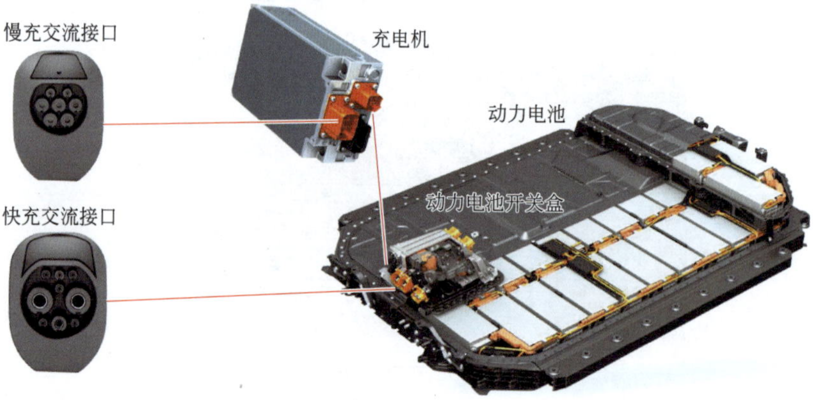

图 5.1-15　充电路径

划重点

交流充电是专门为车载充电机提供交流电源的供电，简单来说交流充电只提供电力输出，没有充电功能，需连接车载充电机为电动汽车充电。

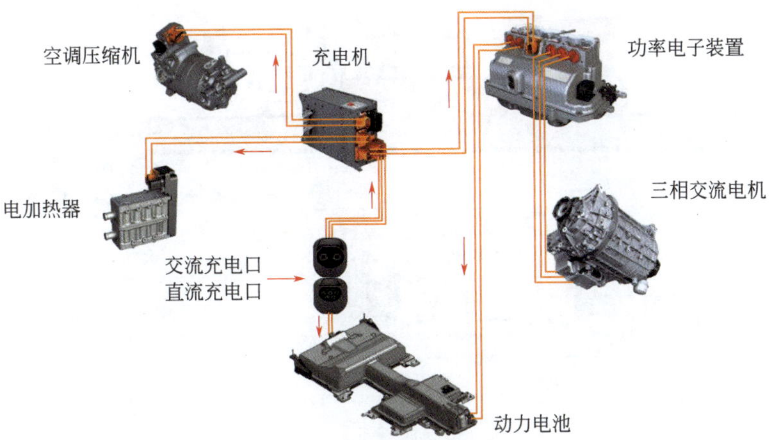

图 5.1-16　充电及高压连接路径

举例说明

如图 5.1-17，2019 年款比亚迪秦 ProEV 车载充电器集成车载充电机、降压 DC/DC 模块、高压配电箱为一体。拆开图 5.1-17 中维修盖 17 和维修盖 18，可见内部电线缆线（图 5.1-18）。交流和直流充电都需要经过车载充电机（充配电盒总成）向动力电池进行传输，拆开车载充电机上盖可见其内部结构，见图 5.1-19。

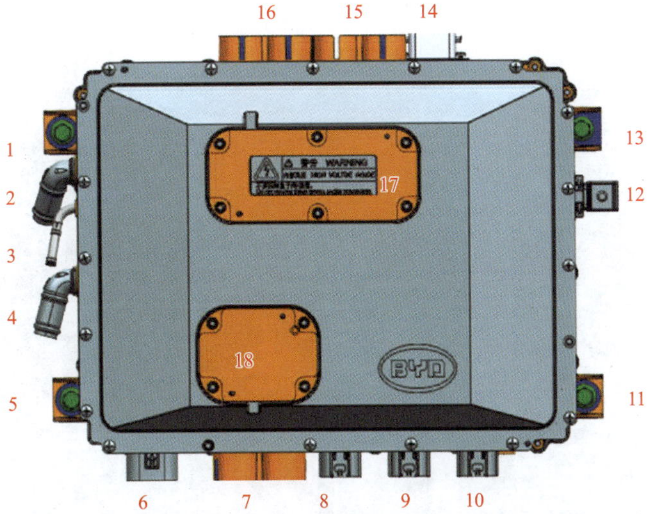

图 5.1-17　车载充电机（充配电盒总成）

1—辅助定位（安装在前舱大支架上）；2—出水口（连接冷却水管）；3—排水口（连接排气管）；4—进水口（连接冷却水管）；5—主定位（安装在前舱大支架上）；6—交流充电输入（连接交流充电口）；7—直流充电输入（连接直流充电口）；8—空调压缩机配电（连接空调压缩机）；9—PTC 水加热器配电（连接 PTC）；10—辅助定位（安装在前舱大支架上）；11—低压正极输出（连接 12V 蓄电池）；12—辅助定位（安装在前舱大支架上）；13—低压信号（连接低压线束）；14—高压直流输入 / 输出（连接动力电池）；15—电机控制器配电（连接电机控制器）；16—电控甩线和直流母线线鼻子固定维修盖；17—直流充电线缆线鼻子固定维修盖；18—盖板

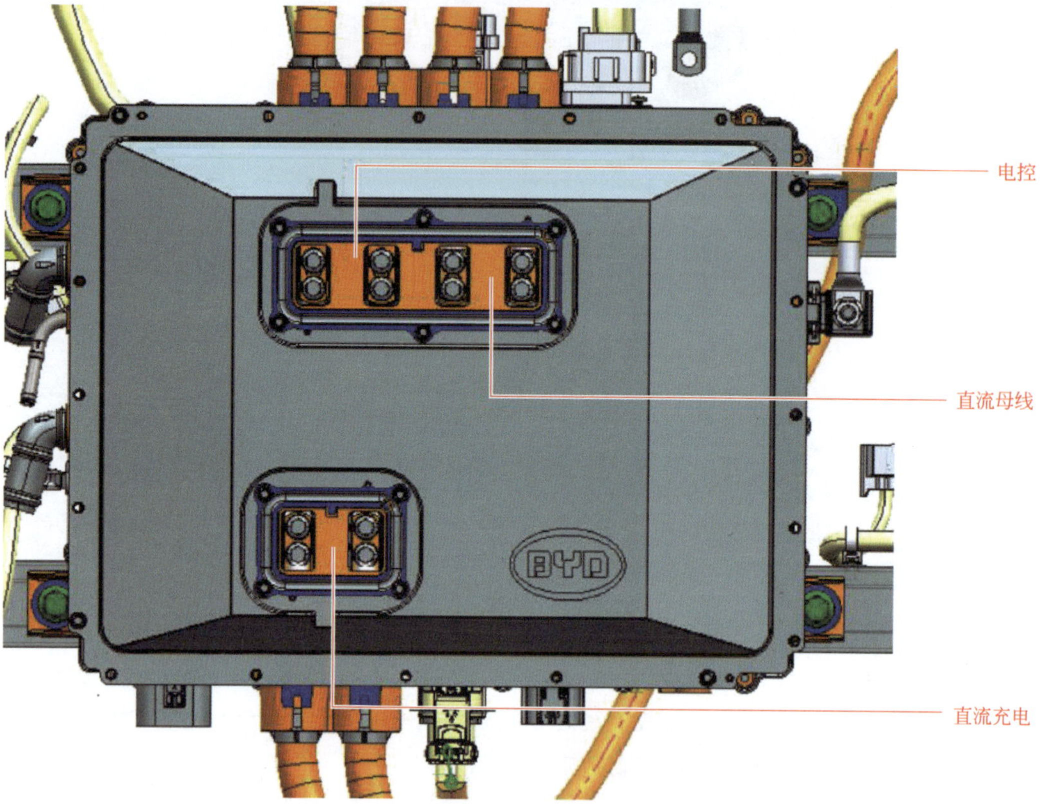

图 5.1-18 拆开维修盖后可见内部电线缆线

图 5.1-19 车载充电机（充配电盒总成）内部结构

（2）充电接口电气标注 根据国家相关标准规定，国内所有电动汽车的标准都是：慢充交流接口采用的是七针；快充直流接口采用的是九针。充电接口标准定义见表 5.1-2。

表 5.1-2　充电接口标准定义

充电接口	序号	端针	定义	图示
快充直流接口	1	DC−	直流电源负	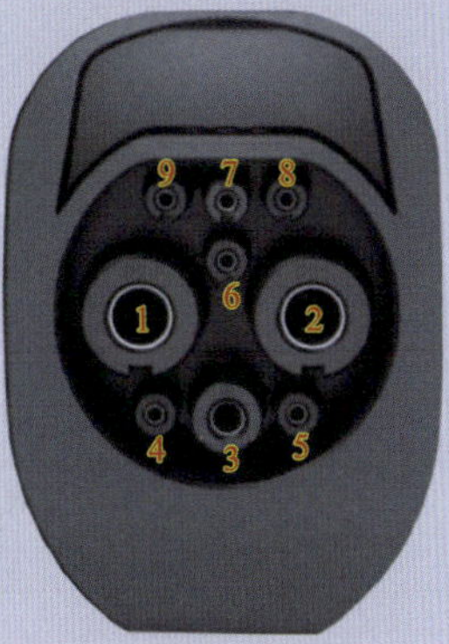
	2	DC+	直流电源正	
	3	PE	地线（车身搭铁）	
	4	A−	低压辅助电源负极（连接非车载充电机为电动汽车提供低压电辅助电源）	
	5	A+	低压辅助电源正极（连接非车载充电机为电动汽车提供低压电辅助电源）	
	6	CC1	充电连接确认	
	7	CC2	充电连接确认	
	8	S+	充电通信 CAN-H（连接非车载充电机与电动汽车通信）	
	9	S−	充电通信 CAN-L（连接非车载充电机与电动汽车通信）	
慢充交流接口	1	CP	控制确认线	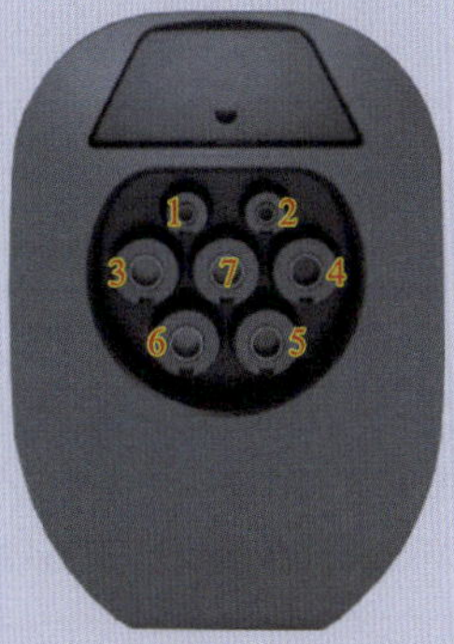
	2	Cc	充电连接确认	
	3	N	交流电源	
	4	L	交流电源	
	5	NC1	备用端子	
	6	NC2	备用端子	
	7	PE	地线（车身搭铁）	

5.1.4　充电系统电路结构

充电系统高压电路连接结构见图 5.1-20。

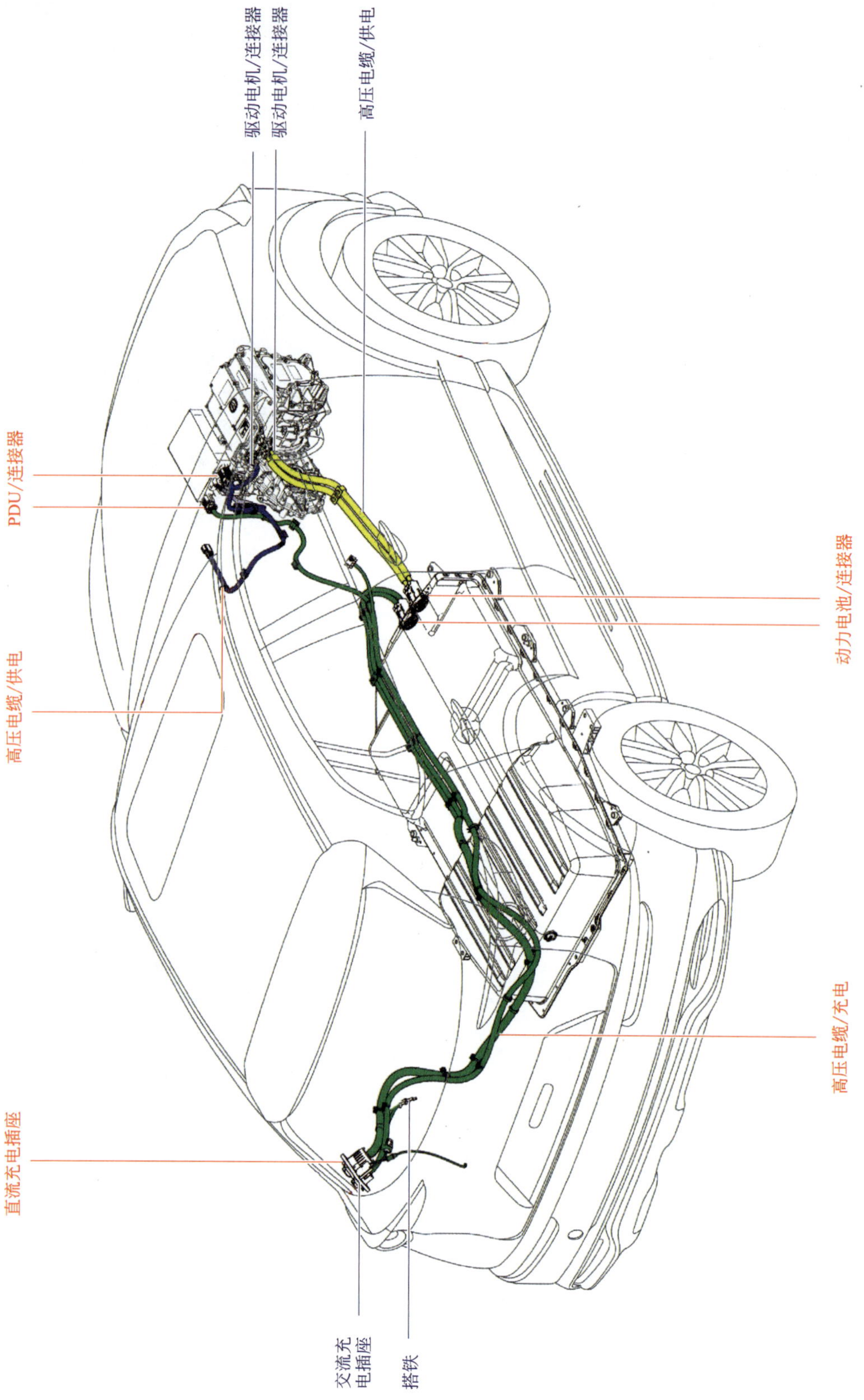

图 5.1-20 充电系统高压电路连接结构

5.2 充电系统维修原理与特点

5.2.1 电动汽车电源特点

（1）燃油汽车的电源　传统的燃油汽车的电源是蓄电池和发电机，发动机没有启动或启动瞬时由蓄电池来提供电，发动机启动以后由发电机负责全车供电，同时也为蓄电池充电。

举例说明

以吉利 GC7 这款比较简单的燃油车电源和启动电路（图 5.2-1 和图 5.2-2）为例来说明：蓄电池→起动机熔丝→继电器 30 端子和 87 端子开关闭合→起动机线圈→搭铁，起动机工作。

发电机内部的调节器通过控制转子电流而控制电压的输出，使蓄电池及电气系统正常运行。

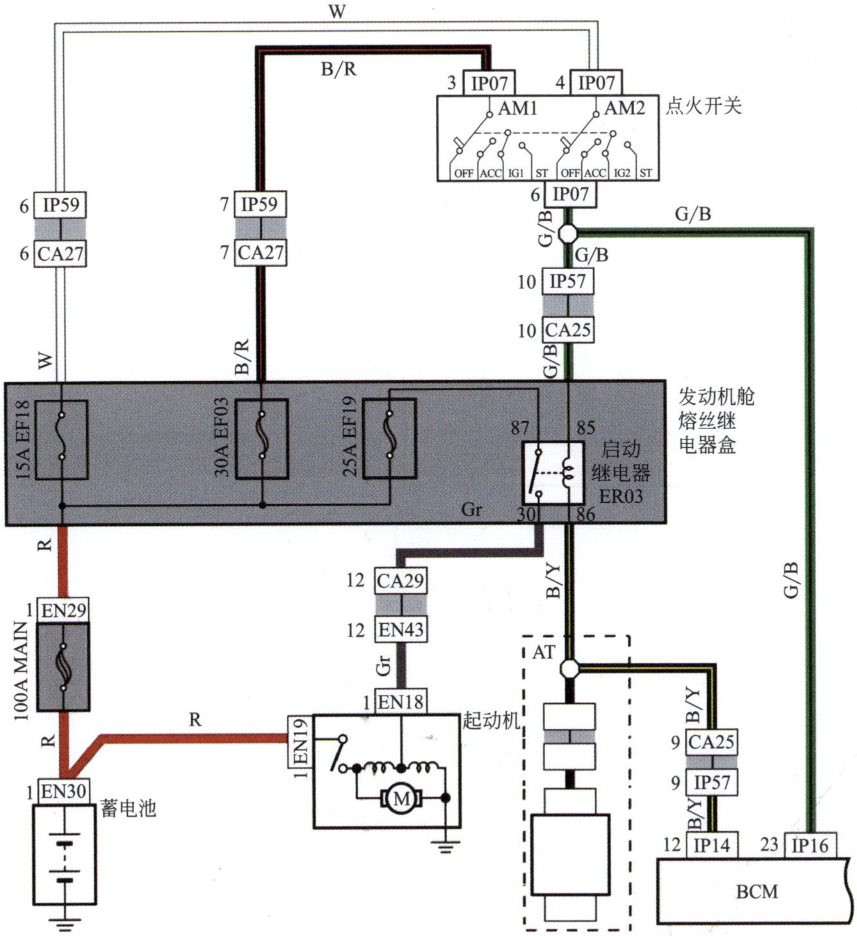

图 5.2-1　传统燃油汽车电源和启动电路

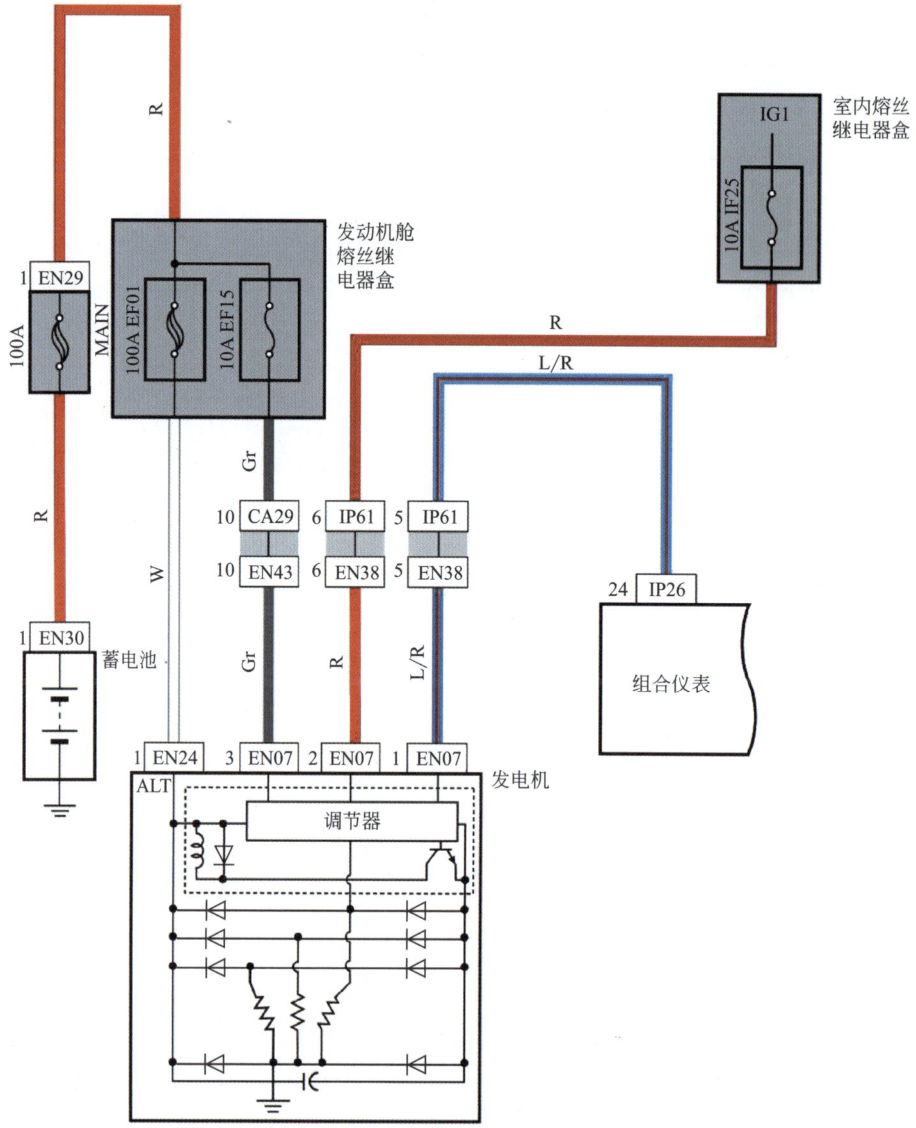

图 5.2-2 传统燃油汽车充电电路

（2）纯电动汽车电源 纯电动汽车低压电源供给是将动力电池的电能通过 DC/DC 变换为 12V 低压电源，为 12V 蓄电池和灯光、车窗、喇叭、仪表等车身电气供电（图 5.2-3）。

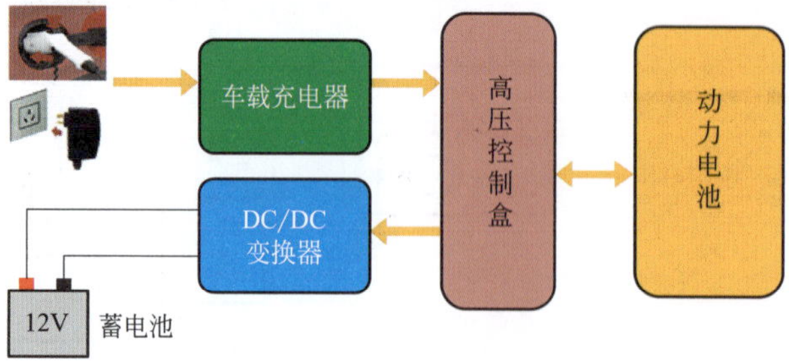

图 5.2-3 电动汽车电源示意

划重点

纯电动汽车不需要起动机。因为纯电动汽车没有发动机，而是电机直接输出动力。

纯电动汽车也不需要交流发电机。传统发动机汽车的交流发电机利用汽车发动机皮带，带动其转动发电；纯电动汽车采用 DC/DC 变换器，利用 DC/DC 变换器为低压蓄电池充电，这样就省去了交流发电机。

维修提示

高度集成“多合一”的电驱系统是必然趋势。现在主流的基本是转换器（直流 DC/DC）、车载充电机（OBC）和高压配电箱（PDU）集成一起的高压系统“三合一”集成电源。

电动汽车最初的电动化系统都是独立的部件，不存在集成式设计，其电机、逆变器（DC/AC）、减速器、充配电系统等部件均单独布置，各部件间靠线束连接即可。

早些时候的集成方式主要基于车载电源方面，把车载充电机、DC/DC 变换器以及逆变器集成在一起。之后慢慢地将逆变器从车载电源的集成中剥离出来，与电机及减速器（电机控制器）集成，组成了电驱动总成。即电机、电机和减速器的“三合一”集成电驱模块 / 系统。

（3）混合动力汽车电源　混合动力汽车中除了有驱动电机外，大部分依然保留纯燃油汽车中的发电机，这样就有两个电机。低压电气系统由 12V 蓄电池、DC/DC 变换器和发电机来共同提供电源。目前，DC/DC 变换器基本都已集成化，单独的其实很少。独立的 DC/DC 变换器见图 5.2-4。有些车 DC/DC 变换器与电机控制器集成在一起。

扫一扫

看视频

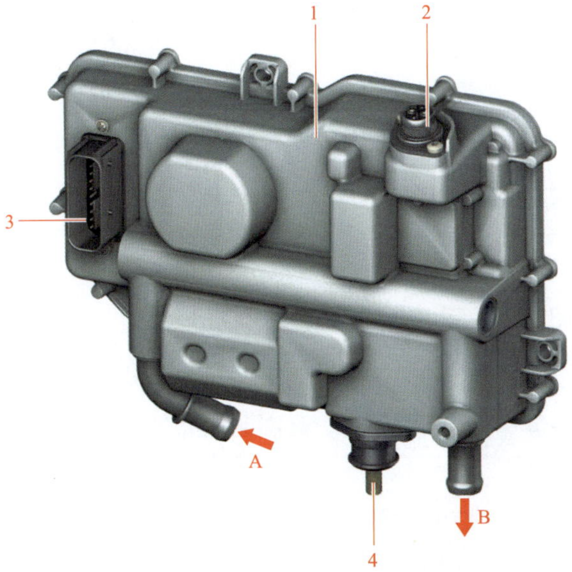

图 5.2-4　独立的 DC/DC 变换器

1—DC/DC 变换器；2—高电压插头连接（高压蓄电池）；3—DC/DC 变换器控制单元 12V 插头连接；4—电源；A—冷却液进口；B—冷却液出口

5.2.2 直流充电（快充）机理

（1）基本原理　直流充电流量传递路线如图 5.2-5 所示，当充电枪连接到整车直流充电插座时，直流充电设备向 BMS 发送充电唤醒信号，BMS 开始工作并进行自检，如果自检无异常，同时 BMS 接收到充电连接确认信号以及充电信号，BMS 则闭合快充继电器和主负继电器，开始充电。充电完成后，BMS 向充电桩发送充电停止指令，待充电桩停止充电后，BMS 切断快充继电器和主负继电器，充电结束。基本上在 1h 内可充电 80% 以上。

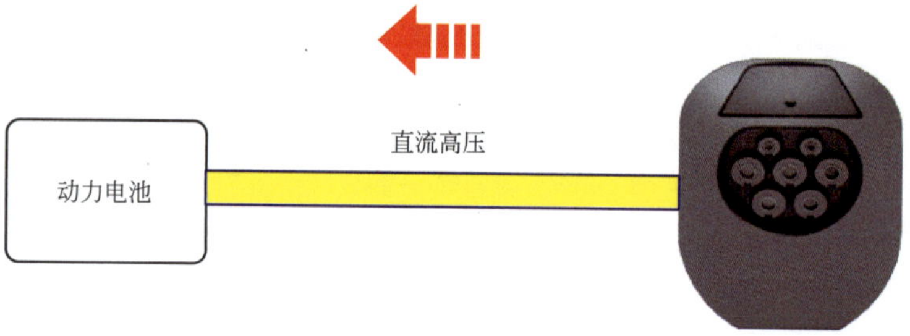

图 5.2-5　直流充电流量传递路线

维修提示

BMS 预留两路温度采集，用于采集直流充电座温度信号（充电座内置温度传感器）。当充电座温度超过 95℃时，BMS 将充电电流设为当前值的 1/2；当充电座温度超过 105℃时，BMS 发送充电停止命令，然后按充电流程断开继电器，停止充电。充电时如果采集不到充电座温度，则禁止充电。

（2）控制过程

举例说明

埃安 VE 直流充电快充控制过程（图 5.2-6）如下。

① 直流充电枪到直流充电插座插好后，通过 CAN 总线传递给整车控制器，整车控制器控制车辆处于不可行驶状态。

② 通信正常且无故障，直流充电桩控制直流供电回路导通，车辆开始进行直流充电。

③ 在充电阶段，动力电池向直流充电桩实时发送电池充电需求参数，直流充电桩根据电池充电需求参数实时调整充电电压和充电电流。

④ 整车控制器在充电过程中检测充电插头与插座插合处温度，当温度过高时，限制充电电流，严重时，停止充电以保证充电过程的安全。

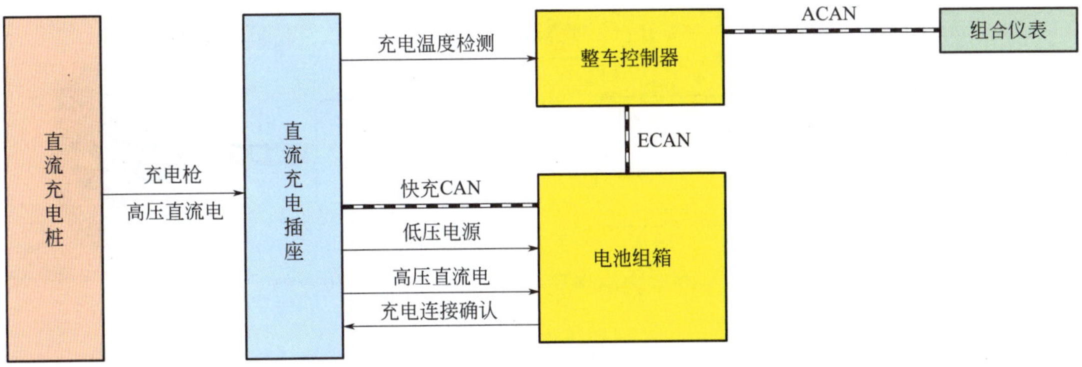

图 5.2-6　直流充电快充控制过程示意图

5.2.3　交流充电（慢充）机理

（1）基本原理　如图 5.2-7 所示，在交流充电中，VCU 被 OBC 唤醒，当接收到 OBC 发出的交流充电连接确认信号（CC、CP）、BMS 发出的高压互锁状态为闭合、SOC ＜ 100% 以及车辆 EPB 或 P 挡锁止时，向 BMS 发送充电允许信号，然后 BMS 同时闭合主正继电器以及主负继电器，开始充电。充电开始后，当 IPU 接收到 VCU 的交流充电命令后内部 DC/DC 开始工作，为蓄电池充电。充电完成后 VCU 停止 DC/DC 工作，然后向 BMS 发送断开主继电器命令，充电结束。

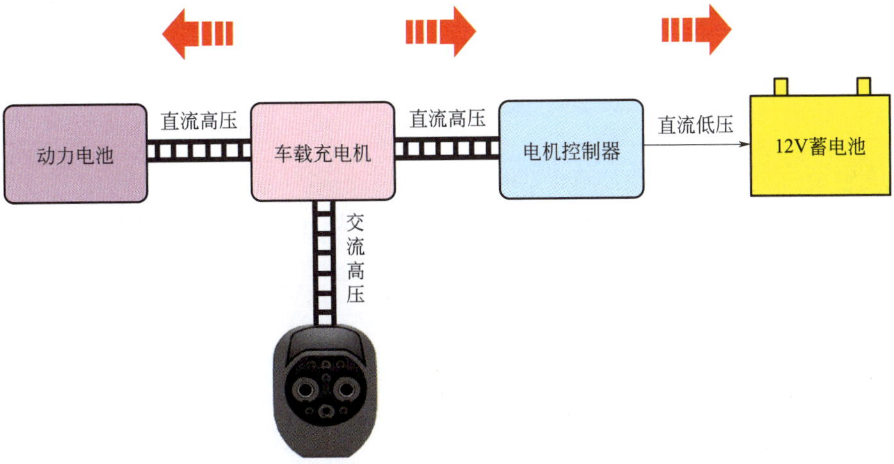

图 5.2-7　交流充电流量传递路径

举例说明

如果有独立的分线盒，交流充电流量传递路线如图 5.2-8 所示，当车辆处于交流充电模式下，ACM 检测交流充电接口的 CC、CP 信号（充电枪插入、导通信号）并唤醒 BMS，BMS 唤醒车载充电机并发送指令充电，同时闭合主继电器，动力电池开始充电。

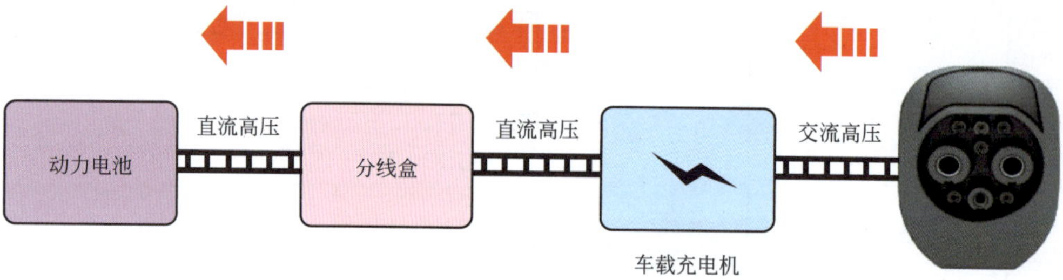

图 5.2-8　交流充电流量传递路线（独立分线盒）

（2）控制过程　进行交流充电时将公共电网的交流电能传递给车载电源系统，车载电源系统将交流电变换为直流电，并给动力电池充电。见图 5.2-9。

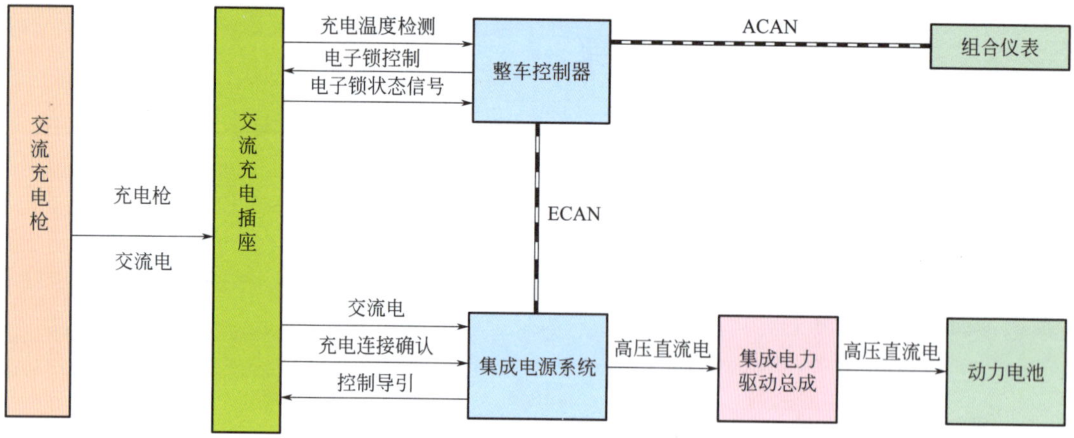

图 5.2-9　交流充电枪充电过程示意

（3）充电锁的作用　充电锁可防止带电插拔充电抢，同时起到充电枪防盗作用（图 5.2-10）。充电锁安装在充电插座上，通过控制圆柱锁杆的伸缩实现上锁及解锁功能（图 5.2-11）。

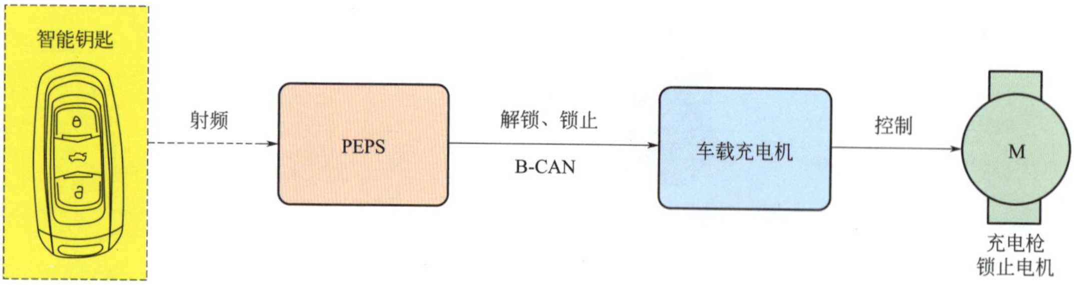

图 5.2-10　充电锁功能示意

❶ 上锁。插入充电枪，自动上锁。

❷ 解锁。

a. 整车处于 OFF 挡前提下，按遥控钥匙解锁按钮，进而实现解锁。

b. 整车处于 ON、READY 挡时，也可通过中控锁进行解锁。

c. 当钥匙解锁失效时，如图 5.2-12 所示，可通过拽解锁钢丝实现解锁。

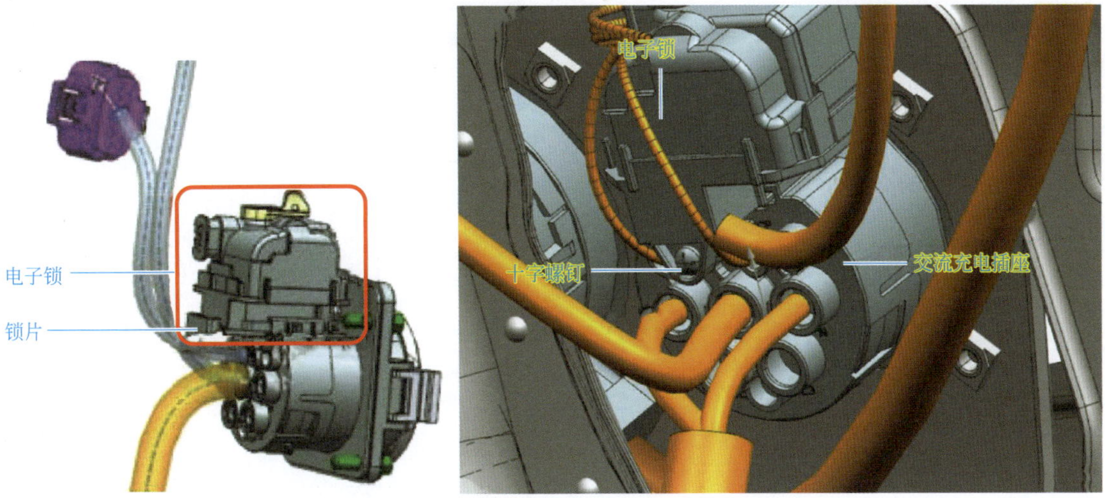

图 5.2-11　充电锁

图 5.2-12　AC 充电盖与插头应急解锁

5.2.4　内部充电机理

充电系统从类型上可分为外接充电系统及内部充电系统。其中外接充电系统包括快充充电和慢充充电；内部充电系统包括低压电源充电和智能充电，以及后边要介绍的制动能量回收（图 5.2-13）。

（1）低压充电　高压上电前，低压电路系统依赖 12V 蓄电池供电。高压上电后，电机控制器内置 DC/DC 将动力电池输出的高压直流电转换成低压直流电，为 12V 铅酸蓄电池充电，并充当辅助低压电源（图 5.2-14）。

举例说明

如图 5.2-15 和图 5.2-16 所示是欧拉 EV 的低压充电路径及原理，即通过 DC/DC 给 12V 蓄电池充电。

动力电池包中的高压直流电经过高压配电盒到达 DC/DC，由 DC/DC 将高压直流电转换成 12V 左右的低压直流电给蓄电池充电。

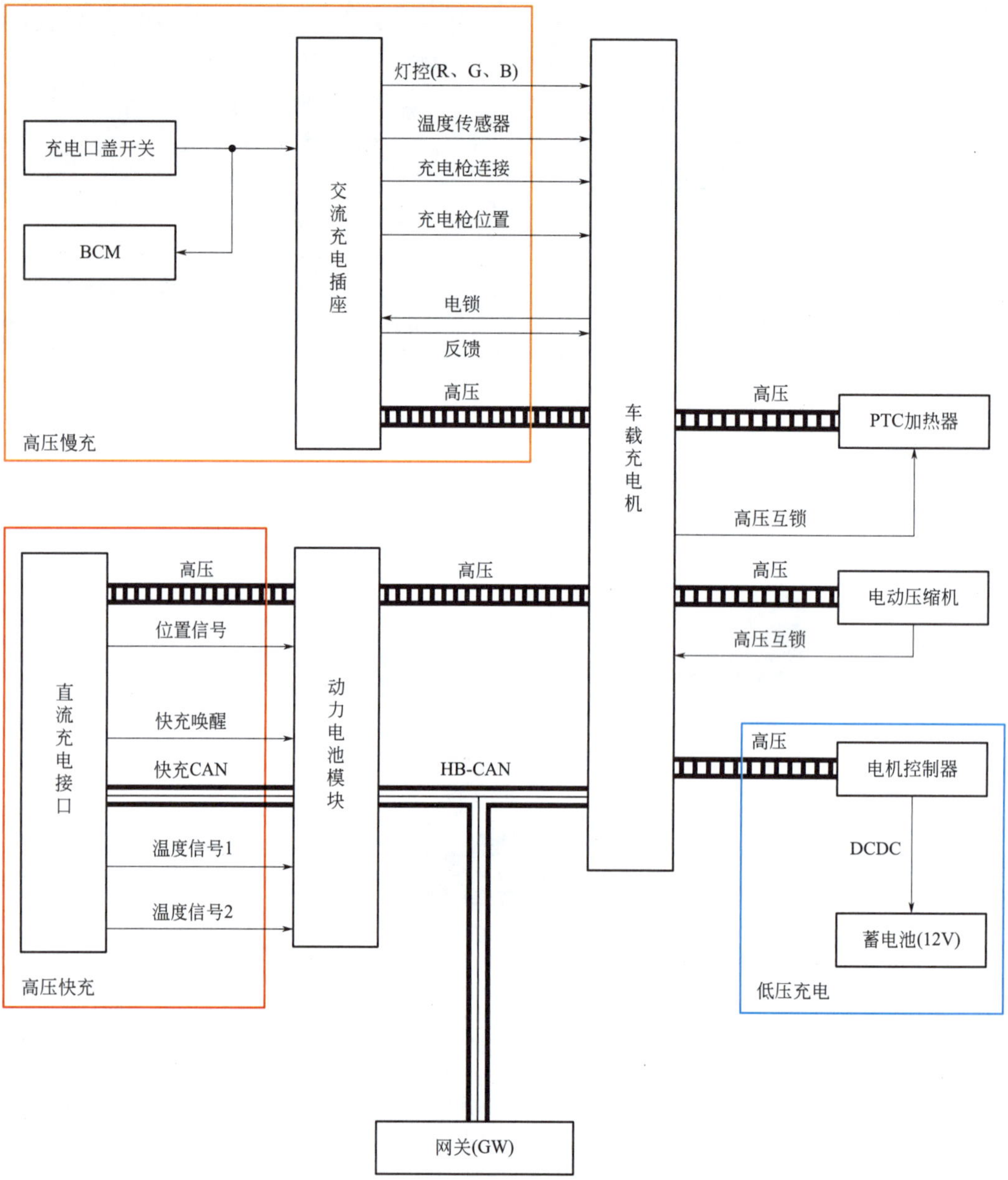

图 5.2-13　充电电气原理示意

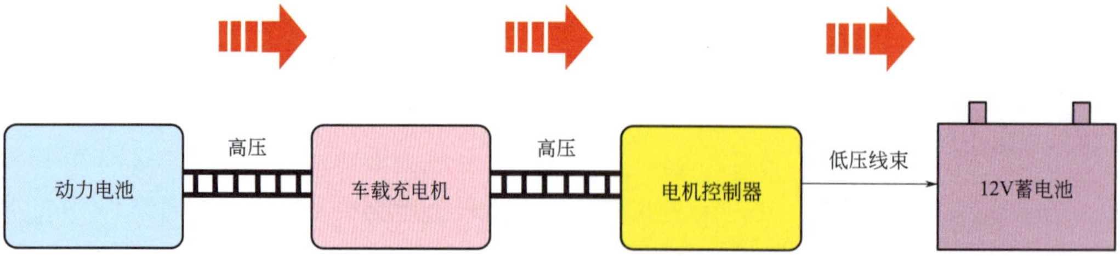

图 5.2-14　低压充电流量传递示意

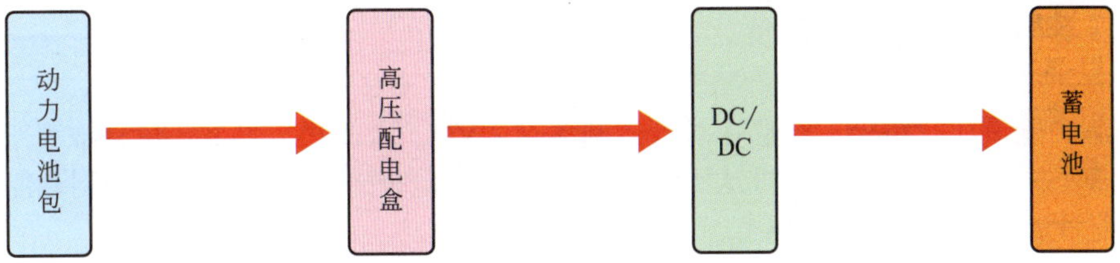

图 5.2-15　低压充电路径框图

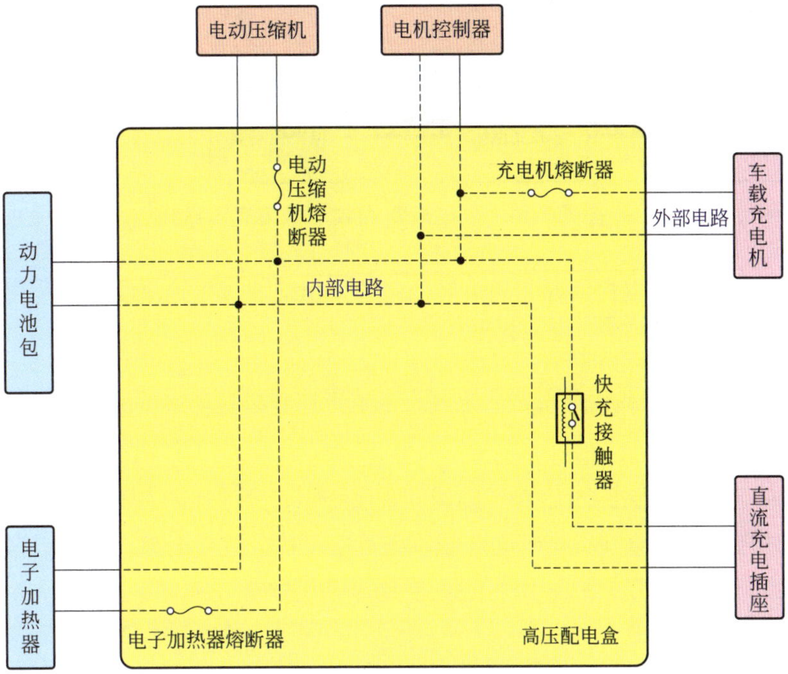

图 5.2-16　低压充电原理示意

（2）智能充电　长期停放的车辆容易造成低压蓄电池馈电，当低压蓄电池严重馈电时将会导致车辆无法启动上电，采用智能充电功能可避免这一问题。当蓄电池电压低于设定值时，BMS 向 VCU 发送智能补电请求，此时如果 VCU 收到电源挡位 OFF 信息，并判断四门两盖处于关闭状态，则向 BMS 发送闭合主继电器指令，主正、主负继电器闭合之后，DC/DC 开始为蓄电池充电（图 5.2-17）。

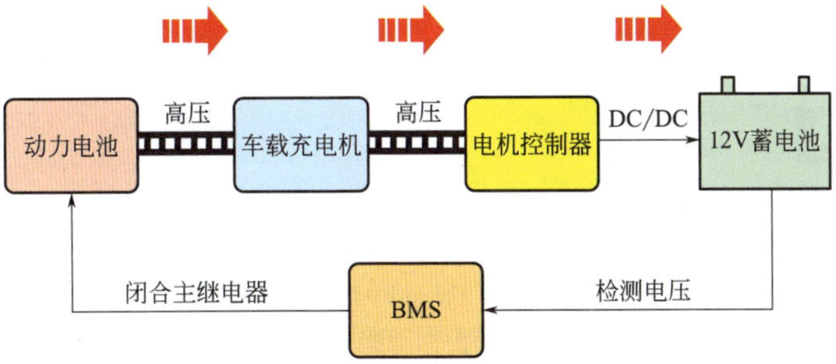

图 5.2-17　智能充电流量传递示意

5.2.5 制动能量回收

（1）制动能量回收路径　车辆在滑行或制动时，VCU 通过状态数据采集，推算所需的制动转矩并发给电机控制器。此时电机从工作模式转换为发电模式向电池组充电。制动能量回收传递路线与能量消耗相反（图 5.2-18）。

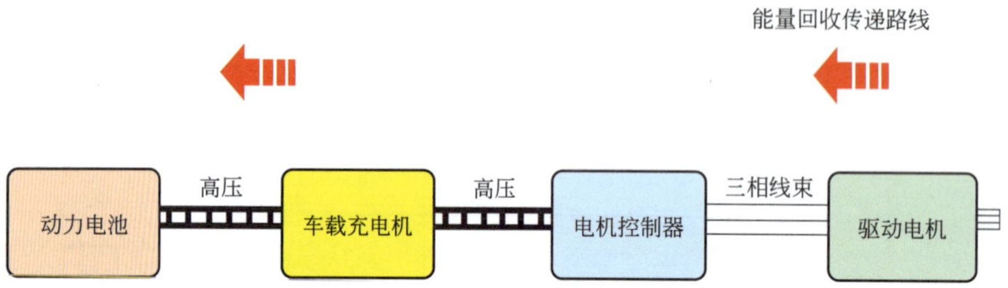

图 5.2-18　制动能量回收信号传递示意

制动能量回收过程中电机消耗车轮旋转的动能发出交流电再输出给电机控制器，电机控制器将交流电转换成直流电给动力电池充电。

举例说明

在宝马纯电动汽车 iX3 G08 制动能量回收系统中，集成式动态稳定控制系统（DSCi）借助线控制动技术，使驾驶员与制动液压系统互不干扰。这样一来，就可以在制动能量回收方面实现最高效率。如图 5.2-19 所示为制动时的信号流传递路径。

（2）影响制动能量回收的因素　通过制动能量回收反馈给动力电池能量的大小，取决于以下因素。

❶ 动力电池当前的状态

a. 动力电池已充满电。

b. 动力电池温度较高。

c. 动力电池温度较低。

❷ 使用的制动能量回收设置

a. 人工设置。

扫一扫

看视频

举例说明

例如通过信息娱乐系统中控屏“车辆控制→常用→能量回收”，点击“低”或“高”按钮，选择制动能量回收等级。

b. 制动能量回收根据能量回收等级，自行调整能量回收大小。

如果制动能量回收显著地降低了速度（例如在陡坡上行驶时），制动灯会点亮，提醒再减速。

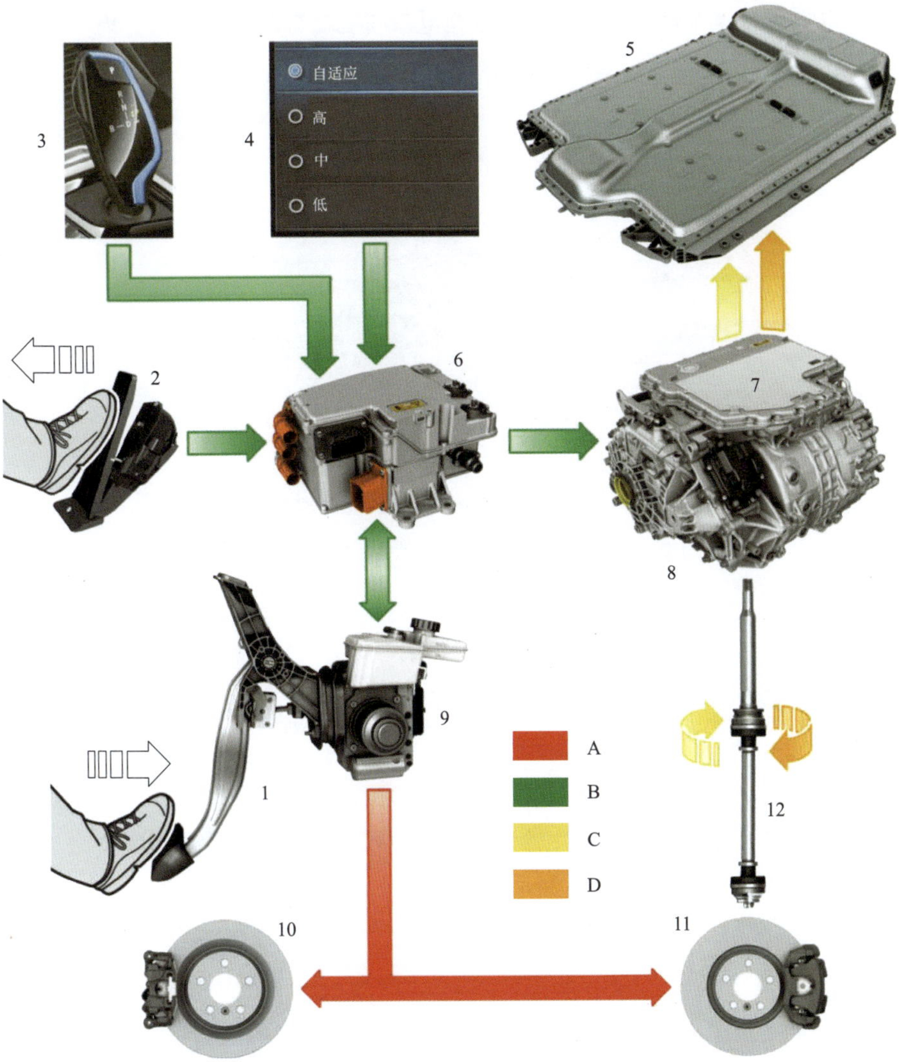

图 5.2-19　制动时的信号流传递路径

A—液压制动；B—信号流；C—可以设置的制动能量回收（少量制动能量回收）；D—可以设置的制动能量回收（大量制动能量回收）；1—制动踏板；2—油门踏板；3—选挡开关（GWS）；4—CID 中的设置菜单（娱乐系统显示屏设置菜单）；5—高压电蓄电池（动力电池）；6—联合充电单元 CCU（集成车载电源）；7—电机电子装置 EME（电机控制器）；8—电气化驱动单元；9—集成动态稳定控制系统（DSCi）；10—前部制动器；11—后部制动器；12—输出轴

5.3 充电系统拆装维修与检测诊断

5.3.1 拆装集成式车载电源

根据车型不同，车载电源也有不同的布局。以下拆装列举的是后驱车辆的车载集成电源。

交流充（放）电口布置在车辆的左后侧，直流充电口布置在车辆的右后侧。集成电源如图 5.3-1 所示。

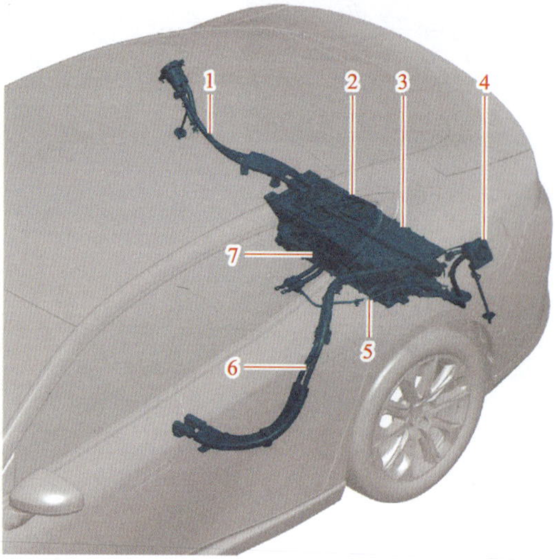

图 5.3-1 集成电源

1—直流充电线束；2—“三合一”接地线束总成；3—集成式车载电源；4—单相交流充电线束；5—后电驱动系统；6—车载电源“三合一”高压线束；7—后电机线束

（1）拆卸外围相关部件

❶ 如更换集成式车载电源，先使用诊断仪进行“模块换件准备”操作程序。

❷ 关闭所有用电器，车辆下电。

❸ 断开蓄电池负极极夹。

❹ 拆卸手动维修开关。

❺ 排放冷却液。

❻ 拆卸后备厢盖板总成。

（2）拆卸集成式车载电源

❶ 断开集成式车载电源连接插头 A、B（图 5.3-2）。

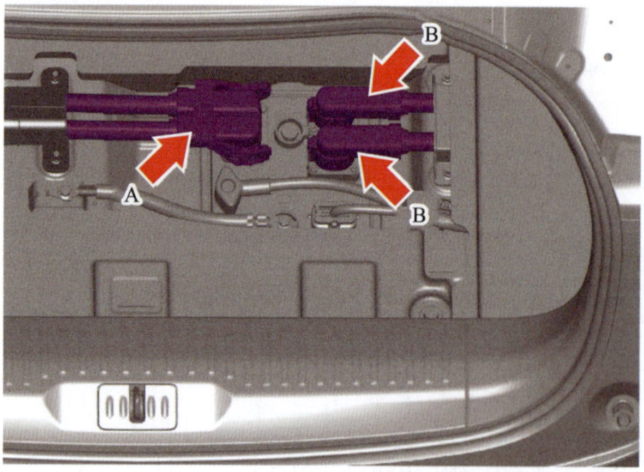

图 5.3-2 集成式车载电源连接插头

A，B—连接插头

❷ 断开集成式车载电源低压连接插头 A（图 5.3-3）。

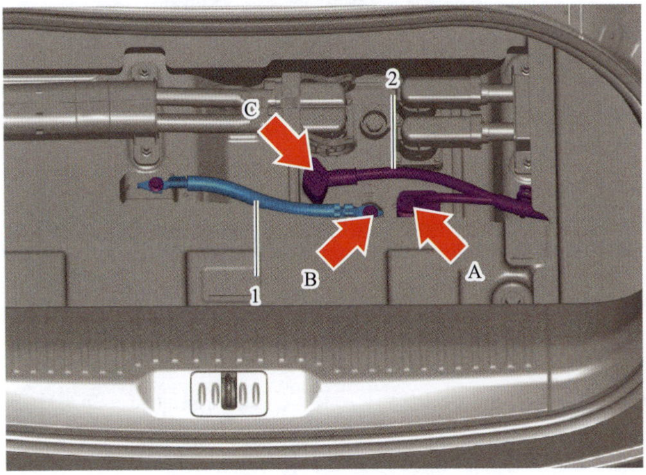

图 5.3-3　拆卸连接插头和固定螺栓

1—线束总成；2—正极电源线；A—连接插头；

B, C—固定螺栓

❸ 旋出“三合一”接地线束总成 1 的固定螺栓 B（图 5.3-3）。

❹ 揭开低压电池正极电源线护罩，并旋出低压电池正极电源线 2 的固定螺栓 C（图 5.3-3）。

❺ 拆卸前备胎池护板总成。

❻ 拆卸后备胎池护板总成。

❼ 断开集成式车载电源连接插头（图 5.3-4）。

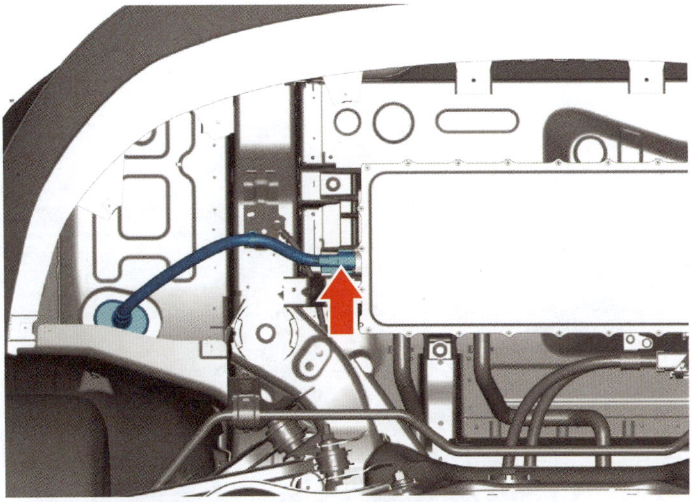

图 5.3-4　断开集成式车载电源连接插头

❽ 旋出后电机线束 1 的固定螺栓 A（图 5.3-5）。

❾ 断开后电机线束 1 与集成式车载电源连接插头 B（图 5.3-5）。

❿ 松开固定卡箍 C，脱开后 IPU 进水管 2 与集成式车载电源连接（图 5.3-5）。

⓫ 松开固定卡箍 D，脱开过渡胶管 3 与集成式车载电源连接（图 5.3-5）。

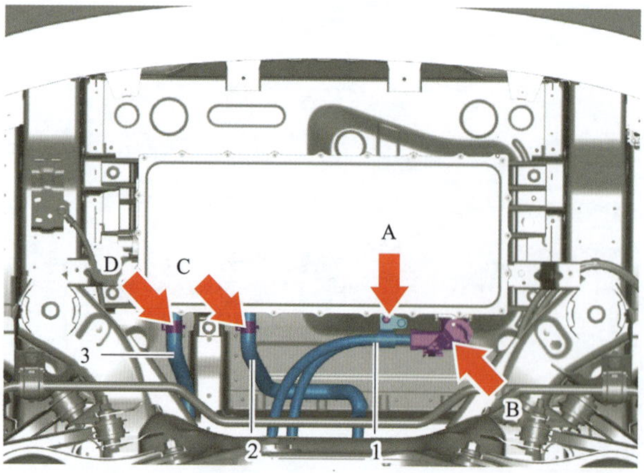

图 5.3-5 螺栓、电机线束与车载电源连接插头及固定卡箍

1—线束；2—进水管；3—过渡胶管；A—固定螺栓；

B—连接插头；C，D—固定卡箍

维修提示

虽然各种车载电源的形式有所不一，但都需要冷却，结构上都存在冷却管路，有些线路和管路交集，要规范操作，如图 5.3-6 和图 5.3-7 列举的是马自达纯电动汽车 CX-30 的部件。拆水管时，在水管下方铺上毛巾，准备接收流出来的冷却液。断开冷却水管，用毛巾接收好流出的冷却液，防止打湿其他部件，当冷却液不再流出时，拿开毛巾将冷却水管插入出水侧，防止异物进入。

断开高压线束连接器后，戴上绝缘手套，并用电工胶带包裹端子以使其绝缘。

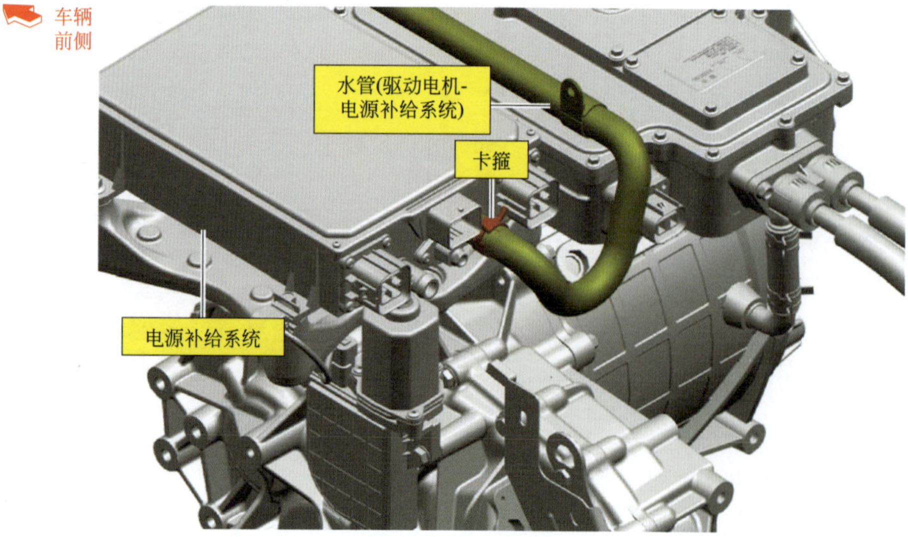

图 5.3-6 拆卸水管

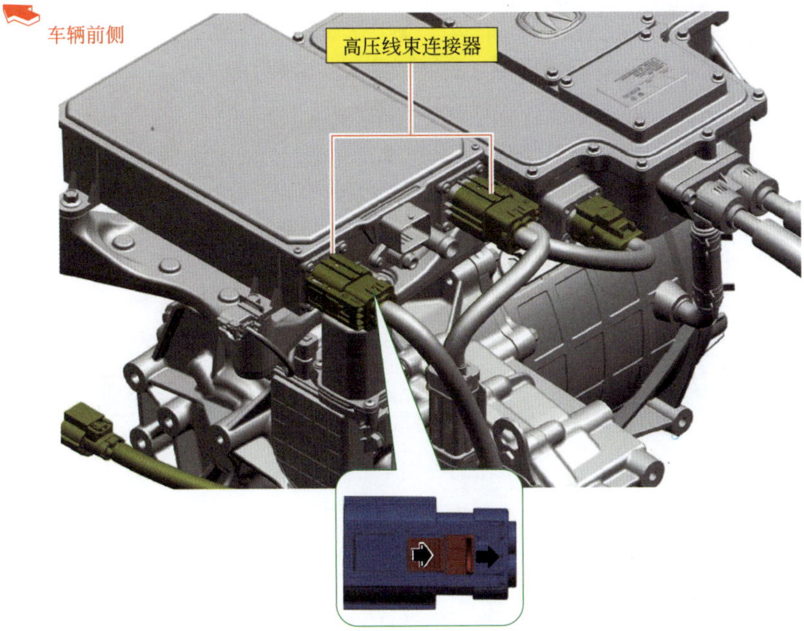

图 5.3-7　高压线束连接器（插头）

⑫ 旋出固定螺栓 A，取出“三合一”车载电源左支架 1（图 5.3-8）。

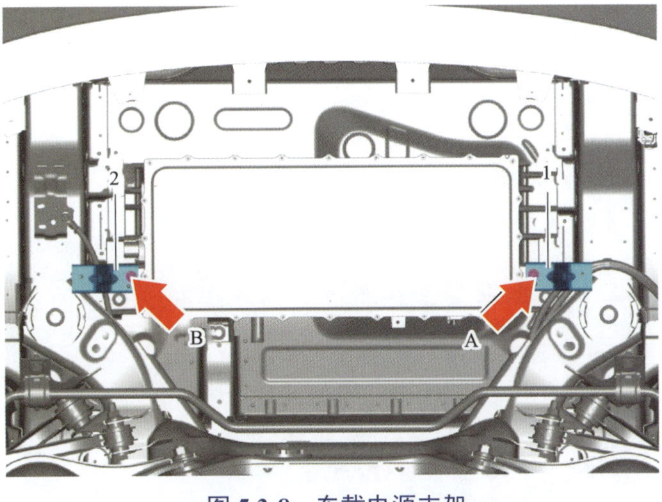

图 5.3-8　车载电源支架

1—左支架；2—右支架；A，B—固定螺栓

⑬ 旋出固定螺栓 B，取出三合一车载电源右支架 2（图 5.3-8）。

⑭ 使用举升装置支撑集成式车载电源。

⑮ 旋出集成式车载电源固定螺栓。

⑯ 拆下集成式车载电源 1（图 5.3-9）。

（3）车载电源安装事项　安装程序以倒序进行，同时注意下列事项：如果更换了集成式车载电源，需要进行“模块更换”操作程序。

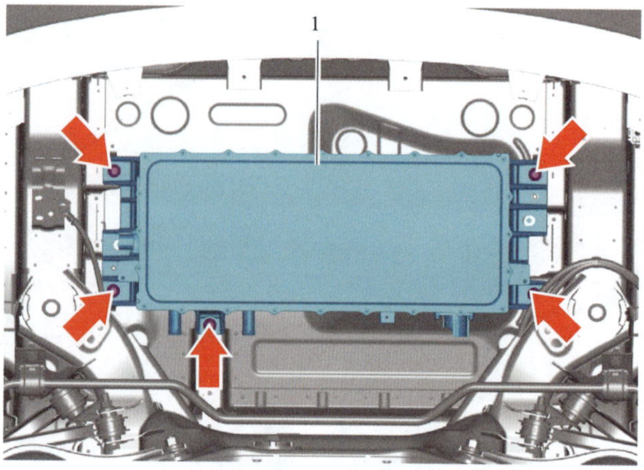

图 5.3-9 车载电源

5.3.2 拆卸直流充电线束

❶ 打开右充电口盖。
❷ 关闭所有用电器，车辆下电。
❸ 断开蓄电池负极极夹。
❹ 拆卸手动维修开关。
❺ 拆卸后备厢盖板总成。
❻ 拆卸后备厢内门槛饰板总成。
❼ 拆卸后备厢右饰件总成。
❽ 拆卸直流充电线束。

a. 旋出充电线束塑料支架 1 的固定螺母 A（图 5.3-10）。
b. 断开集成式车载电源连接插头 B（图 5.3-10）。
c. 脱开固定卡扣，拆下充电线束塑料支架 1。

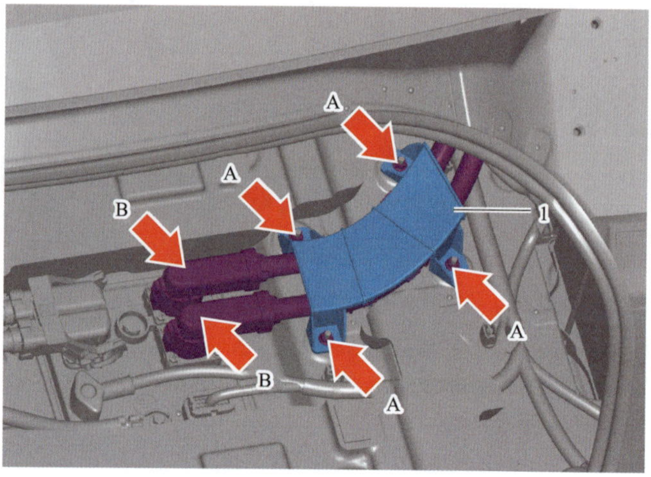

图 5.3-10 塑料支架
1—塑料支架；A—固定螺母；B—连接插头

d. 断开直流充电线束连接插头 A（图 5.3-11）。
e. 脱开直流充电线束固定卡扣 B（图 5.3-11）。

维修提示

该处卡扣拆卸只能将卡扣从钣金孔顶出，不可以手持水管将卡扣拔出，避免破坏水管。

f. 旋出直流充电线束搭铁螺栓 C（图 5.3-11）。
g. 脱开直流充电线束密封胶堵 D（图 5.3-11）。
h. 旋出固定螺钉 1，拆下直流充电线束及插座（图 5.3-12）。

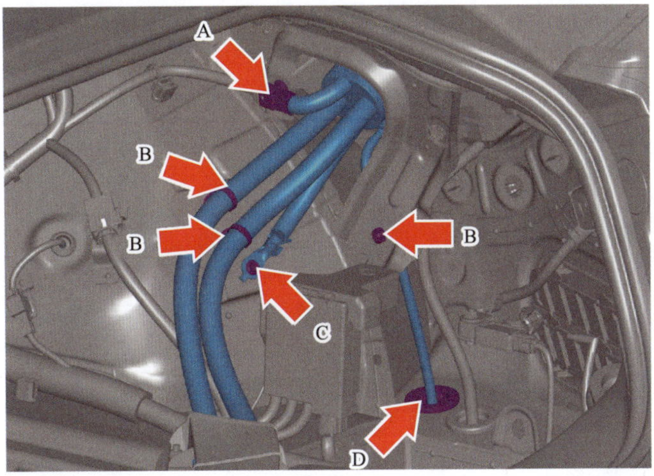

图 5.3-11 拆卸线束

A—连接插头；B—固定卡扣；C—搭铁螺栓；
D—密封胶堵

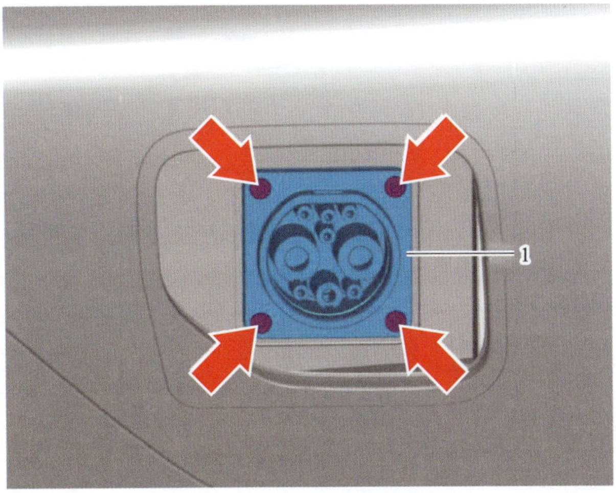

图 5.3-12 直流充电线束

5.3.3 拆卸单相交流充电线束

（1）拆卸外围零部件

❶ 打开左充电口盖。

❷ 关闭所有用电器，车辆下电。

❸ 断开蓄电池负极极夹。

❹ 拆卸手动维修开关。

❺ 拆卸后备厢盖板总成。

❻ 拆卸后备厢内门槛饰板总成。

❼ 拆卸后备厢左饰件总成。

❽ 拆卸重低音音箱。

❾ 拆卸备胎池护板总成。

（2）拆下单相交流充电线束

❶ 断开单相交流充电线束与集成式车载电源连接插头 A（图 5.3-13）。

❷ 脱开单相交流充电线束固定卡扣 B（图 5.3-13）。

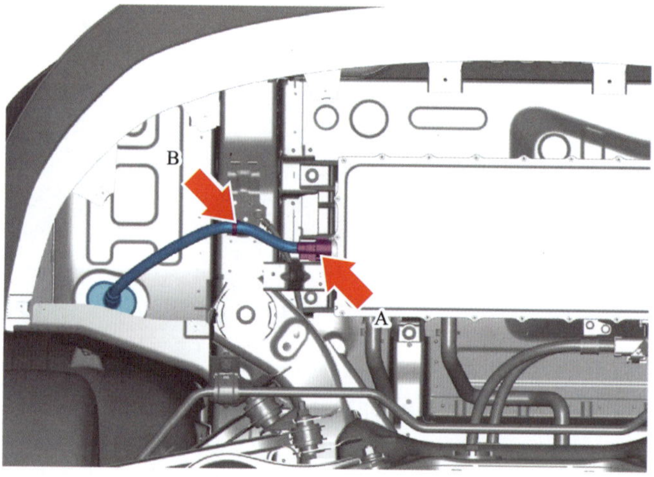

图 5.3-13　脱开线束固定卡扣

A—连接插头；B—固定卡箍

❸ 断开单相交流充电线束低压连接插头 A，并脱开插头固定卡扣。

❹ 脱开左充电口盖板应急解锁拉索固定卡扣 B。

❺ 脱开单相交流充电线束固定卡扣。

❻ 脱开单相交流充电线束密封胶堵。

❼ 旋出固定螺钉，拆下单相交流充电线束。

5.3.4 拆卸车载电源高压线束

（1）拆卸外围零部件

❶ 关闭所有用电器，车辆下电。

❷ 断开蓄电池负极极夹。

❸ 拆卸手动维修开关。

❹ 拆卸后排座椅左侧侧翼总成。
❺ 拆卸后排座椅左侧靠背总成。
❻ 拆卸后备厢盖板总成。
❼ 拆卸后备厢内门槛饰板总成。
❽ 拆卸后备厢地毯总成。
❾ 拆卸后备厢左饰件总成。
❿ 拆卸左后内门槛饰板总成。

（2）拆卸车载电源“三合一”高压线束

❶ 断开车载电源“三合一”高压线束与集成式车载电源连接插头。
❷ 旋出车载电源“三合一”高压线束的固定螺母、固定螺栓。
❸ 旋出车载电源“三合一”高压线束固定螺母。
❹ 断开车载电源“三合一”高压线束与动力电池连接插头。与动力电池连接的高压线插接器物理形态上有所不同，但都是互锁插头。

举例说明

如图 5.3-14 所示是马自达 CX-30EV 高压线插头（连接器），戴上绝缘手套，断开高压电线束总成（动力蓄电池充电）连接器与动力蓄电池的连接。

❺ 旋出车载电源“三合一”高压线束固定螺栓。
❻ 脱开固定卡扣，拆下车载电源“三合一”高压线束。

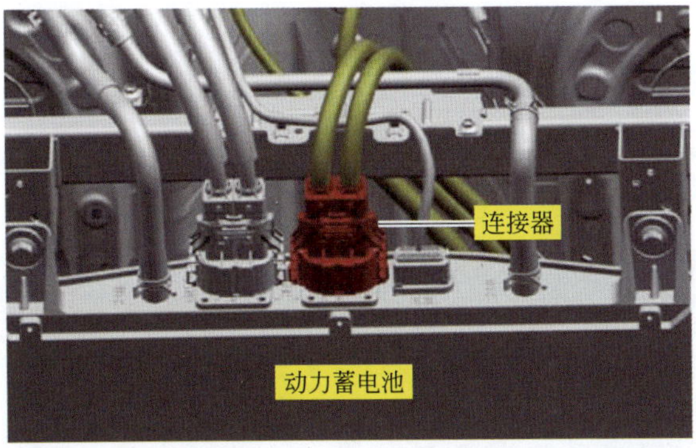

图 5.3-14　马自达 CX-30EV 高压线插头（连接器）

5.3.5　拆装车载充电机

（1）拆卸事项

举例说明

如图 5.3-15 所示是欧拉电动汽车车载充电机，该车车载充电机集成了充电机、DC/DC、高压配电盒，其中下层是车载充电机和 DC/DC 部分，上层是高压配电盒部分。

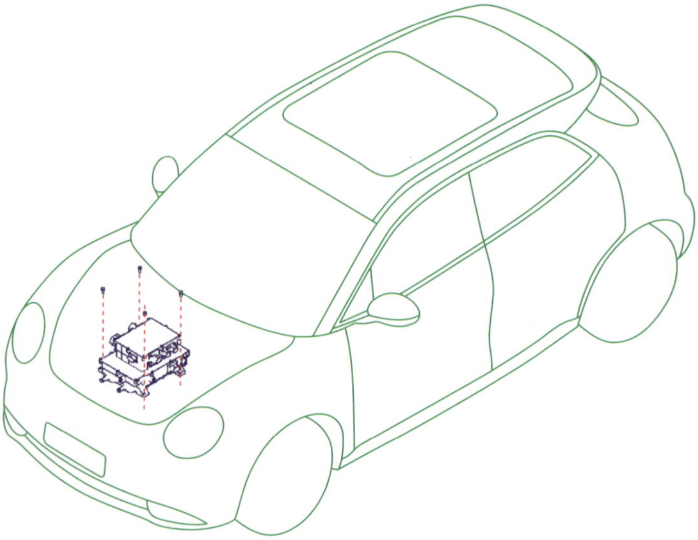

图 5.3-15　欧拉电动汽车车载充电机

❶ 拆卸外围零部件。

a. 关闭点火开关。

b. 断开电池安全开关。

c. 断开蓄电池负极。

d. 断开蓄电池正极。

e. 回收冷却液。

f. 拆卸蓄电池。

❷ 拆卸车载充电机。

a. 断开 2 个水管路（图 5.3-16）。

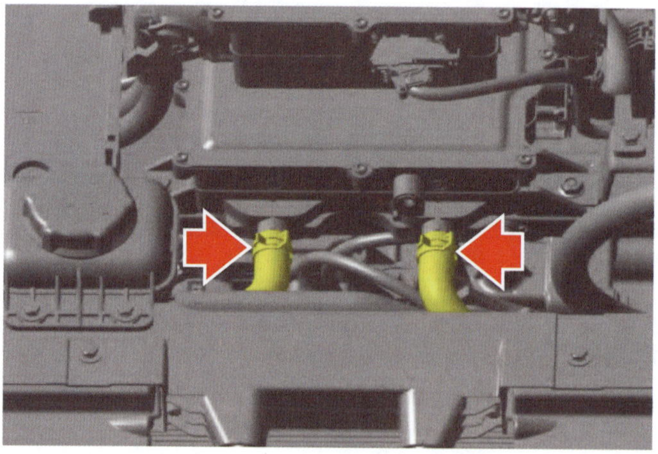

图 5.3-16　断开 2 个水管

b. 断开 1 个线束接插件（图 5.3-17）。

c. 拆下 2 个螺栓，机舱熔断器移动到合适位置（图 5.3-18）。

d. 断开充电机的线束卡子（图 5.3-19）。

e. 断开充电机的 6 个插件（图 5.3-20）。

图 5.3-17　断开 1 个线束接插件

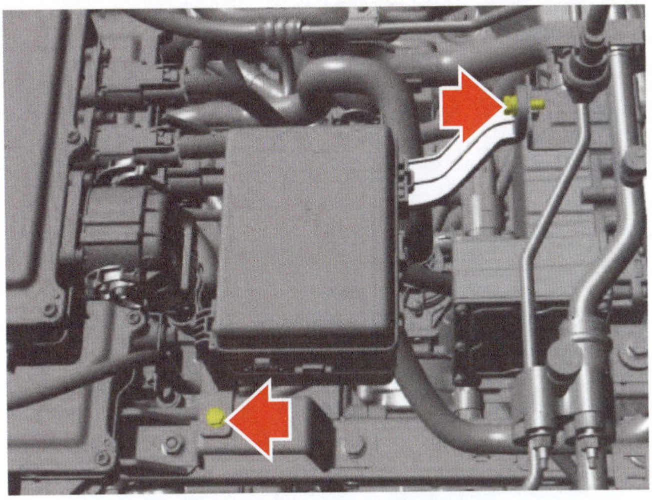

图 5.3-18　拆卸熔断器螺栓

图 5.3-19　断开充电机的线束卡子

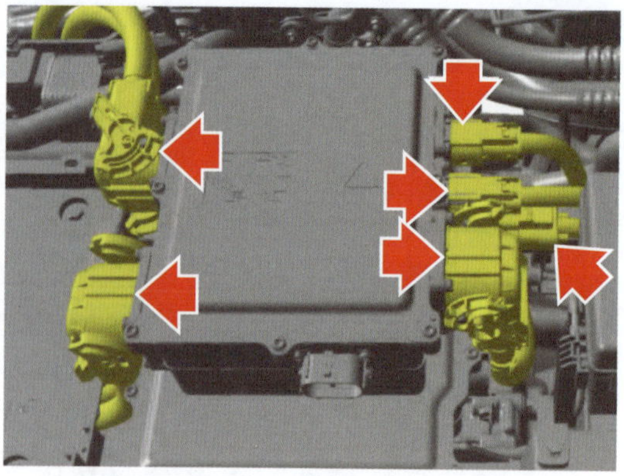

图 5.3-20　断开充电机的 6 个插件

维修提示

断开的线束插件均用绝缘胶带缠好，做好绝缘防护。

f. 断开 DC/DC 正极线束（图 5.3-21）。

图 5.3-21　断开 DC/DC 正极线束

g. 拆下螺栓，断开等电位线（图 5.3-22）。

h. 拆下充电机上的螺栓和螺母（图 5.3-23）。

i. 拆下车载充电机。

（2）安装事项

❶ 安装基本按照拆卸的倒序进行。要注意维修过程中不要损坏零部件上的警告标识。

❷ 安装接插件前，应检查接插件端子是否完好。

❸ 安装完成后，应加注适量冷却液，并检查是否漏液。

5.3.6　充电系统故障检测与诊断

（1）检测和诊断原则　借助故障诊断仪执行故障诊断和排除是常用的一种方式，通过读取诊断仪上显示的数据流和故障信息，获取开关、传感器以及其他故障信息，可使故障排除少走不少弯路。尤其是在线路问题上，获取故障信息或故障码后，根据实际来分析判断可能的故障点，然后用万用表等设备进行线路检测，确认故障部位并维修。

图 5.3-22　拆下螺栓

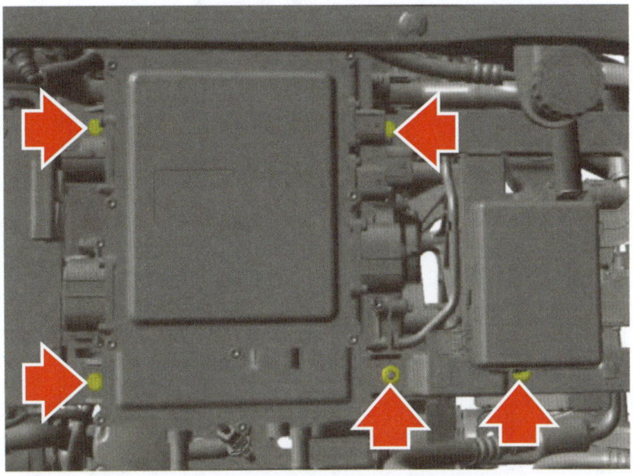

图 5.3-23　拆下充电机上的螺栓和螺母

先检查易于接触或能够看到的系统部件，以查明其是否有明显损坏或存在可能导致故障的情况。比如线路连接器接头和电气其他零部件、熔丝、搭铁点等，都是检查的主要部位，如果存在由于震动、腐蚀、暴露等直观造成故障的情况，需要优先排除。下边重点介绍利用检测手段（如利用万用表检测），来确定和排除车载充电系统的相关线路故障。

（2）检查充电机的 CAN 通信

❶ 可能的故障点。

a. 车载充电机故障。

b. CAN 总线故障。

前边讲过，如果用故障诊断仪执行故障诊断检测，显示 ECAN 关闭，则故障点基本比较明确，范围可缩小到 CAN 总线来确定是零部件故障还是 CAN 故障。

❷ 诊断和检测要点。执行下电程序，断开充电机线束连接器。参考图 5.3-24，按照表 5.3-1 检测其电路情况。如果不符合应测的结果，那么应该维修或更换线束。

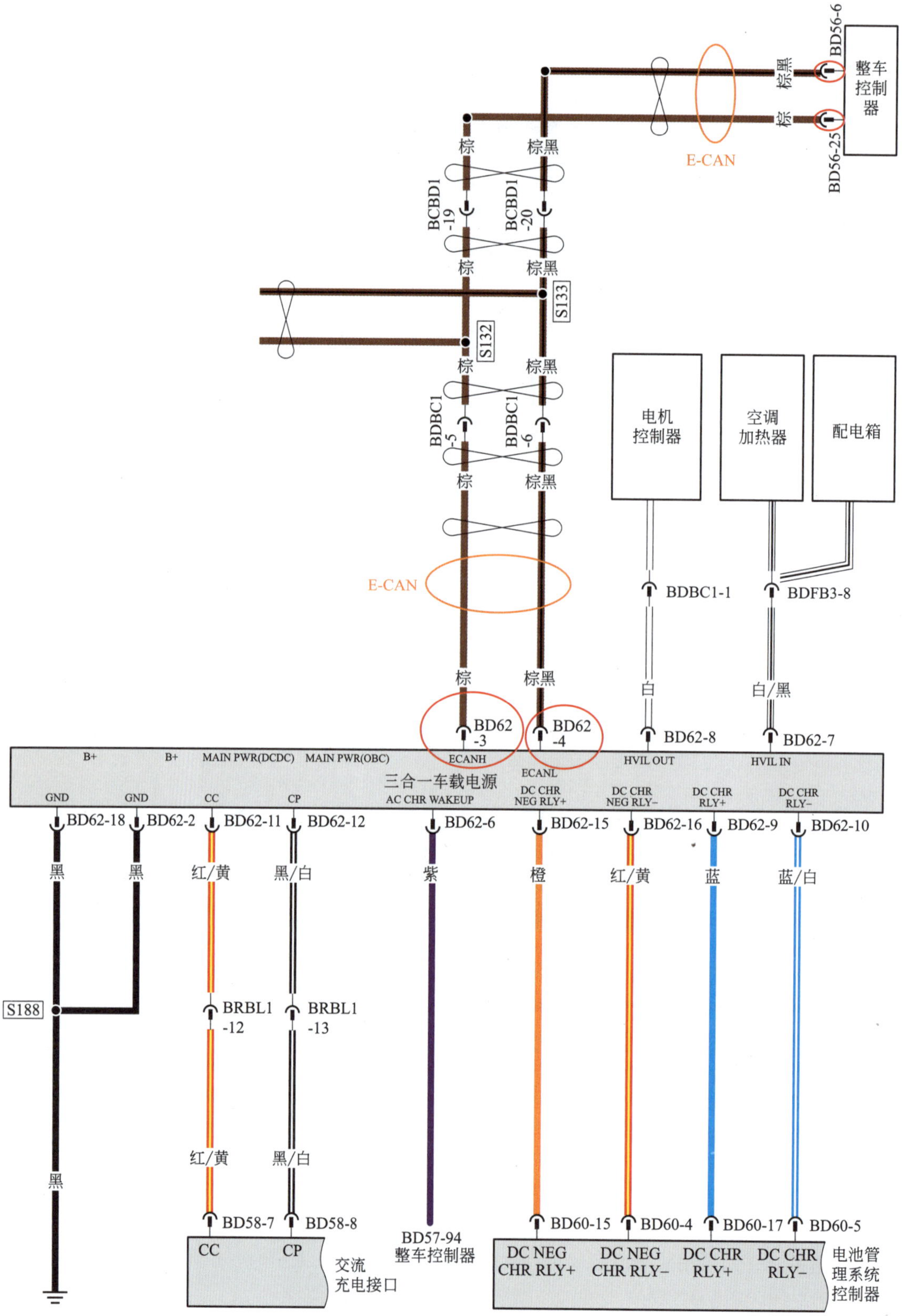

图 5.3-24　充电机 CAN 检测电路

表 5.3-1　检测充电机的 CAN 通信电路

检查的零部件 / 代号	万用表表笔探测的两端子		检测条件	状态	应测得结果
充电机线束连接器 /DB62	红（黑）表笔连接	黑（红）表笔连接	下电	电阻	120Ω 左右
充电机（OBC）线束连接器	DB62/3	DB62/4			

划重点

如果上述检测没有问题，则应继续检查充电机的供电接地导线是否正常。如果供电接地也没有，则更换充电机来解决“ECAN 关闭”这个故障。

维修提示

电动汽车要完成整个交流充电流程，除了需要有 CC 充电枪连接确认信号之外，还需要有 CP 充电控制信号，当车载充电器接收到充电枪连接信号和 CP 充电控制线的拉低信号之后，车载充电机才会给电池管理模块 BMS 发送充电连接信号进行充电。

（3）高压互锁异常故障诊断　充电过程中整车处于高压状态，如果出现高压互锁故障，BMS 则停止向充电桩请求输出，同时切断整车高压回路，进行下电处理。

❶ 可能的故障点。

a. 充电回路互锁断开。交流连接器或直流连接器连接异常。

b. 充电桩问题。

c. 充电机故障。

❷ 检查要点。

a. 检查交流连接器或直流连接器连接是否良好。

b. 检查交流充电枪或直流充电枪连接是否正常。

c. 检查充电机高压互锁线路是否短路或断路。

划重点

高压互锁回路是一条低电压回路，常见为 12V，是否连通是由 VCU 等控制器根据检测硬线的电平高低来确认的，该回路经过检测控制器的内部芯片检测电路。

在车辆上电后，进行回路检测，VCU 吸合高压互锁继电器，由蓄电池 12V 电压供电发起，根据回路的高压器件前后布置情况，流经各个器件节点，再由 VCU 控制器作为检测末端，对输入的电平进行检测。当输入为 12V 时，VCU 检测为整车高压互锁正常。如果检测到的电压较低或为 0，则认为高压互锁异常，有接触不良或是断开的故障。

（4）无法启动充电故障诊断

❶ 可能的故障原因。

a. 停电或已充满电。

b. 充电线缆连接不良。

c. 在预约充电模式。

❷ 检查要点。

a. 检查电网是否有电；确认充电电缆连接牢固，重新执行充电。

b. 在预约充电模式的话换设置为立即充电模式。

（5）充电中途停止故障诊断

❶ 可能的故障原因。

a. 充电线缆松脱。

b. 互锁引脚断路。

c. 电网故障。

❷ 检查要点。

a. 车辆下电后，安装好线束，重新执行充电。

b. 确认接插件是否插接牢固，重新接好接插件。

扫一扫

看视频

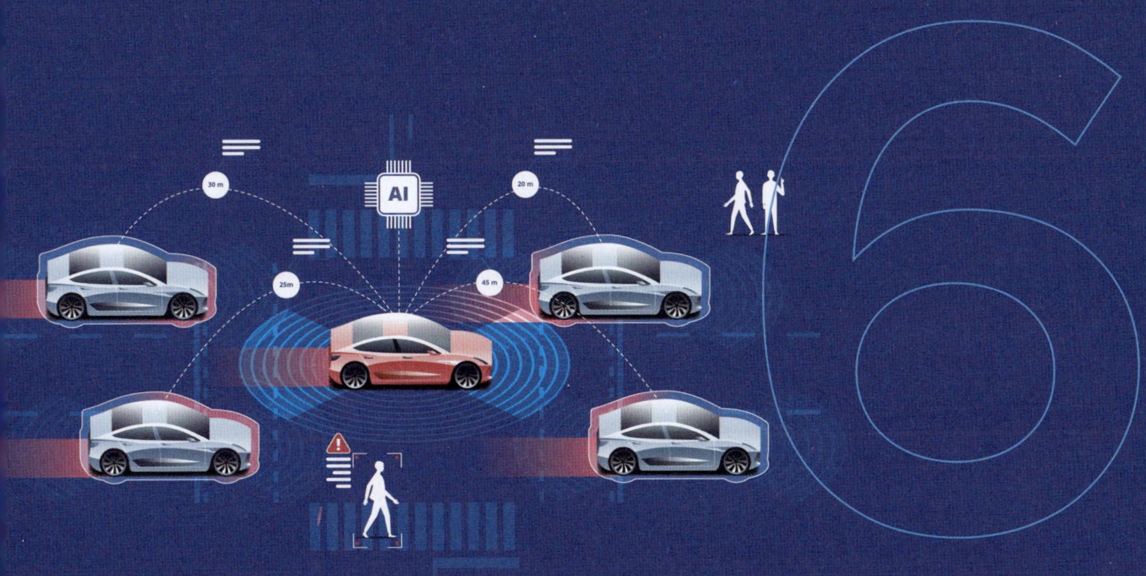

第 6 章 配电系统结构原理与维修

6.1 配电系统基本构造与零部件识别

6.1.1 高压配电系统结构

电动汽车高压配电系统由动力电池为电机控制器、驱动电机、电动压缩机、PTC 加热器等高压部件提供能量。此外，动力电池还有直流快充充电系统和交流慢充充电系统。这些高压部件都由高压配电系统连接输送电能（图 6.1-1）。

6.1.2 独立高压配电盒外部特征

如图 6.1-2 所示，高压配电盒或称高压接线盒、高压配电单元，也叫电源分配单元（PDU），是高压系统分配单元，电流从这里的高压线端分配并传输给各个高压用电器部件，为其提供电源和信号。

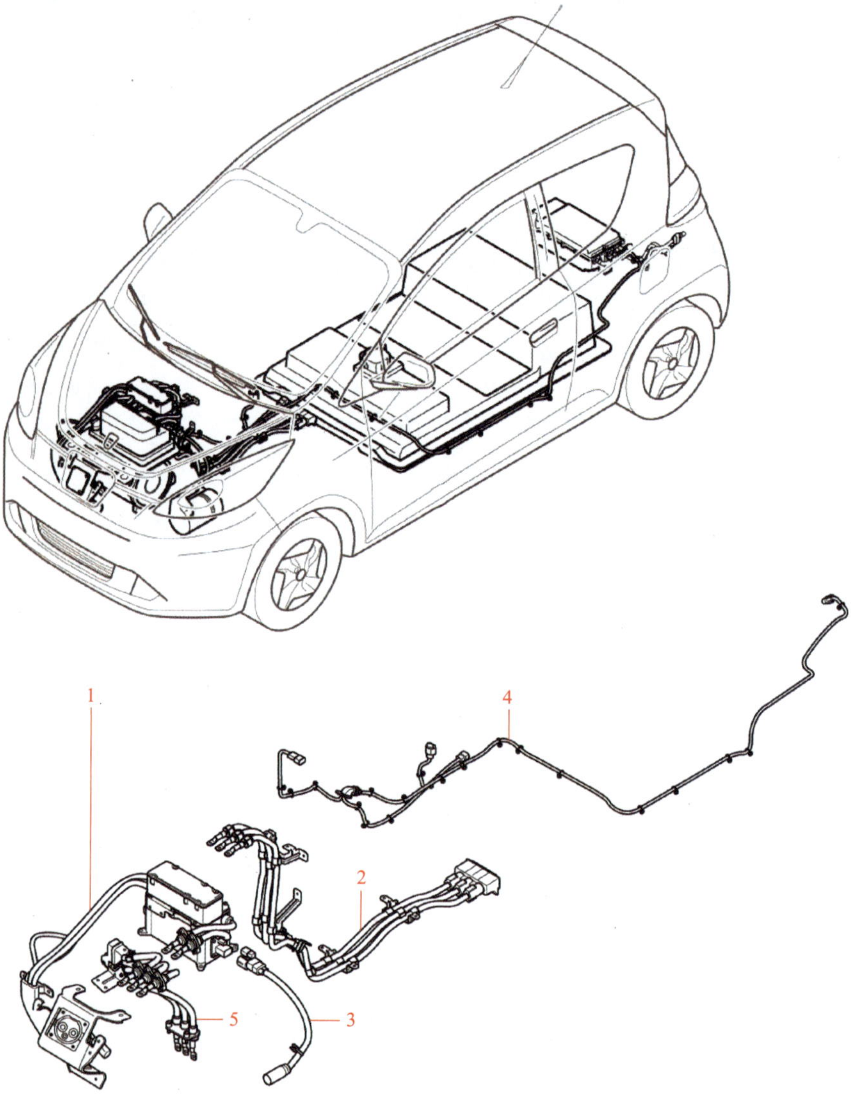

图 6.1-1 高压线束

1—高压配电单元；2—高压配电单元线束；3—电空调压缩机线束；4—高压加热器线束；5—驱动电机线束

(a) 单独　　(b) 集成

图 6.1-2 高压配电盒

现在电动汽车高压系统越来越高度集成化，独立的高压配电盒其实已经不是很多。前边介绍的“三合一”，即车载充电机、DC/DC、高压配电盒，其结构在第 6 章中已经讲过。以下对单独模块的配电盒的结构特征列举几款车型进行介绍，见图 6.1-3 ～图 6.1-6。

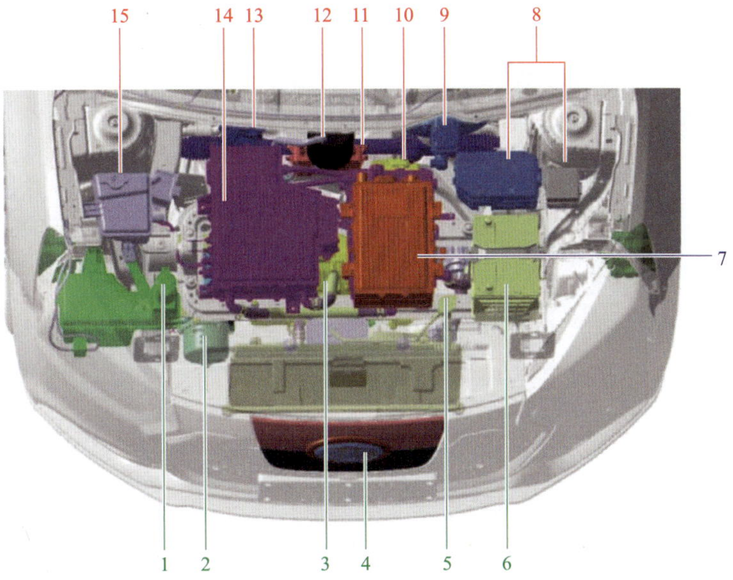

图 **6.1-3**　高压配电盒布局（江淮 **iEV7S**）

1—洗涤液加注口；2—空调压缩机；3—驱动总成（驱动电机 + 减速器）；4—集成式充电口；5—电驱动冷却液加注口；6—12V 蓄电池；7—高压配电盒；8—继电器盒；9—制动液加注口；10—车载充电机；11—电池加热器；12—真空罐；13—电池冷却器；14—电机控制器；15—电池冷却液加注口

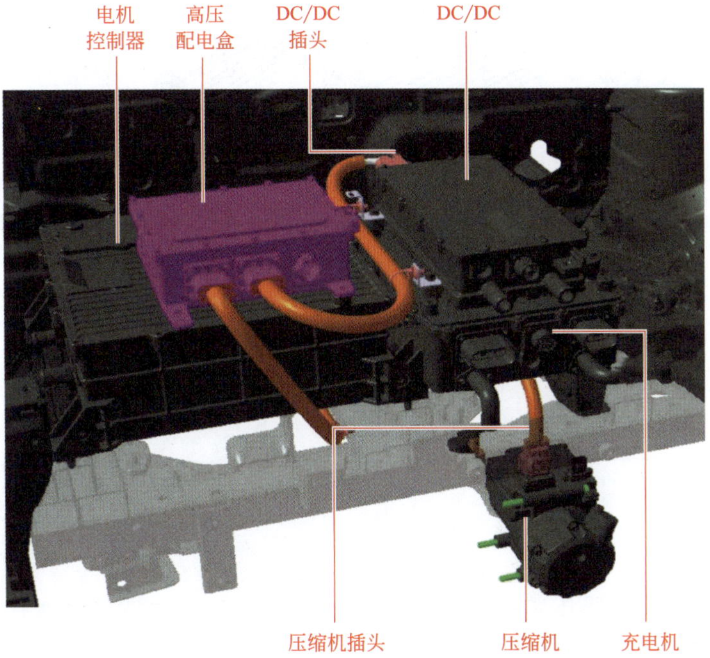

图 **6.1-4**　高压配电盒（瑞虎 **3xe**）

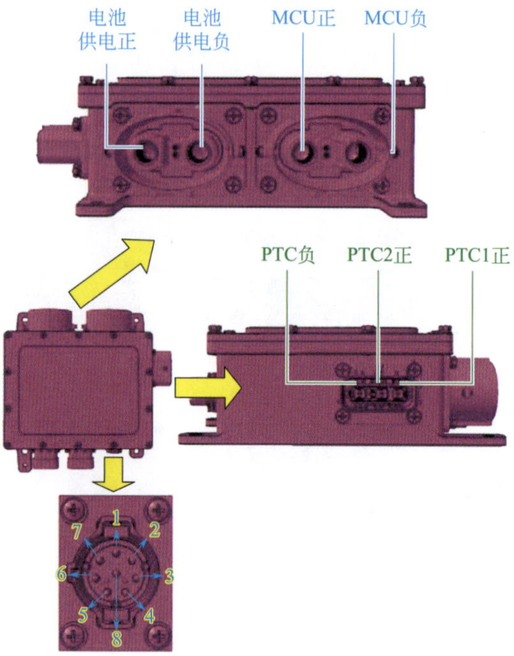

图 6.1-5 高压配电盒上的插口（瑞虎 3xe）

1—高压环路互锁（出）；2—高压环路互锁（进）；3—PTC1 继电器线圈控制 1；4—PTC1 继电器线圈控制 2；5—PTC2 继电器线圈控制 1；6—PTC2 继电器线圈控制 2；7—高压附件环路互锁（进）；8—高压附件环路互锁（出）

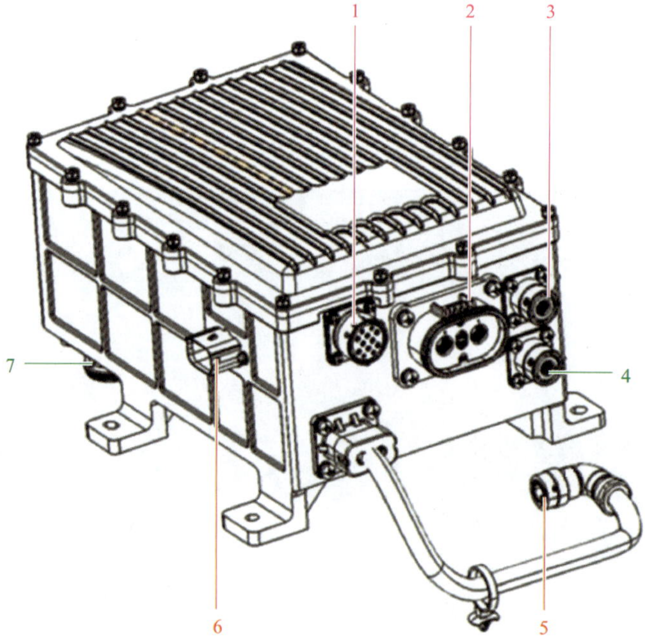

图 6.1-6 高压配电盒上的插口（江淮 iEV7S）

1—空调系统接插件；2—高压主电缆接插件；3—电机控制器接插件（+）；4—电机控制器接插件（-）；5—车载充电机接插件；6—低压接插件（实现高压互锁及高压接线盒内部继电器控制）；7—快充接插件

6.1.3　集成式高压配电盒外部特征

集成式高压配电盒主要实现以下功能：

❶ 控制高压交 / 直流电双向逆变，驱动电机运转，实现充、放电功能（VTOG、车载充电机）。

❷ 实现高压直流电转化低压直流电为整车低压电气系统供电（DC/DC）。

❸ 实现整车高压回路配电功能以及高压漏电检测功能（高压配电模块、漏电传感器）。

❹ 实现 CAN 通信、故障处理记录、自检等功能。

举例说明

2018 年款比亚迪秦 EV300，其高压配电盒集成在高压电控总成内，又称“四合一”，实现了上述全部功能，集成双向交流逆变式电机控制器模块、车载充电器模块、DC/DC 变换器模块和高压配电模块，另内部还装有漏电传感器，见图 6.1-7 ~图 6.1-10。

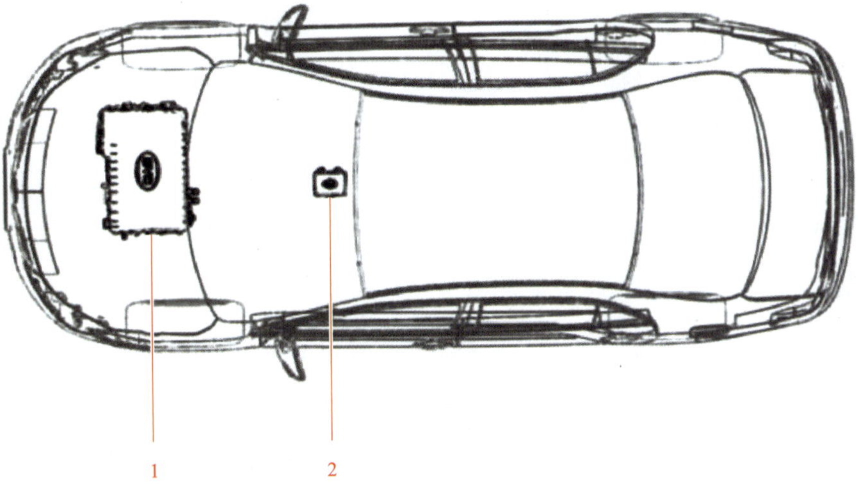

图 6.1-7　高压电控总成布局

1—高压电控总成；2—主控制器总成

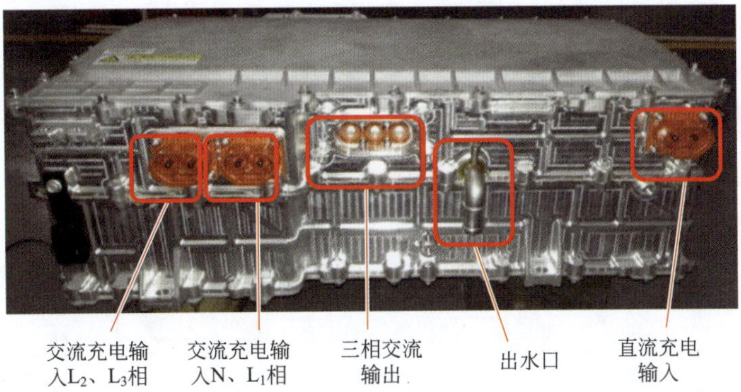

图 6.1-8　高压电控总成（前部）

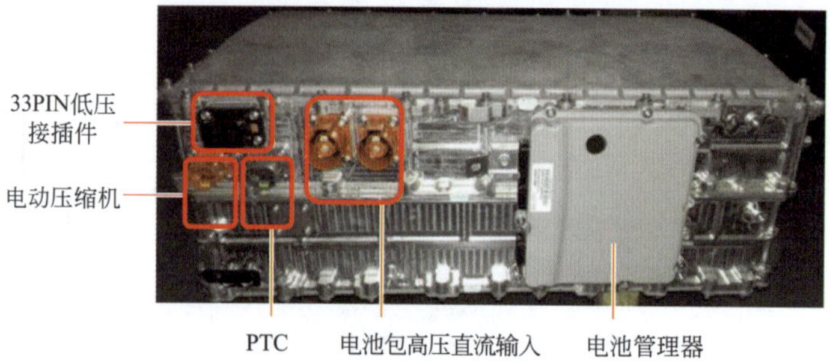

图 6.1-9　高压电控总成（后部）

图 6.1-10　高压电控总成（左侧）

32A 空调保险：给电动压缩机和 PTC 水加热器供电。

DC/DC 低压输出端：与低压电池并联给整车低压系统提供 13.8V 电源。

划重点

① DC/DC 变换器替代了传统燃油车挂接在发动机上的 12V 发电机，和启动电池并联给各用电器提供低压电源。DC/DC 变换器在直流高压输入端接触器吸合后便开始工作，输出电压标称 13.8V。DC/DC 变换器在上 OK 电时、充电时（包括交流充电、直流充电）、智能充电时都会工作，以辅助低压蓄电池为整车提供低压电源（图 6.1-11）。

② DC/DC 变换器的外部高压输入也是高压电控总成直流母线输入。

③ DC/DC 变换器的输出正极通过正极熔断器直接与低压蓄电池正极相连，而 DC/DC 的输出负极则是通过高压电控总成壳体搭铁（图 6.1-12）。

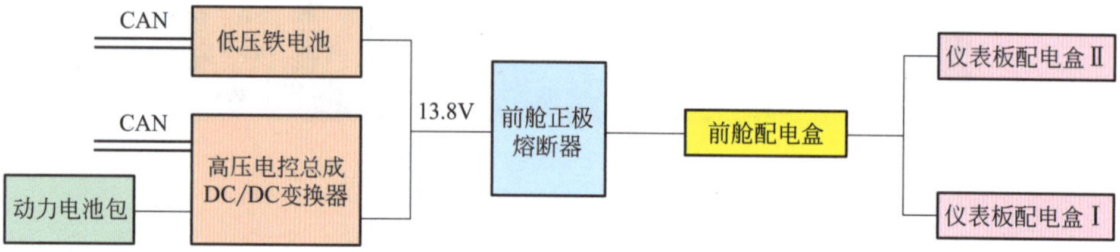

图 6.1-11　DC/DC 变换器运行框图

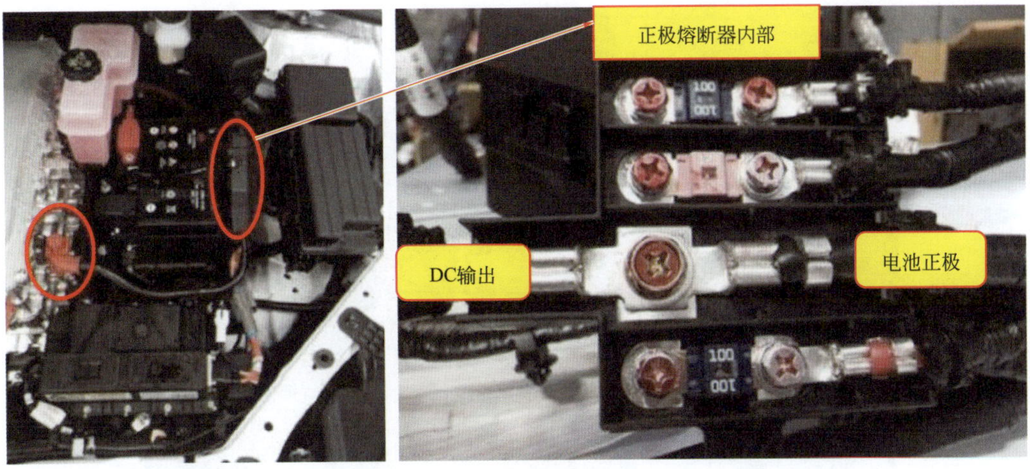

(a) DC/DC变换器连接

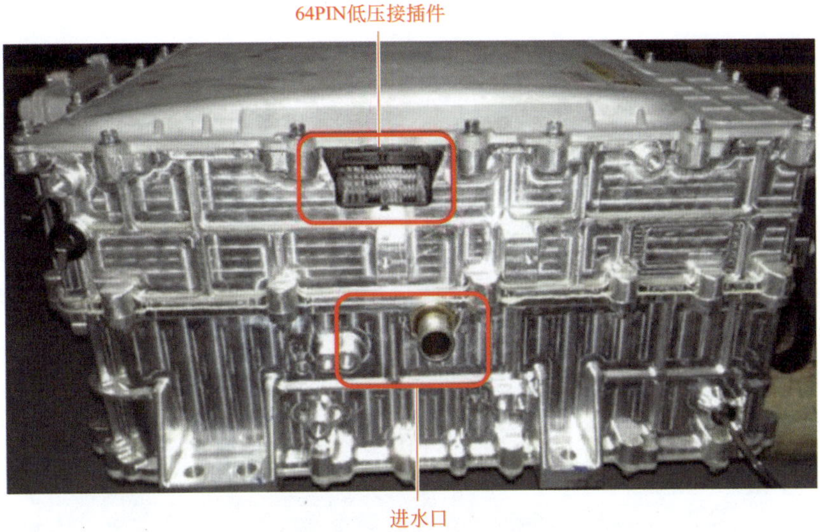

(b) 高压电控总成(右侧)

图 6.1-12　DC/DC 变换器连接与高压电控总成壳体搭铁

6.1.4　高压配电盒内部结构

如图 6.1-13 所示。“四合一”高压电控总成内的高压配电盒由铜排连接片、接触器、霍尔电流传感器、预充电阻，动力电池包组成，正、负极输入接触器吸合、断开由电池管理器控制。将电池包的高压直流电分配给整车高压电器使用，其上层包括双向交流逆变式电机控制器（VTOG）、DC/DC 变换器、PTC 水加热器、电动压缩机、漏电传感器；下层是动力电池输入，同时，也将 VTOG 和车载充电器的高压直流电分配给电池包。

（1）接触器　如图 6.1-13（c）所示，五个接触器从左至右依次为：放电主接触器、交流充电接触器、直流充电正极接触器、直流充电负极接触器、预充接触器。

（2）双向交流逆变式电机控制器（VTOG）　双向交流逆变式电机控制器（VTOG）主要包含控制板、驱动板、采样板、泄放电阻、预充电阻、电流霍尔、接触器等元器件（图 6.1-14）。

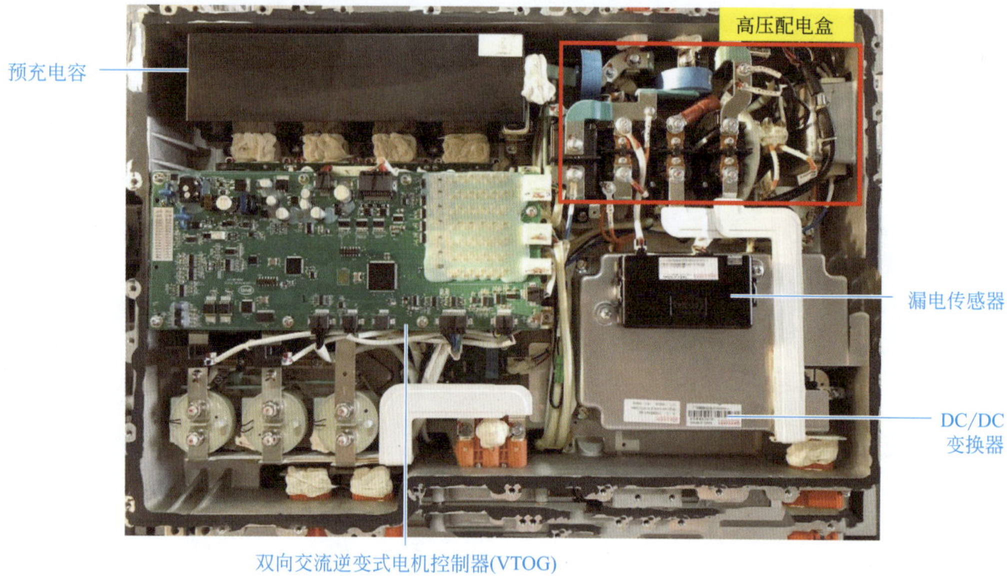

(a) 上层

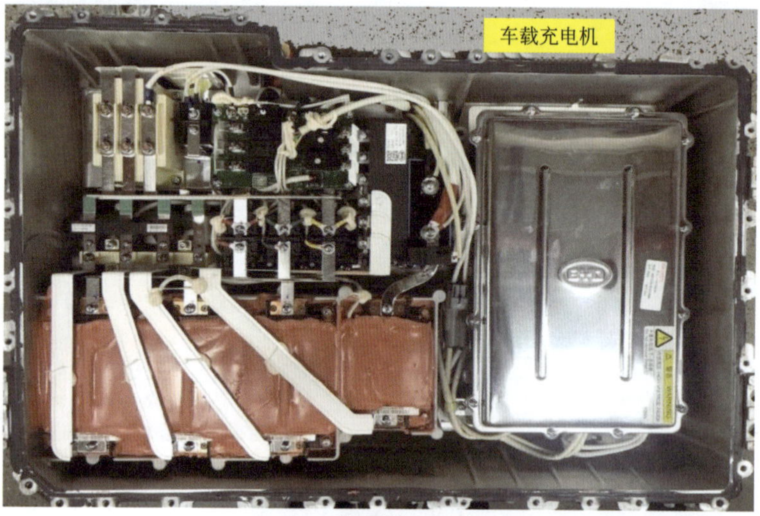

(b) 下层

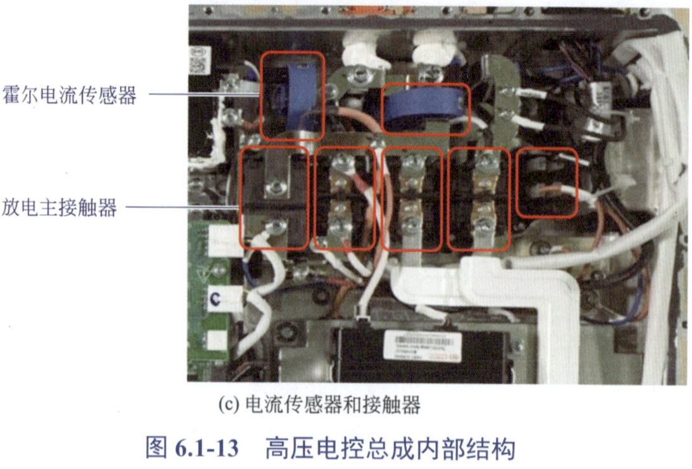

(c) 电流传感器和接触器

图 6.1-13　高压电控总成内部结构

(a) 正面

(b) 背面

图 6.1-14　双向交流逆变式电机控制器（VTOG）主板

控制器类型为电压型逆变器，其主要功能如下。

❶ 驱动控制。

a. 采集油门、制动、挡位、旋变信号等控制电机正向、反向转动。

b. 具有高压输出电压和电流控制限制功能。

c. 具有电压跌落、过流、过温、IPM 过温、IGBT 过温保护、功率限制、转矩控制等功能。

d. 具备电控系统防盗、能量回馈控制、主动泄放、被动泄放控制等功能。

维修提示

IPM（Intelligent Power Module）是指智能功率模块，把功率开关器件（IGBT）和驱动电路集成在一起，而且内有过电压、过电流和过温等故障检测电路，并可将检测信号送到 CPU。

❷ 充、放电控制。

a. 交、直流转换，双向充、放电控制功能。

b. 自动识别单相、三相相序并根据充电电流控制充电方式，根据充电设备识别充电功率，控制充电方式。

c. 断电重启功能，即在电网断电又供电时，可继续充电。

d. 另外，车辆具有对电网放电功能、对用电设备供电功能及对车辆充电功能，即 VTOG、VTOL 和 VTOV。

（3）车载充电机　该“四合一”高压电控总成内集成的车载充电（图 6.1-15），3.3kW 功率以内的单相交流充电均是通过 OBC 进行的，而功率大于 3.3kW 的交流充电（含单相和三相交流）是通过 VTOG 进行的。小功率充电时，OBC 的效率要高于 VTOG。

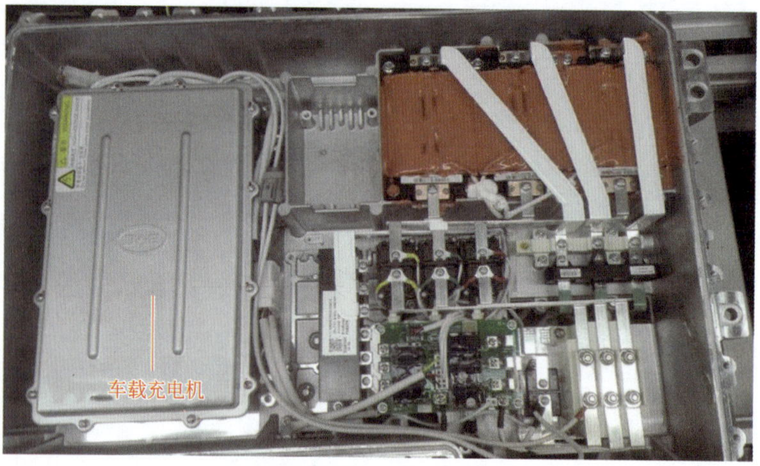

图 6.1-15　车载充电机

（4）漏电传感器　高压电控总成内部装配有漏电传感器（图 6.1-16）。它本身也是一个动力网 CAN 模块，通过监测与动力电池输出相连接的正极母线与车身底盘之间的绝缘电阻来判定高压系统是否存在漏电，漏电传感器将绝缘阻值信息通过 CAN 信号发送给电池管理器，采取相应保护措施。漏电传感器系统框图见图 6.1-17。

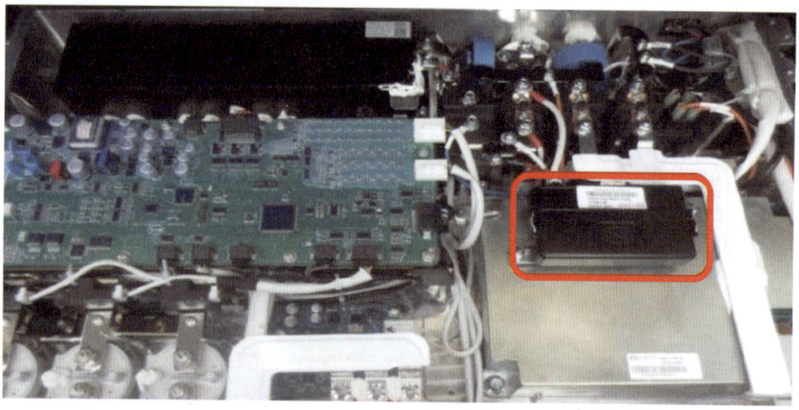

图 6.1-16　漏电传感器

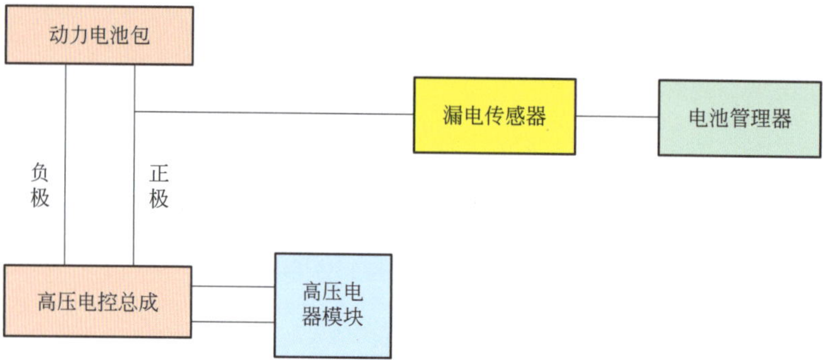

图 6.1-17　漏电传感器系统框图

维修提示

如果漏电传感器检测到绝缘阻值小于设定值，它将通过 CAN 线和硬线同时将漏电信号发给 BMS，BMS 进行漏电相关报警和保护控制。漏电的硬线信号是一种拉低信号，即当漏电传感器检测到漏电时，BMS 的漏电信号端子是低电平，由漏电传感器拉低。另外，漏电传感器的工作电源也是双路电，因为无论是上电还是充电过程，都需要监测高压系统的绝缘情况。

6.1.5　高压接插件结构特征

（1）弹性保持锁片式接插件　这类接插件的保持锁片有弹性，插入时会自动弹出锁止到位。拆卸时，按图 6.1-18 所示的位置，推动锁片同时按下卡扣，再拔出接插件。接插时，如图 6.1-19 所示，红色卡点要朝正上方；拆卸时，朝分离方向推动圆形锁止结构到底并同时拔出接插件。

图 6.1-18　弹性保持锁片式接插件（连接器）拆卸时

图 6.1-19　弹性保持锁片式接插件（连接器）安装时

（2）杠杆扳手式接插件　杠杆扳手式接插件带有一个杠杆扳手，用于辅助接插（图 6.1-20）。在操作这类接插件时需要注意先将扳手打开到底，对准扳手上的导向孔后插入接插件，再推扳手，推入扳手时应该用力匀速，避免用力过猛导致扳手断裂。

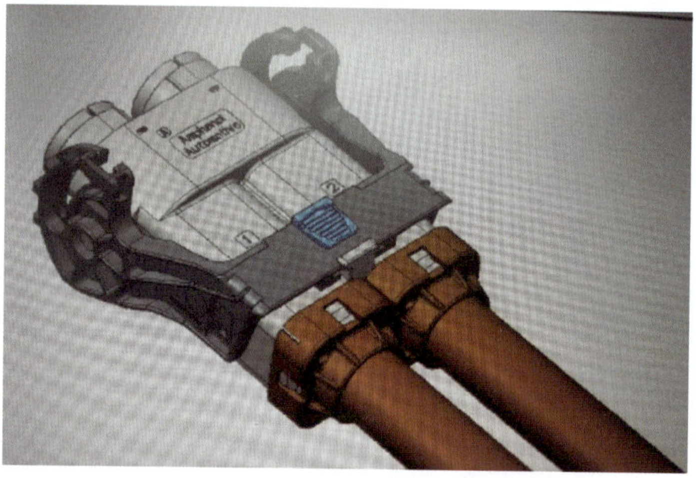

图 6.1-20　杠杆扳手式接插件（连接器）

（3）驱动电机插接件

❶ 电机控制器接插件的插接拆卸方案一。

a. 如图 6.1-21 所示，将插接件的蓝色锁片退出。

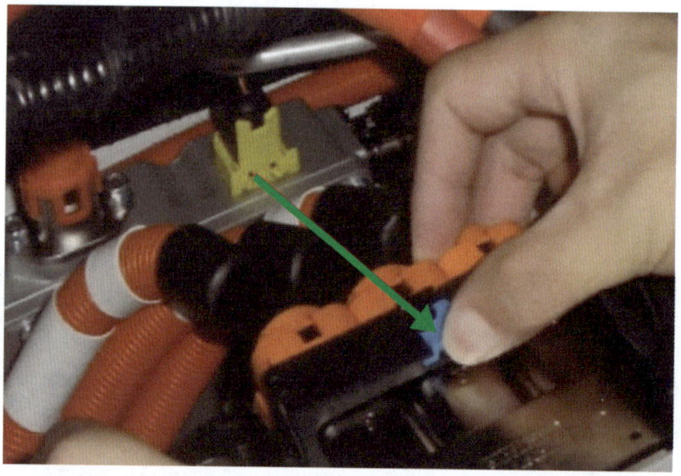

图 6.1-21　电机控制器接插件的插接拆卸方案一

b. 扳动扳手，将插接件退出。

c. 插入时操作步骤相反。

❷ 电机控制器接插件的插接拆卸方案二。电机控制器接插件的插接拆卸按图 6.1-22 ～图 6.1-24 所示的顺序进行，捏住锁环，将插接件沿着箭头方向拔出。

（4）DC/DC、OBC 交流插接件　DC/DC、OBC 交流插接件拆卸按图 6.1-25 ～图 6.1-28 所示的顺序进行。

图 6.1-22　电机控制器接插件的插接拆卸方案二（1）

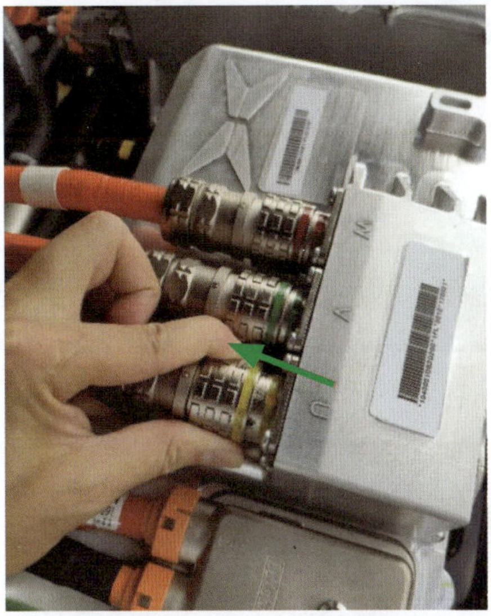

图 6.1-23　电机控制器接插件的插接拆卸方案二（2）

图 6.1-24　电机控制器接插件的插接拆卸方案二（3）

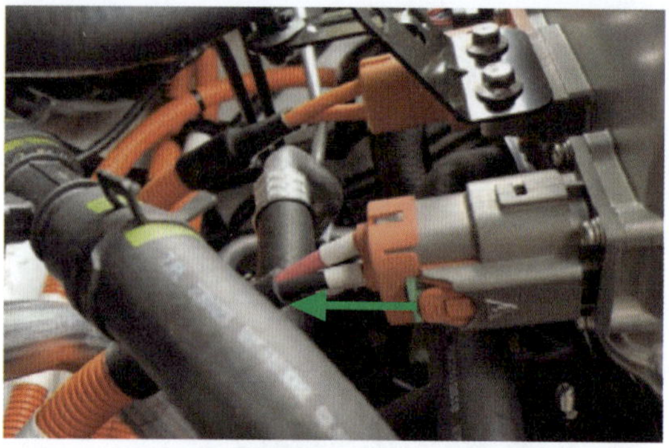

图 6.1-25　DC/DC、OBC 交流插接件的拆卸（1）

图 6.1-26　DC/DC、OBC 交流插接件的拆卸（2）

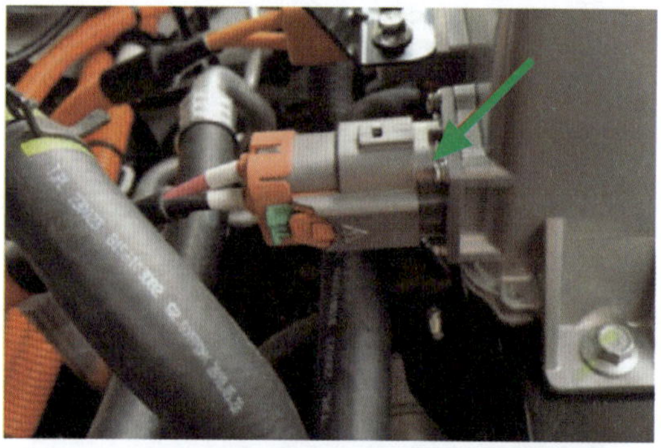

图 6.1-27　DC/DC、OBC 交流插接件的拆卸（3）

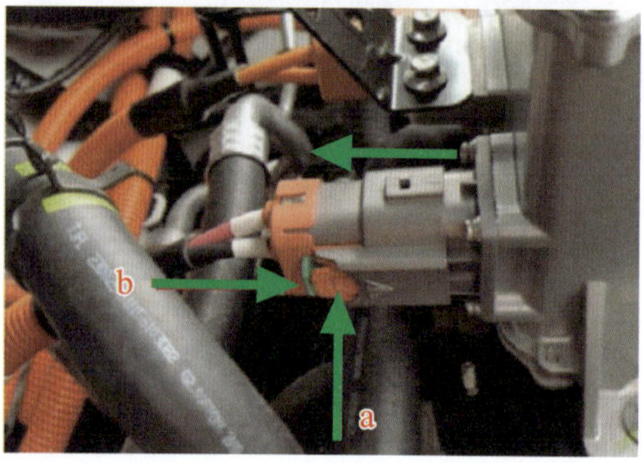

图 6.1-28　DC/DC、OBC 交流插接件的拆卸（4）

6.1.6　高压配电系统电路结构

如图 6.1-29 所示，高压配电单元（PDU）主要将经由 PDU 的高压电池的电能传输到电加热器、电空调压缩机、DC/DC 以及 PEB 上，实现电能的传输。同时，快速充电口通过 PDU 使高压电池实现快速充电。

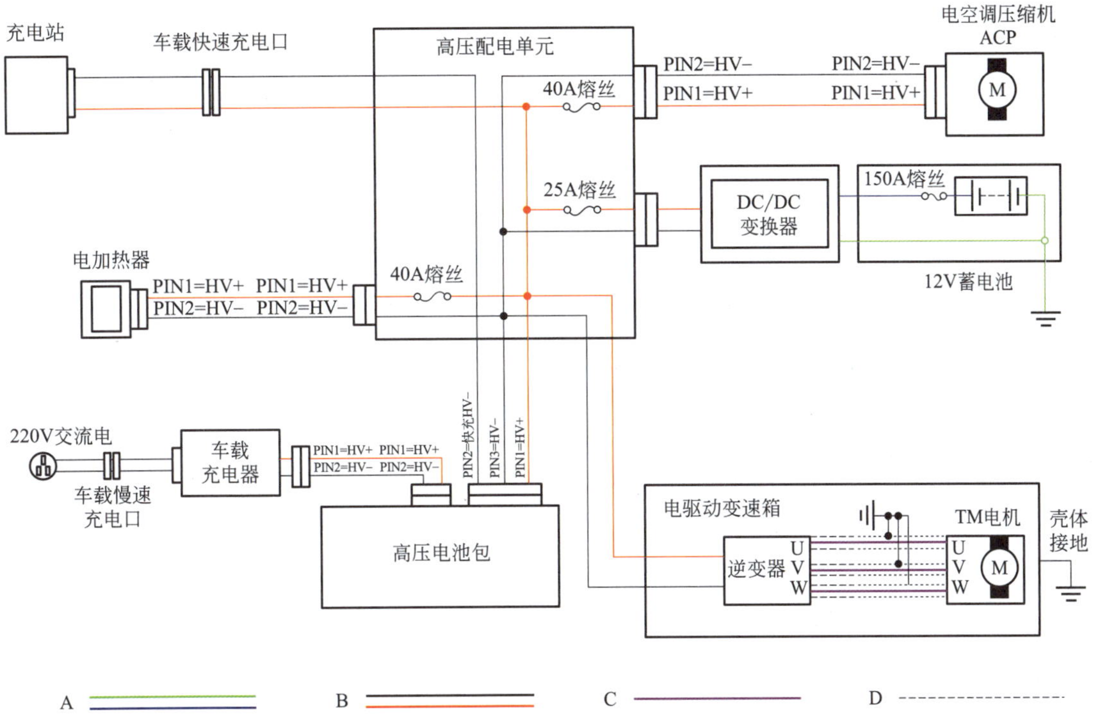

图 6.1-29　高压配电系统电路结构 / 高压配电控制

A—低压电；B—高压直流电；C—高压交流电；D—屏蔽线

举例说明

如图 6.1-30 所示是上汽荣威 ERX5EV 的高压配电单元（PDU）电路分配结构，主要将经由 PDU 的高压电池的电能传输到各高压零部件。具体电路传输如下所述。

（1）主高压线束　主高压线束连接在高压电池和 PDU 之间，主要是将高压电池的直流电传输到 PDU 上以及通过快速充电口给高压电池充电。

（2）压缩机高压线束　压缩机高压线束连接在 PDU 和电空调压缩机之间，主要是将高压电池通过 PDU 上的高压直流电传输到电空调压缩机，以驱动工作。

（3）PTC 高压线束　PTC 高压线束的主要作用是连接 PDU 和电加热器，将高压电池通过 PDU 的高压直流电传输给电加热器，以实现工作。

（4）PEB 高压线束　PEB 高压线束连接在 PEB 和 PDU 之间，主要功能是将高压电池通过 PDU 的高压直流电传输给 PEB。

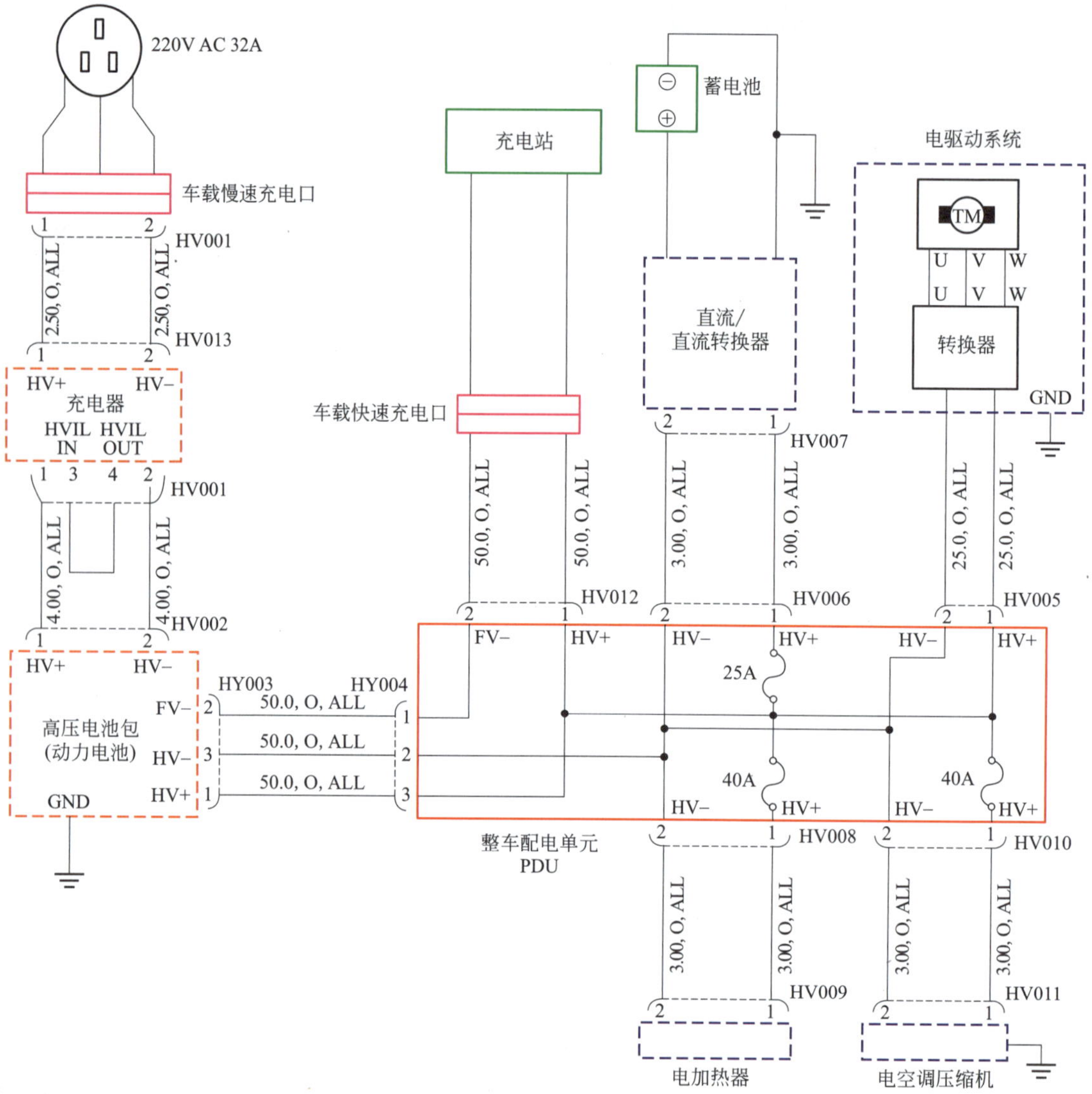

图 6.1-30　上汽荣威 ERX5EV 的高压配电单元（PDU）电路分配结构

扫一扫

看视频

6.2　配电系统维修原理与特点

6.2.1　高压线束特点

高压线束主要用于将动力电池与各高压用电器连接，实现高压用电器取电及给动力电池充电功能。

❶ 电动汽车工作电压高，几乎都在 300V 以上。高压线束承载着过大的电流，线束截面积有 $50mm^2$、$35mm^2$、$4mm^2$、$3mm^2$ 和 $2.5mm^2$。

电动汽车乘用车中一般使用额定电压 600V AC/900V DC；商用车一般使用额定电压 1000V

AC/1500V DC，其高压部件工作电流常为 250A，部分大功率电机可达到 400A。

❷ 高压线束耐压与耐温等级的性能远高于低压线束等级，所有高压插接件都需达到 IP67（高压线的防尘防水等级）。其绝缘性能的标准更是非常高。

❸ 因高压已超出人体安全电压，车身不可作搭铁点，直流高压回路必须严格执行双轨制。

❹ 高压线的自屏蔽性能非常好。考虑到电磁干扰的因素，整个高压系统均由屏蔽层全部包覆。

划重点

高压线束为避免自身产生的电磁干扰影响到其他部件，而采用带有屏蔽功能的线缆。这句话同样适用于 CAN 总线。

高压线屏蔽层为镀锡铜编织网，绝缘电阻达 500Ω/V，耐电 2500V DC，工作温度范围为 -40 ～ 125℃。高压线束的每个接口均采用屏蔽处理，前后电机接口处为屏蔽卡环与电气盒导轨压接，控制器及动力电池插接件采用有屏蔽功能的结构件。

6.2.2　高压配电控制特点

（1）回路保护　高压配电盒的作用类似于低压供电系统中的熔断器，高压接线盒的功能包括高压电能的分配和高压回路的过载及短路保护。高压配电盒内对电动压缩机回路、DC/DC 控制单元回路、HVH 加热器回路和 PTC 加热器回路各设有一个熔断器（图 6.2-1）。当这些回路的电流超过 120A 时，熔断器会在 15s 内熔断；当回路电流超过 150A 时，熔断器会在 1s 内熔断，保护相关回路。

图 6.2-1　熔断器

（2）电力分配　高压配电控制框图见图 6.2-2。

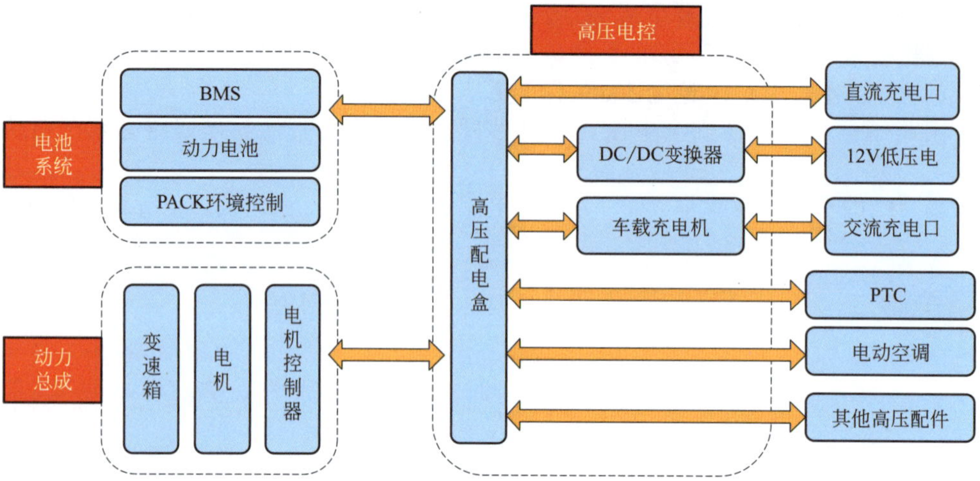

图 6.2-2　高压配电控制框图

（1）高压直流电　高压线束电流从动力电池到电机控制器、PTC 加热器、车载充电机总成和电动空调压缩机为高压直流电。

（2）高压交流电　高压线束电流从电机控制器到驱动电机为高压交流电。

举例说明

如图 6.2-3 所示为 2018 年款长安 CS15 EV 配电系统，其中黄色的为高压线。

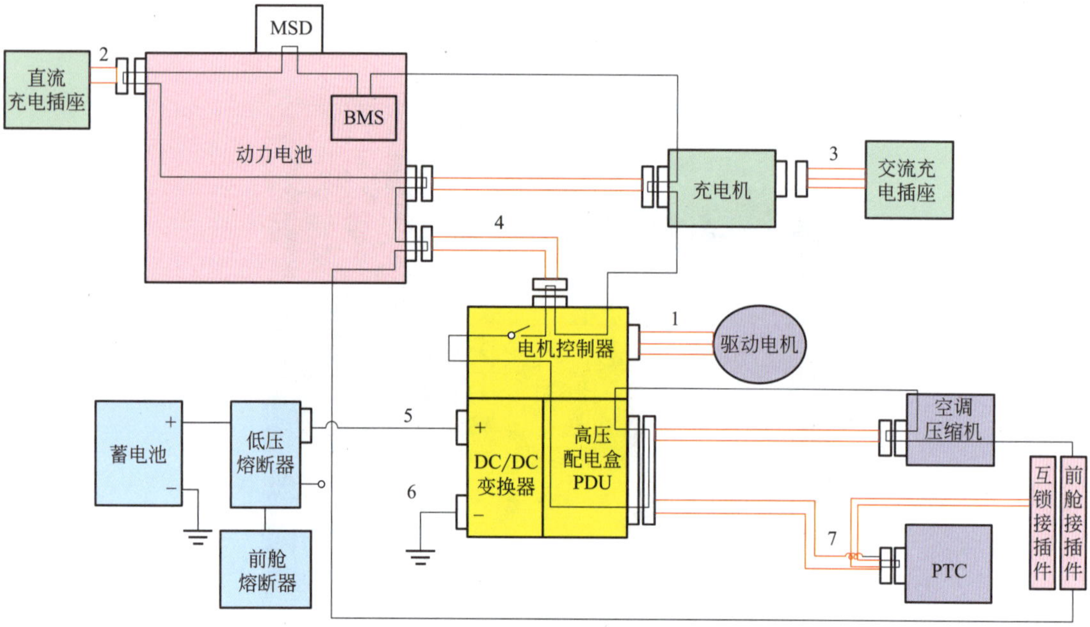

图 6.2-3　2018 年款长安 CS15 EV 配电系统

1—三相动力线束总成；2—直流充电插座线束总成；3—交流充电插座线束总成；
4—电机控制器输入线束总成；5—直流变换器输出线束总成；
6—直流变换器输出负极线束总成；7—PTC 输入线束总成

6.3 配电系统拆装维修与检测诊断

6.3.1 更换高压配电盒

举例说明

如图 6.3-1 所示为小鹏 P7 四驱双电机车型高压配电盒，该配电盒是将动力电池的高压直流电分流到前电机控制器、电动空调压缩机以及采暖水加热器。

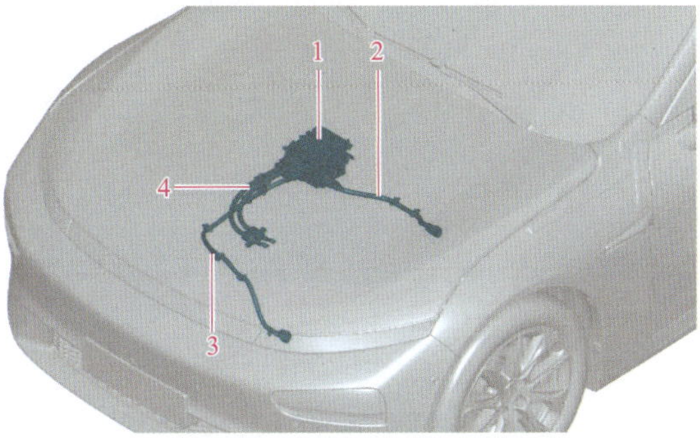

图 6.3-1　小鹏 P7 四驱双电机车型高压配电盒

1—四驱高压配电盒；2—加热器 PTC 线束；

3—空调压缩机 ACP 线束；4—前电机线束

（1）拆卸周围附件

❶ 关闭所有用电器，车辆下电。

❷ 断开蓄电池负极夹。

❸ 拆卸手动维修开关。

❹ 拆卸雨刮盖板总成。

❺ 拆卸空调进风风道。

❻ 拆卸三角梁。

（2）拆卸四驱高压配电盒

❶ 脱开电池水泵出水管固定卡扣 A（图 6.3-2）。

❷ 旋出固定螺栓 B，将水 - 水换热器总成 1 移至一侧（图 6.3-2）。

❸ 脱开出水管 1 固定卡扣（图 6.3-3）。

❹ 旋出前电机线束固定螺栓 A（图 6.3-4）。

❺ 断开四驱高压配电盒连接插头 B ～ D（图 6.3-4）。

❻ 断开四驱高压配电盒连接插头 A、B（图 6.3-5）。

❼ 旋出固定螺栓 A、B，拆下四驱高压配电盒 1（图 6.3-6）。

安装四驱高压配电盒　安装程序以倒序进行。

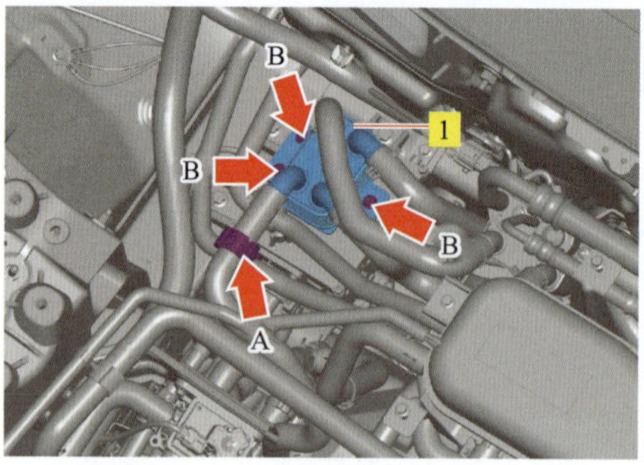

图 6.3-2 高压配电盒拆卸（1）

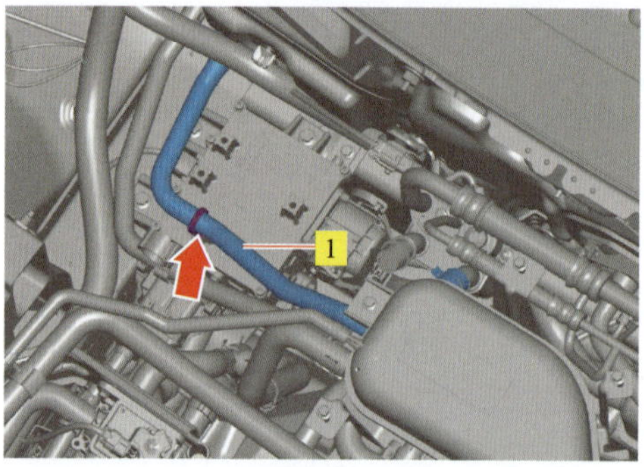

图 6.3-3 高压配电盒拆卸（2）

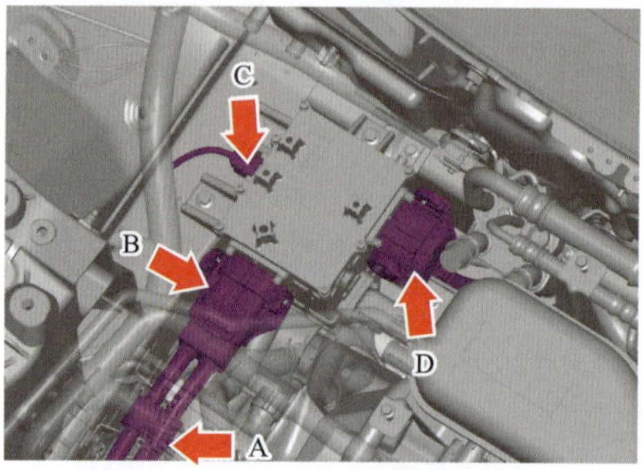

图 6.3-4 高压配电盒拆卸（3）

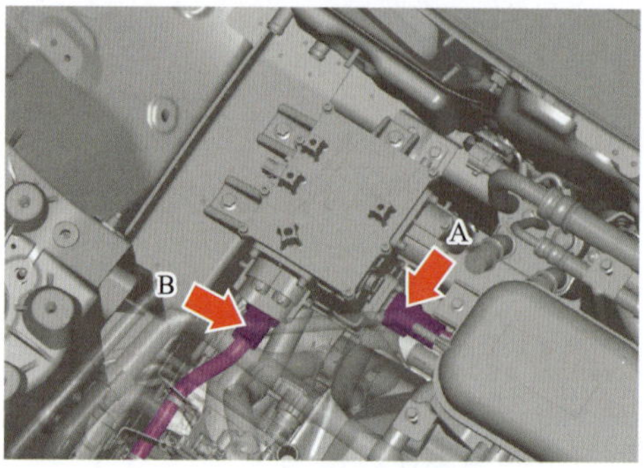

图 6.3-5 高压配电盒拆卸（4）

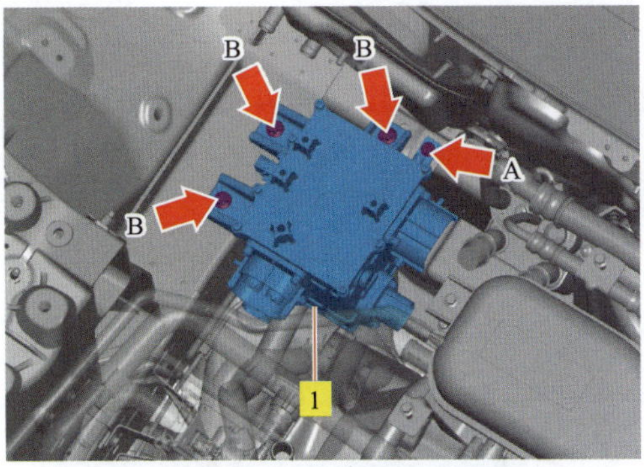

图 6.3-6　高压配电盒拆卸（5）

（3）拆卸 ACP 线束

❶ 旋出前电机线束 1 的固定螺栓 A（图 6.3-7）。

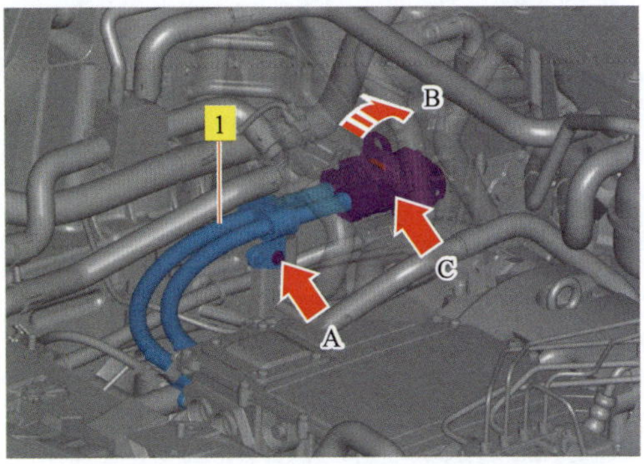

图 6.3-7　拆卸 ACP 线束（1）

❷ 脱开红色锁止键，并沿 B 方向翻转锁止手柄（图 6.3-7）。

❸ 断开前电机线束 1 与四驱高压配电箱连接插头 C（图 6.3-7）。

❹ 脱开 ACP 线束固定卡扣 A（图 6.3-8）。

❺ 断开 ACP 线束 1 与四驱高压配电箱连接插头 B（图 6.3-8）。

❻ 断开 ACP 线束 1 与电动压缩机总成连接插头 C（图 6.3-8）。

❼ 取出 ACP 线束 1（图 6.3-8）。

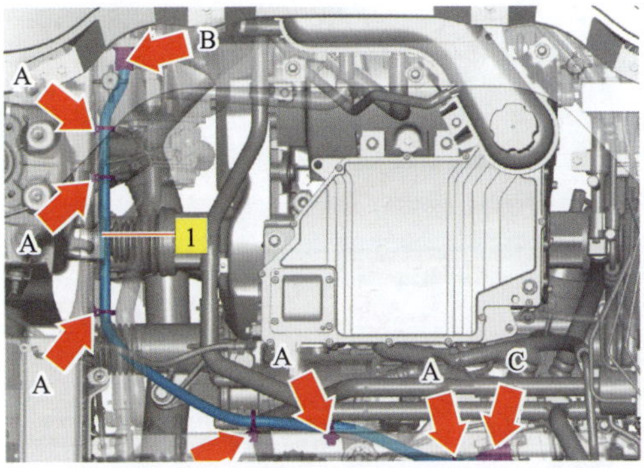

图 6.3-8　拆卸 ACP 线束（2）

（4）拆卸 PTC 线束

❶ 断开 PTC 线束 1 与四驱高压配电箱连接插头 A（图 6.3-9）。

❷ 断开 PTC 线束 1 与采暖水加热器连接插头 B（图 6.3-9）。

❸ 脱开固定卡扣 C，拆下 PTC 线束 1（图 6.3-9）。

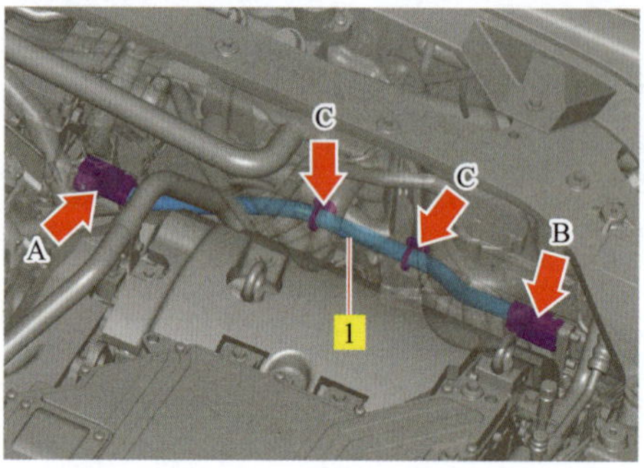

图 6.3-9　拆卸 PTC 线束

（5）拆卸双电机车型前电机线束

❶ 断开前电机线束固定螺栓（图 6.3-10）

❷ 旋出固定螺栓，取出接线盒上盖 1（图 6.3-11）。

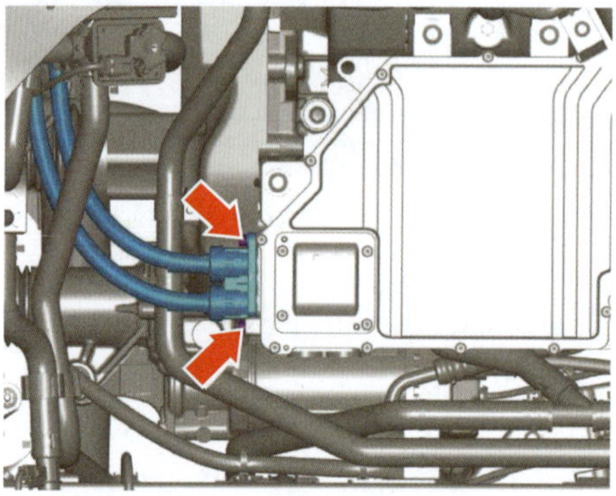

图 6.3-10　拆卸前电机线束（1）

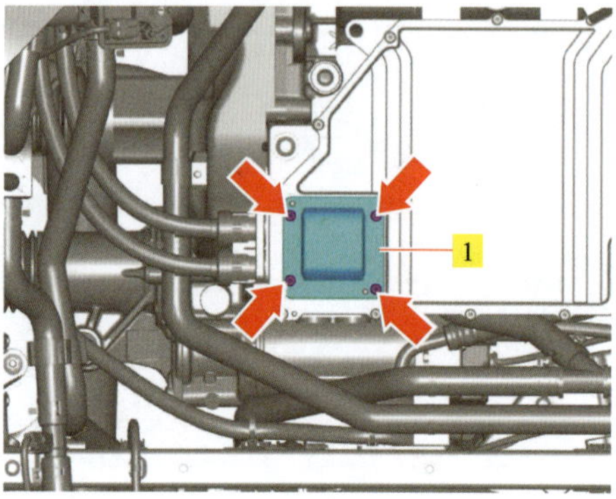

图 6.3-11　拆卸前电机线束（2）

❸ 旋出固定螺栓，脱开前电机线束 1 与前驱动电机控制器总成连接（图 6.3-12）。

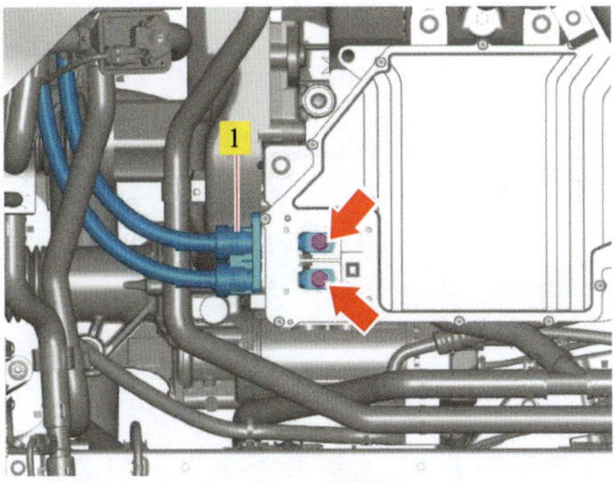

图 6.3-12　拆卸前电机线束（3）

❹ 旋出前电机线束 1 的固定螺栓 A（图 6.3-13）。
❺ 脱开红色锁止键，并沿 B 方向翻转锁止手柄（图 6.3-13）。
❻ 断开连接插头 C，拆下前电机线束 1（图 6.3-13）。

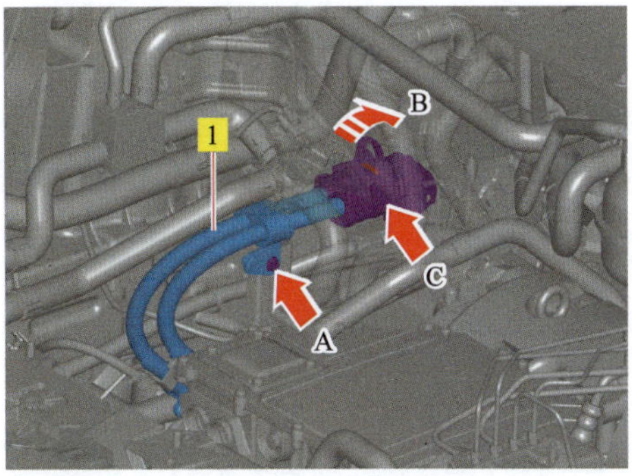

图 6.3-13　拆卸前电机线束（4）

（6）更换高压配电盒熔断器

❶ 拆卸事项。

a. 旋出固定螺栓，拆下四驱高压配电箱上盖 1（图 6.3-14）。

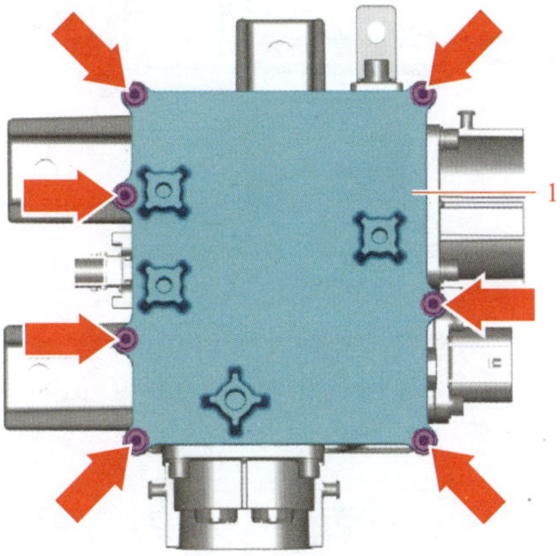

图 6.3-14　拆卸熔断器（1）

b. 旋出固定螺栓，拆下高压配电箱熔断器 1 和 2（图 6.3-15）。

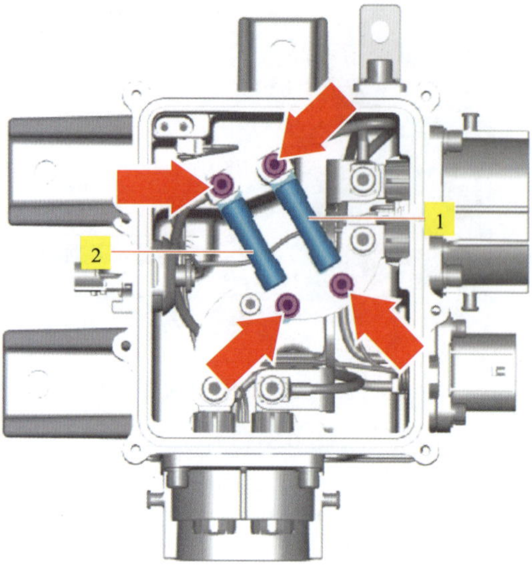

图 6.3-15　拆卸熔断器（2）

❷ 安装事项。安装程序以倒序进行，同时注意下列事项。

a. 对外壳及连接器进行清洁，确保连接器表面及内部无脏污及异物。

b. 如密封胶圈损坏，应更换密封胶圈 1（图 6.3-16）。

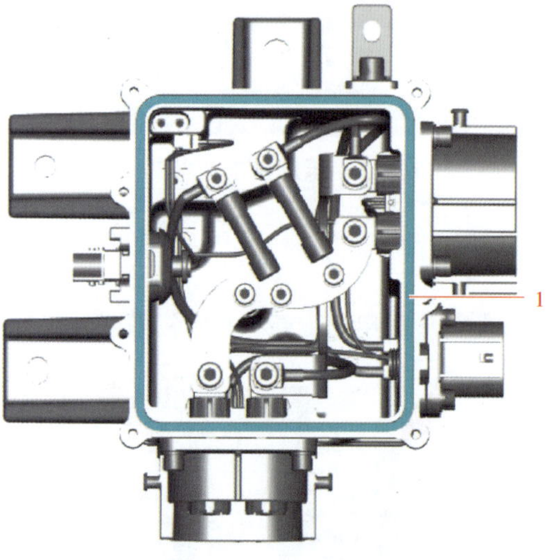

图 6.3-16　安装熔断器

c. 更换完熔断器后，对两个熔断器回路进行导通测试。

d. 四驱高压配电箱上盖装配好后，对 PDU 进行气密测试。

6.3.2　高压配电系统简明故障

高压配电系统简明故障见表 6.3-1。

表 6.3-1　高压配电系统简明故障

故障症状	可能的原因	措施 / 排除
DC/DC 不工作	高压输入断电	检查高压输入是否正常
	使能信号为高电位	检查相关控制端子针脚是否正常
	输出短路	检查输出连接是否正常
配电盒保险烧坏	高压输入短路或输入正负极接反	检测高压输入是否正常
DC 故障反馈	输入过 / 欠压，输出过 / 欠压，整机过温	检查输出是否过流或过压，关闭 DC/DC 总成，静置 5min 的后启动，如果仍然报故障，检查线路
电子加热器无法工作	熔丝熔断	①断开动力电池包侧高压接插件和电子加热器高压接插件 ②用万用表进行导通测试 ③如果导通，则继续测量电阻值，如果电阻值在毫欧级别则证明保险无问题 ④如果不导通或测试电阻较大，则可认为保险已熔断
电动压缩机无法工作	熔丝熔断	①断开动力电池包侧高压接插件和电动压缩机高压接插件 ②用万用表进行导通测试 ③如果导通，则继续测量电阻值，如果电阻值在毫欧级别则证明保险无问题 ④如果不导通或测试电阻较大，则可认为保险已熔断
无法进行慢充充电	熔丝熔断	①断开动力电池包侧高压接插件和车载充电机侧高压接插件 ②用万用表进行导通测试 ③如果导通，则继续测量电阻值，如果电阻值在毫欧级别则证明保险无问题 ④如果不导通或测试电阻较大，则可认为保险已熔断
无法进行快充充电	接触器工作状态异常	①用万用表测量正极快充接触器是否可以导通，可以通过测量接快充口插件的正极和接电动压缩机插件的正极之间是否导通来判断（注意不要碰到插件的屏蔽层）；如果导通则表明接触器已经粘连，需更换车载充电机 ②正极快充接触器给常电，如果接触器可以动作（有嗒嗒声音），动作后接触器可以导通，则认为无问题；否则表明接触器故障，需更换车载充电机

6.3.3　高压配电系统故障检测

（1）高压配电故障特点　相对来讲，高压配电的故障并不是很复杂，主要表现在下述三种高压回路的故障。

❶ 回路绝缘故障。

❷ 回路相互短路或断路故障。

❸ 高压配电盒故障。

（2）高压配电故障检测前的检查和准备

❶ 直观检查　前边介绍过，首先从易于接触或能够看到的系统部件进行直观检查。

a. 检查可能影响高压配电系统的维修、改装、加装的电气设备。

b. 检查易于接触或能够看到的系统部件，或者易于直观判断的部件（如熔丝），以查明其是否有明显损坏或存在可能导致故障的情况。

c. 检查高压配电盒内部是否有水或者灰尘等异物。

d. 检查高压配电盒高压线束连接器是否松动，内部是否有锈蚀的迹象。

排除以上情况后，重点利用检测手段（如利用兆欧表检测）来确定和排除配电系统的相关回路故障。

❷ 高压配电电路图。

a . 要熟悉各高压电气设备的插接器（连接器）　图 6.3-17 和图 6.3-18 显示的是高压线束及插接器，所涉及的部分与表 6.3-2 所对应。通常对维修电路进行插接器端子之间的测量，来判断和确定故障点。

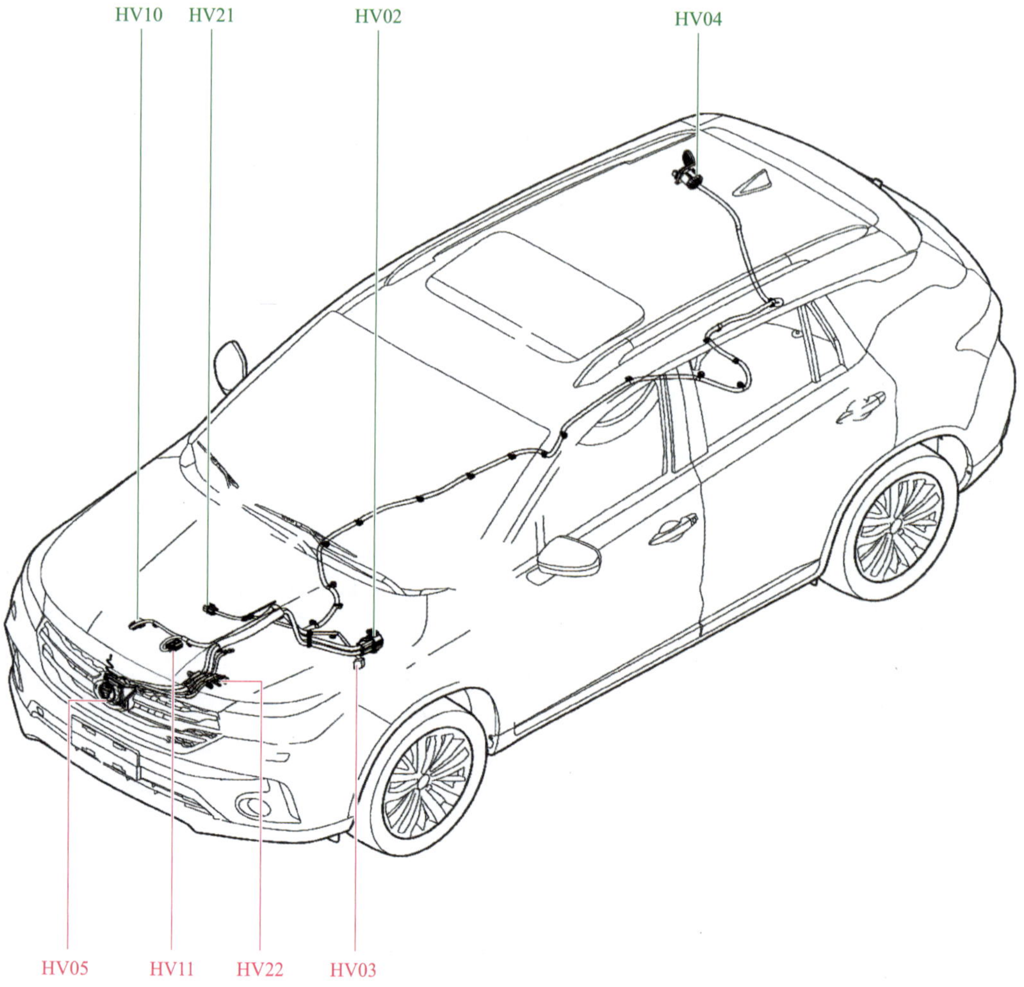

图 6.3-17　高压线束及插接器（1）

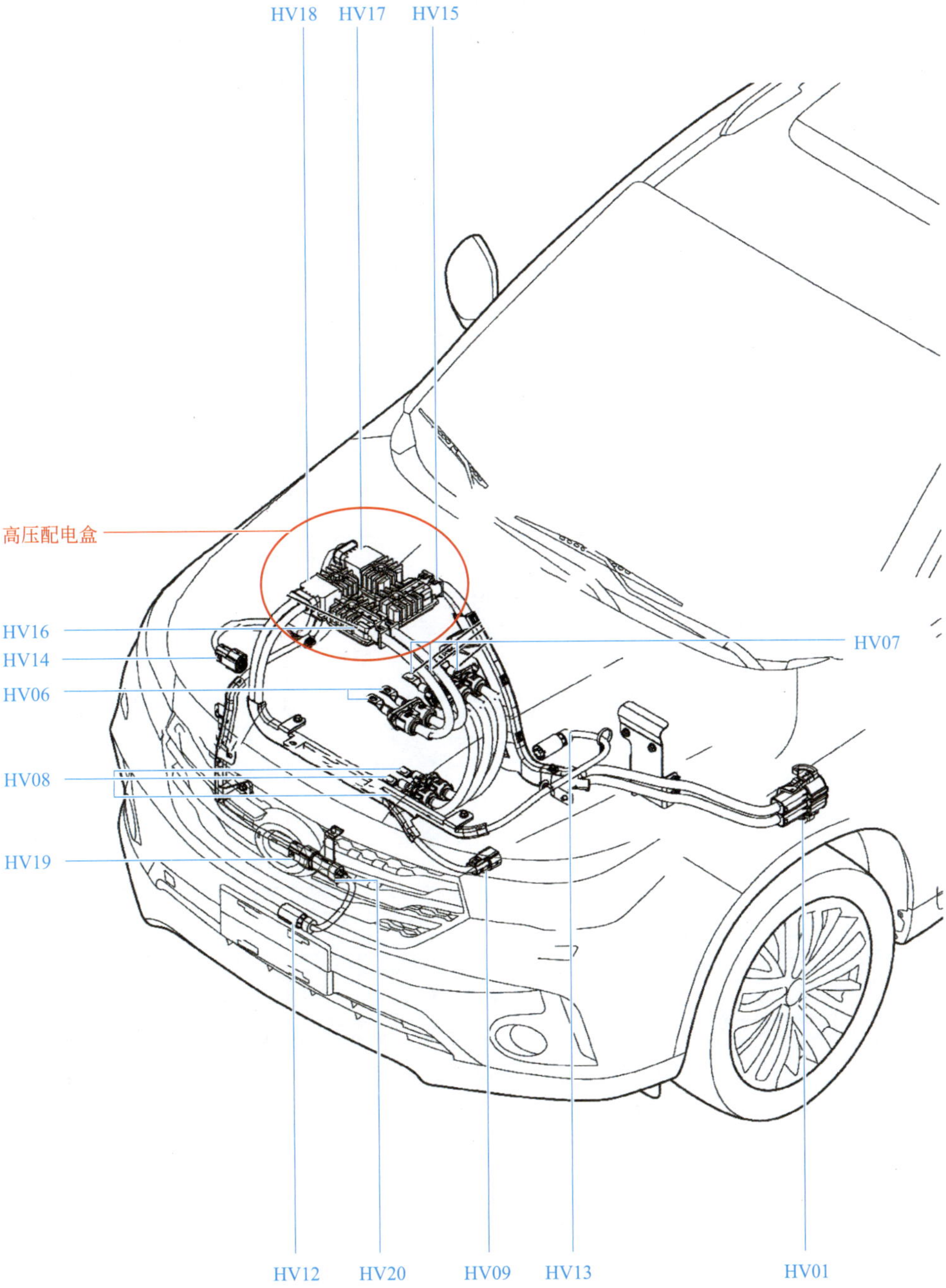

图 6.3-18　高压线束及插接器（2）

b. 要熟悉高压系统电路的连接走向　维修中，使用电路图是最常用且很重要的维修技术辅助方式。从高压配电盒分配出来的各个线路走向以及插接器连接情况，从电路图中看一目了然。高压配电系统电路图见图 6.3-19。

❸ 检测工具。万用表和兆欧表。

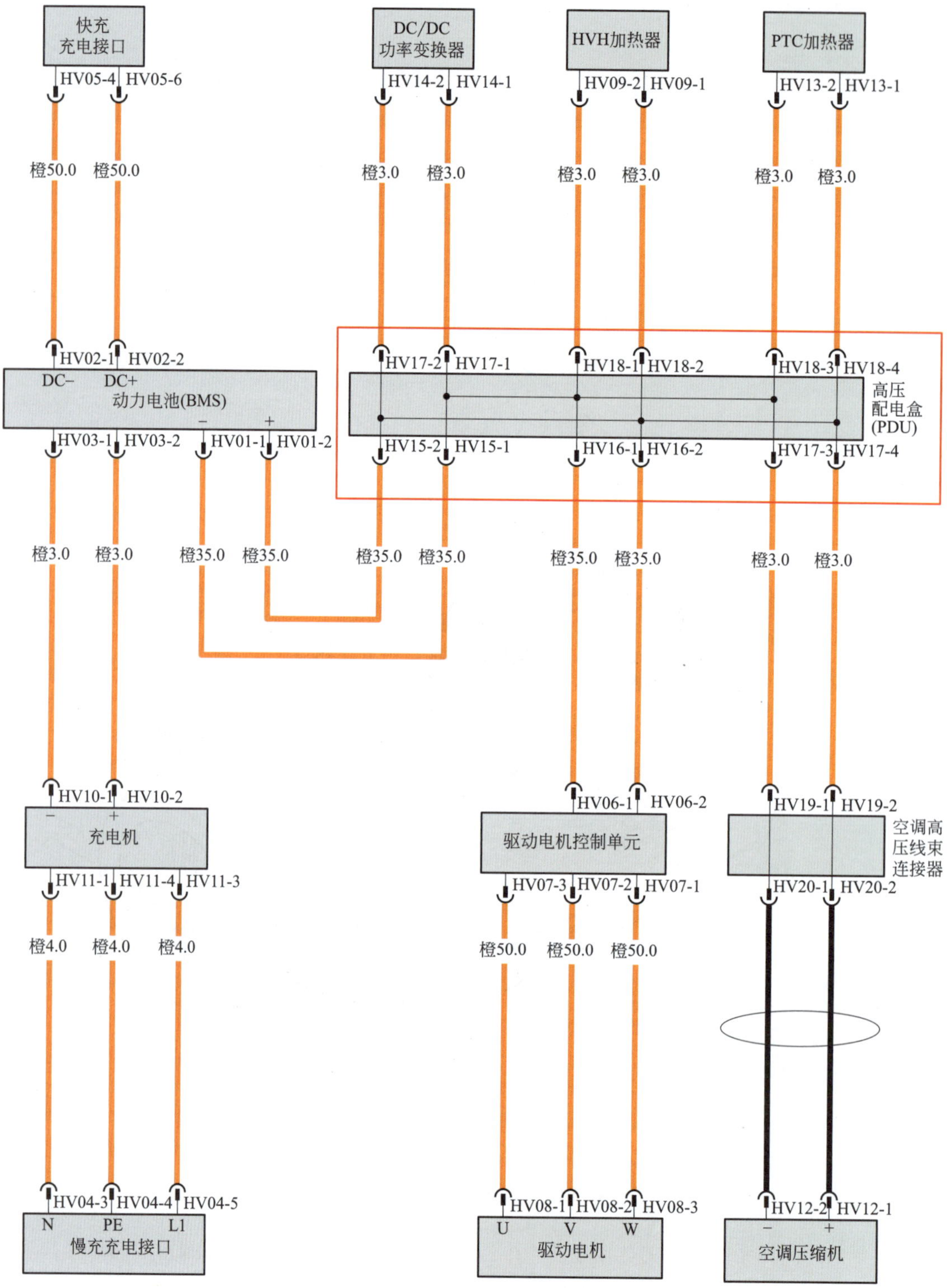

图 6.3-19 高压配电系统电路

表 **6.3-2**　高压部件线束插接器（连接器）

部件	插接器代号	插接器	图示	端子号	连接走向（端子定义）
动力电池	HV01	BMS 控制单元 2 芯插头	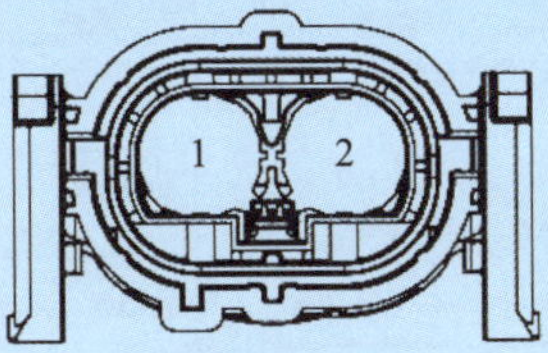	1	动力电池输出至 PDU 负极
				2	动力电池输出至 PDU 正极
	HV02	动力电池 2 芯插头	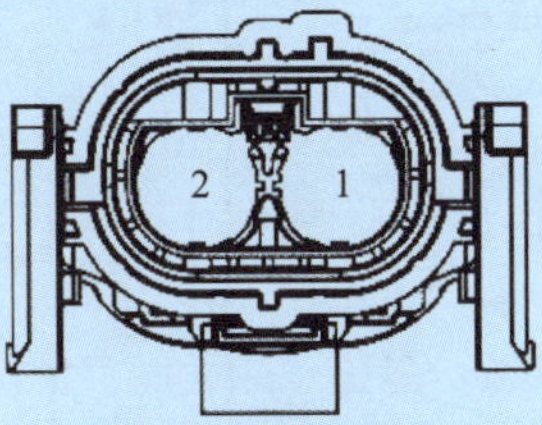	1	直流电源负极
				2	直流电源正极
	HV03	动力电池 2 芯插头	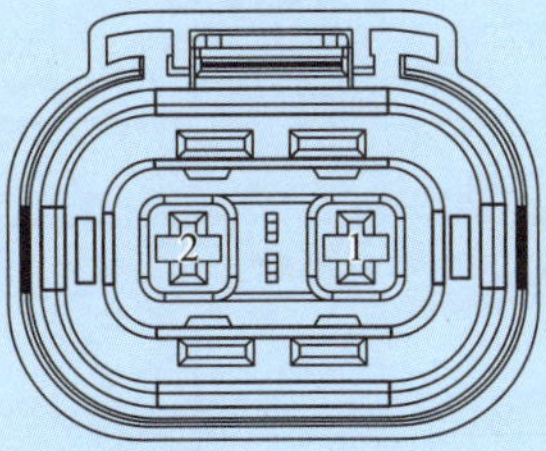	1	充电机输出至动力电池负极
				2	充电机输出至动力电池正极
慢充充电口	HV04	慢充充电口 17 芯插头	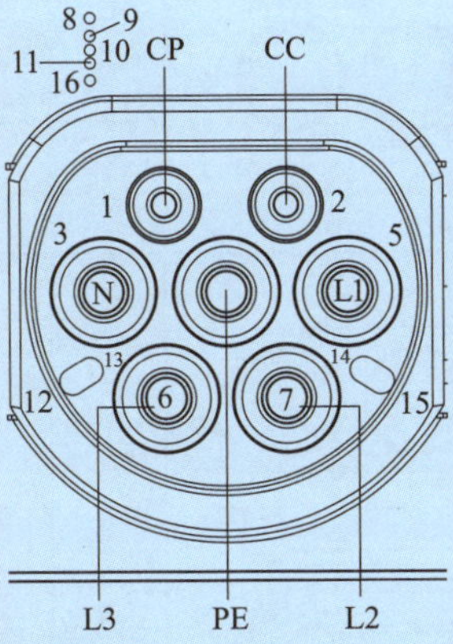	1	充电控制确认
				2	充电连接确认
				3	中线
				4	保护接地
				5	交流电源
				6	空
				7	空
				8	M-
				9	M+
				10	慢充接插件微动开关状态 1
				11	慢充接插件微动开关接地
				12	L1 温度传感器信号 +
				13	L1 温度传感器接地
				14	N1 温度传感器信号 +
				15	N1 温度传感器信号 -
				16	慢充接插件微动开关状态 2
				17	空

续表

部件	插接器代号	插接器	图示	端子号	连接走向（端子定义）
快充充电口	HV05	快充充电口13芯插头	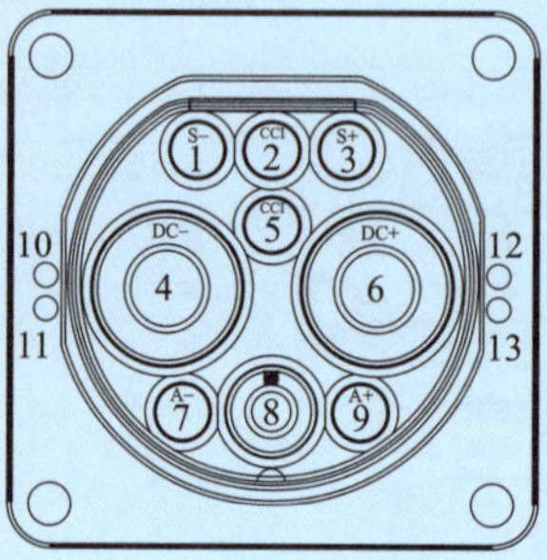	1	充电 CAN-L
				2	充电连接确认
				3	充电 CAN-H
				4	直流电源负极
				5	空
				6	直流电源正极
				7	低压辅助电源负
				8	保护接地
				9	低压辅助电源正
				10	DC− 温度传感器 +
				11	DC− 温度传感器 −
				12	DC+ 温度传感器 +
				13	DC+ 温度传感器 −
驱动电机控制单元	HV06	驱动电机控制单元2芯插头		1	驱动电机控制单元负极
				2	驱动电机控制单元正极
	HV07	驱动电机控制单元3芯插头		1	驱动电机控制单元输出至驱动电机 U 相
				2	驱动电机控制单元输出至驱动电机 V 相
				3	驱动电机控制单元输出至驱动电机 W 相
驱动电机	HV08	驱动电机3芯插头		1	驱动电机 U 相
				2	驱动电机 V 相
				3	驱动电机 W 相
HVH 加热器	HV9	HVH 加热器2芯插头	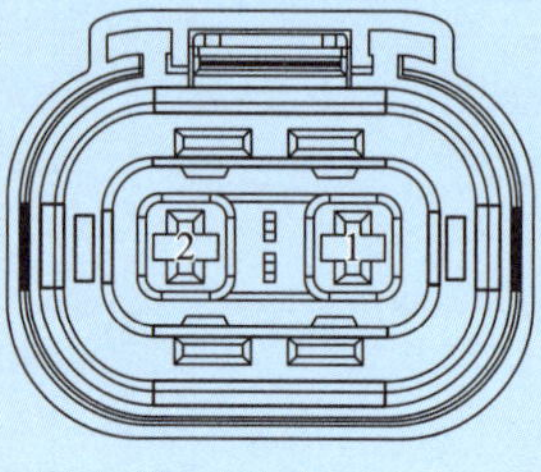	1	HVH 正极
				2	HVH 负极

续表

部件	插接器代号	插接器	图示	端子号	连接走向（端子定义）
充电机	HV10	充电机 2 芯插头	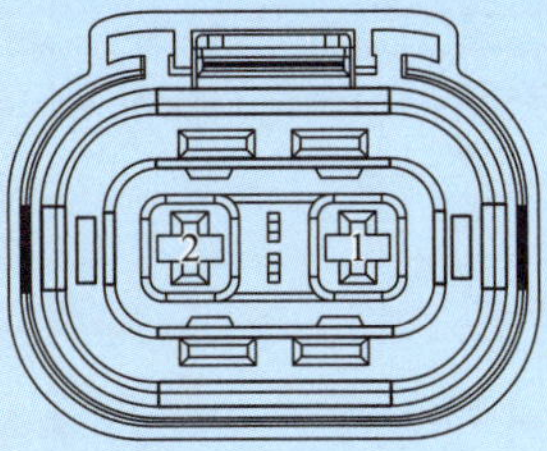	1	充电机输出负极
				2	充电机输出正极
	HV11	充电机 6 芯插头	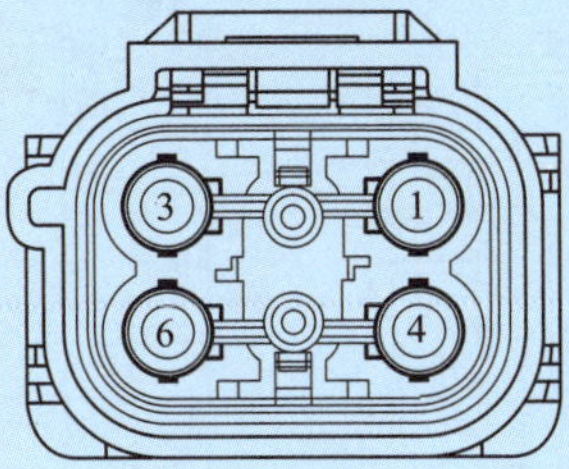	1	中线
				2	空
				3	交流电源
				4	保护接地
				5	空
				6	空
空调压缩机	HV12	空调压缩机 4 芯插头	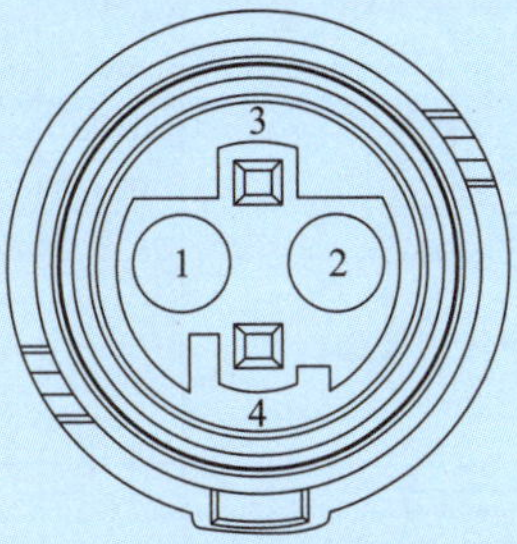	1	空调压缩机正极
				2	空调压缩机负极
				3	空调压缩机高压互锁输入
				4	空调压缩机高压互锁输出
PTC 加热器	HV13	PTC 加热器 2 芯插头	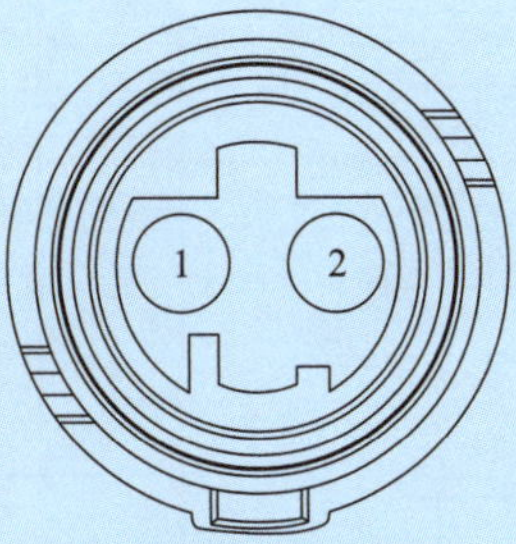	1	PTC 正极
				2	PTC 负极
DC/DC 功率变换器	HV14	DC/DC 功率变换器 2 芯插头	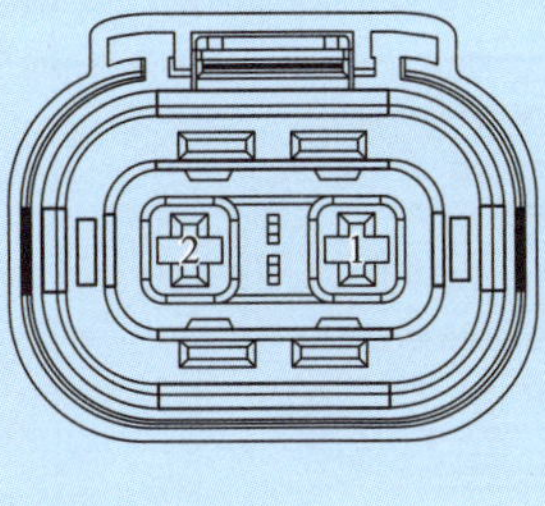	1	DC/DC 负极
				2	DC/DC 正极

续表

部件	插接器代号	插接器	图示	端子号	连接走向（端子定义）
配电盒	HV15	配电盒 2 芯插头	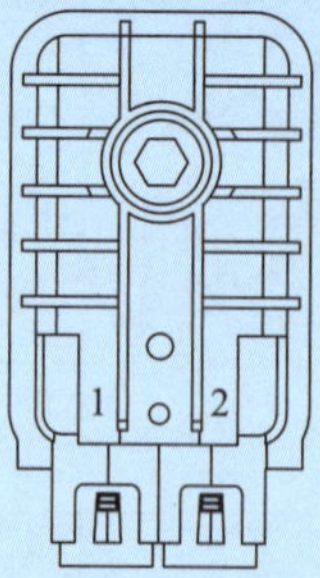	1	动力电池输入至 PDU 负极
				2	动力电池输入至 PDU 正极
	HV16	配电盒 2 芯插头	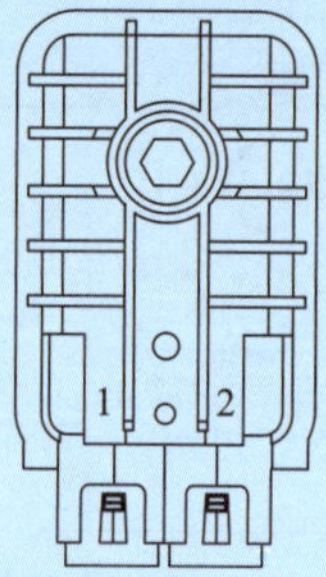	1	PDU 输出至驱动电机控制单元负极
				2	PDU 输出至驱动电机控制单元正极
	HV17	配电盒 4 芯插头	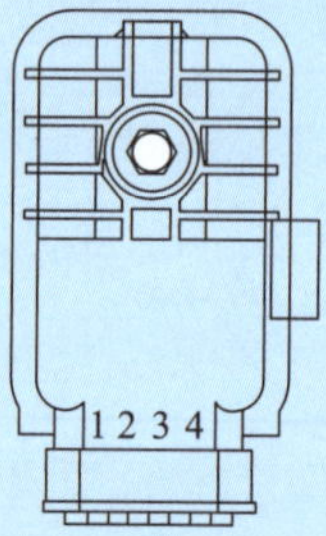	1	PDU 输出至 DC/DC 负极
				2	PDU 输出至 DC/DC 正极
				3	PDU 输出至空调压缩机插接件负极
				4	PDU 输出至空调压缩机插接件正极
	HV18	配电盒 4 芯插头	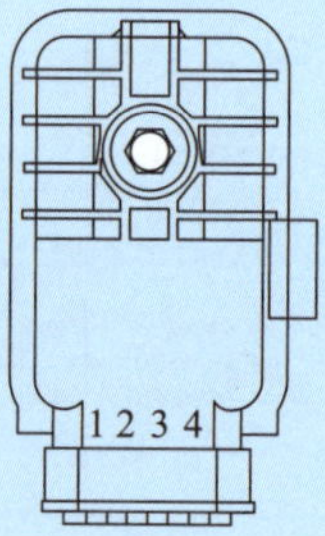	1	PDU 输出至 HVH 负极
				2	PDU 输出至 HVH 正极
				3	PDU 输出至 PTC 负极
				4	PDU 输出至 PTC 负极
压缩机插接件	HV19	压缩机插接件 2 芯插头	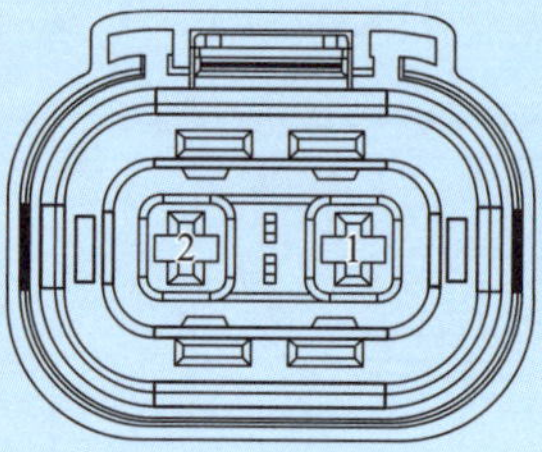	1	空调压缩机插接件输入负极
				2	空调压缩机插接件输入正极

续表

部件	插接器代号	插接器	图示	端子号	连接走向（端子定义）
压缩机插接件	HV20	压缩机插接件 4 芯插头	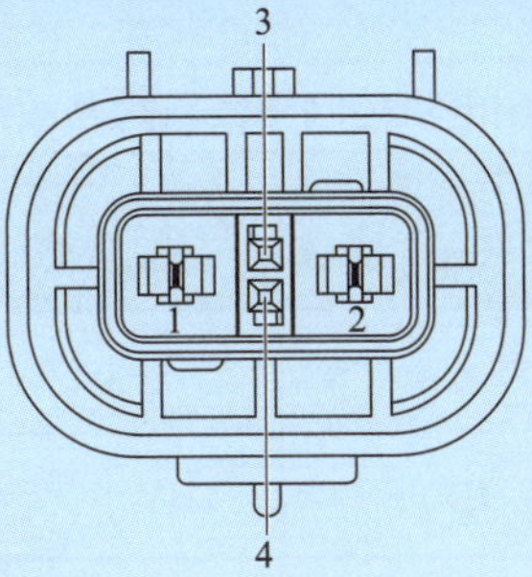	1	空调压缩机插接件输出负极
				2	空调压缩机插接件输出正极
				3	空调压缩机插接件高压互锁输入
				4	空调压缩机插接件高压互锁输出

（3）电机控制器回路故障

❶ 检查回路绝缘故障。检测要点：执行车辆下电程序，即关闭启动开关；断开蓄电池负极接线柱；断开维修开关。

断开电机控制器线束连接器。按照表 6.3-3 所示检测其电路电阻情况。如果不符合应测得结果，那么应该维修或更换线束。如果绝缘没问题，那么接着检查回路断路或者断路。

表 6.3-3　检测电机控制器回路绝缘故障

检查的零部件			兆欧表 / 表笔探测的两端子		检测条件	状态	应测得结果 /MΩ
连接器	代号	图示	黑表笔连接	红表笔连接			
电机控制器线束连接器	HV06	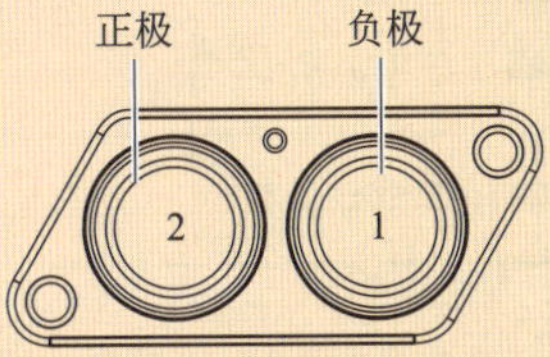	HV06/1	高压配电盒壳体	下电	电阻	≥ 20
高压电器盒	—	—	HV06/2	高压配电盒壳体	下电	电阻	≥ 20

❷ 检查回路断路故障。检测要点：执行车辆下电程序，即断开高压配电盒线束连接器；断开电机控制器线束连接器。按照表 6.3-4 所示检测其电路电阻情况。如果不符合应测的结果，那么应该维修或更换线束。如果没问题，那么接着检查回路相互是不是有短路情况。

表 6.3-4　检测电机控制器回路断路故障

检查的零部件			万用表 / 表笔探测的两端子		检测条件	状态	应测得结果 /Ω
连接器	代号	图示	黑 / 红表笔连接	红 / 黑表笔连接			
高压电器盒线束连接器	HV16	见表 6.3-2	HV16/1	HV06/1	下电	电阻	< 1
电机控制器线束连接器	HV06	见表 6.3-2	HV16/2	HV06/2	下电	电阻	< 1

❸ 检查回路相互短路故障。检测要点：执行车辆下电程序，即断开高压电器盒线束连接器；断开高压电器盒其他所有高压线束连接器。按照表 6.3-5 所示检测其电路电阻情况。如果不符合应测的结果，那么应该维修或更换线束。如果线路没问题，那么问题可确定在高压配电盒本身故障。

表 6.3-5　检测电机控制器回路短路故障

检查的零部件			兆欧表 / 表笔探测的两端子		检测条件	状态	应测得结果 /MΩ
连接器	代号	图示	红表笔连接	黑表笔连接	下电	电阻	≥ 20
电机控制器线束连接器	HV06	见表 6.3-2	HV06/2	HV06/1			

❹ 更换高压配电盒。上述检查若逐一排除回路绝缘、回路相互短路和断路的故障，那么问题就出在高压配电盒本身。更换高压配电盒，电机控制器回路故障排除。

（4）动力电池回路故障

❶ 检查回路绝缘故障。检测要点：执行车辆下电程序，即断开动力电池线束连接器。按照表 6.3-6 所示检测其电路电阻情况。如果不符合应测的结果，那么应该维修或更换线束。如果绝缘没问题，那么接着检查回路断路或者断路。

表 6.3-6　检测动力电池回路绝缘故障

检查的零部件			兆欧表 / 表笔探测的两端子		检测条件	状态	应测得结果 /MΩ
连接器	代号	图示	红表笔连接	黑表笔连接	下电	电阻	≥ 20
动力电池线束连接器	HV01	见表 6.3-2	HV01/1	高压配电盒壳体			
高压配电盒	—	—	HV01/2	高压配电盒壳体	下电	电阻	≥ 20

❷ 检查回路断路故障。检测要点：执行车辆下电程序，即断开动力电池线束连接器；断开高压配电盒线束连接器。按照表 6.3-7 所示检测其电路电阻情况。如果不符合应测的结果，那么应该维修或更换线束。如果绝缘没问题，那么接着检查回路短路。

表 6.3-7　检测动力电池回路断路故障

检查的零部件			万用表 / 表笔探测的两端子		检测条件	状态	应测得结果 /Ω
连接器	代号	图示	红 / 黑表笔连接	黑 / 红表笔连接	下电	电阻	＜ 1
动力电池线束连接器	HV01	见表 6.3-2	HV01/1	HV15/1			
高压配电盒线束连接器	HV15	见表 6.3-2	HV01/2	HV15/2	下电	电阻	＜ 1

❸ 检查回路相互短路故障。检测要点：执行车辆下电程序，即断开动力电池线束连接器；断开高压电器盒其他所有高压线束连接器。按照表 6.3-8 所示检测其电路电阻情况。如果不符

合应测的结果，那么应该维修或更换线束。如果线路没问题，那么问题可确定在高压配电盒本身故障。

表 6.3-8　检测动力电池回路短路故障

检查的零部件			兆欧表 / 表笔探测的两端子		检测条件	状态	应测得结果 /MΩ
连接器	代号	图示	红表笔连接	黑表笔连接	下电	电阻	≥ 20
动力电池线束连接器	HV01	见表 6.3-2	HV01/1	HV01/2			

（5）DC/DC 转换器回路故障

❶ 检查高压配电盒熔断器是否熔断。执行下电程序。拆卸高压配电盒上盖，按照表 6.3-9 所示检测其电路电阻情况。熔断器熔断，进行更换，如果熔断器完好，则需要进行回路绝缘检查。

表 6.3-9　检测高压电器盒熔断器

检查的零部件	万用表 / 表笔探测的两端子	检测条件	状态	应测得结果 /Ω
高压配电盒熔断器	熔断器两端	下电	电阻	＜ 1

❷ 检查回路绝缘故障。检测要点：执行车辆下电程序。断开 DC/DC 变换器线束连接器。按照表 6.3-10 所示检测其电路电阻情况。如果不符合应测的结果，那么应该维修或更换线束。如果绝缘没问题，那么接着检查回路断路或者短路。

表 6.3-10　检测 DC/DC 变换器回路绝缘故障

检查的零部件			兆欧表 / 表笔探测的两端子		检测条件	状态	应测得结果 /MΩ
连接器	代号	图示	红表笔连接	黑表笔连接	下电	电阻	≥ 20
DC/DC 变换器线束连接器	HV14	见表 6.3-2	HV14/1	高压配电盒壳体			
高压配电盒	—	—	HV14/2	高压配电盒壳体	下电	电阻	≥ 20

❸ 检查回路断路故障。检测要点：执行车辆下电程序，即断开高压配电盒线束连接器；断开 DC/DC 变换器线束连接器。按照表 6.3-11 所示检测其电路电阻情况。如果不符合应测得结果，那么应该维修或更换线束。如果绝缘没问题，那么接着检查回路短路。

表 6.3-11　检测 DC/DC 变换器断路故障

检查的零部件			万用表 / 表笔探测的两端子		检测条件	状态	应测得结果 /Ω
连接器	代号	图示	红 / 黑表笔连接	黑 / 红表笔连接	下电	电阻	＜ 1
DC/DC 变换器线束连接器	HV14	见表 6.3-2	HV14/1	HV17/1			
高压配电盒线束连接器	HV17	见表 6.3-2	HV14/2	HV17/2	下电	电阻	＜ 1

❹ 检查回路相互短路故障。检测要点：执行车辆下电程序，即断开 DC/DC 变换器线束连接器；断开高压配电盒其他所有高压线束连接器。按照表 6.3-12 所示检测其电路是否有短路情况。如果不符合应测的结果，那么应该维修或更换线束。如果线路没问题，那么问题可确定在高压配电盒本身故障。

表 6.3-12　检测 DC/DC 变换器短路故障

检查的零部件			兆欧表 / 表笔探测的两端子		检测条件	状态	应测得结果/MΩ
连接器	代号	图示	红表笔连接	黑表笔连接	下电	电阻	≥ 20
DC/DC 变换器线束连接器	HV14	见表 6.3-2	HV14/1	HV14/2			

（6）HVH 加热器回路故障

❶ 检查高压配电盒熔断器是否熔断。

a. 将启动开关置于 OFF 位置。

b. 断开蓄电池负极接线柱。

c. 拆卸维修开关。

d. 拆卸高压配电盒上盖，用万用表测量高压配电盒熔断器两端的电阻。该电阻应该小于 1Ω 左右。

e. 确认测量值是否符合标准。如果不符合标准，则更换高压电器盒熔断器。

如果熔断器没有问题，那么可能是 HVH 加热器回路的故障。需要进一步检查 HVH 加热器回路绝缘、短路、断路，以及高压配电盒本身问题。

❷ 检查回路绝缘故障。检测要点：执行车辆下电程序，即断开 HVH 加热器线束连接器。按照表 6.3-13 所示检测其电路电阻情况。如果不符合应测的结果，那么应该维修或更换线束。如果绝缘没问题，那么接着检查回路断路或者短路。

表 6.3-13　检测 HVH 加热器回路绝缘故障

检查的零部件			兆欧表 / 表笔探测的两端子		检测条件	状态	应测得结果/MΩ
连接器	代号	图示	红表笔连接	黑表笔连接	下电	电阻	≥ 20
HVH 加热器线束连接器	HV09	见表 6.3-2	HV09/1	高压配电盒壳体			
高压配电盒	—	—	HV09/2	高压配电盒壳体	下电	电阻	≥ 20

❸ 检查回路断路故障。检测要点：执行车辆下电程序，即断开高压配电盒线束连接器；断开 HVH 加热器线束连接器。按照表 6.3-14 所示检测其电路电阻情况。如果不符合应测的结果，那么应该维修或更换线束。如果绝缘没问题，那么接着检查回路短路。

表 6.3-14　检测 HVH 加热器回路断路故障

检查的零部件			万用表 / 表笔探测的两端子		检测条件	状态	应测得结果/Ω
连接器	代号	图示	红 / 黑表笔连接	黑 / 红表笔连接	下电	电阻	＜1
高压配电盒线束连接器	HV18	见表 6.3-2	HV18/1	HV09/2			
HVH 加热器线束连接器	HV09	见表 6.3-2	HV18/2	HV09/1	下电	电阻	＜1

❹ 检查回路相互短路故障。检测要点：执行车辆下电程序，即断开 HVH 加热器线束连接器；断开高压配电盒其他所有高压线束连接器。按照表 6.3-15 所示检测其电路是否有短路情况。如果不符合应测的结果，那么应该维修或更换线束。如果线路没问题，那么问题可确定在高压配电盒本身故障。

表 6.3-15　检测 HVH 加热器短路故障

检查的零部件			兆欧表 / 表笔探测的两端子		检测条件	状态	应测得结果/MΩ
连接器	代号	图示	红表笔连接	黑表笔连接	下电	电阻	≥20
HVH 加热器线束连接器	HV09	见表 6.3-2	HV09/1	HV09/2			

（7）压缩机回路故障

❶ 检查高压配电盒熔断器。按照前述的方法检查高压配电盒熔断器是否熔断。如果熔断器没有问题，那么可能是压缩机回路的故障。需要进一步检查压缩机回路绝缘、短路、断路，以及高压配电盒本身问题。

❷ 检查回路绝缘故障。检测要点：执行车辆下电程序，即断开压缩机线束连接器。按照表 6.3-16 所示检测其电路电阻情况。如果不符合应测的结果，那么应该维修或更换线束。如果绝缘没问题，那么接着检查回路断路或者短路。

表 6.3-16　检测压缩机回路绝缘故障

检查的零部件			兆欧表 / 表笔探测的两端子		检测条件	状态	应测得结果/MΩ
连接器	代号	图示	红表笔连接	黑表笔连接	下电	电阻	≥20
压缩机线束连接器	HV19	见表 6.3-2	HV19/1	高压配电盒壳体			
高压配电盒	—	—	HV19/2	高压配电盒壳体	下电	电阻	≥20

❸ 检查回路断路故障。检测要点：执行车辆下电程序，即断开高压配电盒线束连接器；断

开压缩机线束连接器。按照表 6.3-17 所示检测其压缩机电路情况。如果不符合应测的结果，那么应该维修或更换线束。如果绝缘没问题，那么接着检查回路短路。

表 6.3-17 检测压缩机回路断路故障

检查的零部件			万用表 / 表笔探测的两端子		检测条件	状态	应测得结果 /Ω
连接器	代号	图示	红 / 黑表笔连接	黑 / 红表笔连接	下电	电阻	＜1
高压配电盒线束连接器	HV17	见表 6.3-2	HV17/3	HV19/2			
压缩机线束连接器	HV19	见表 6.3-2	HV17/4	HV19/2	下电	电阻	＜1

❹ 检查回路相互短路故障。检测要点：执行车辆下电程序，即断开压缩机线束连接器；断开高压配电盒其他所有高压线束连接器。按照表 6.3-18 所示检测压缩机电路是否有短路情况。如果不符合应测的结果，那么应该维修或更换线束。如果线路没问题，那么问题可确定在高压配电盒本身故障。

表 6.3-18 检测压缩机短路故障

检查的零部件			兆欧表 / 表笔探测的两端子		检测条件	状态	应测得结果 /MΩ
连接器	代号	图示	红表笔连接	黑表笔连接	下电	电阻	≥ 20
压缩机线束连接器	HV19	见表 6.3-2	HV19/1	HV19/2			

（8）PTC 加热器回路故障

❶ 检查高压配电盒的熔断器。按照前述的方法检查高压配电盒熔断器是否熔断。如果熔断器没有问题，那么可能是 PTC 加热器回路的故障。需要进一步检查 PTC 加热器回路绝缘、短路、断路，以及高压配电盒本身问题。

❷ 检查回路绝缘故障。检测要点：执行车辆下电程序，即断开 PTC 加热器线束连接器。按照表 6.3-19 所示检测其电路电阻情况。如果不符合应测的结果，那么应该维修或更换线束。如果 PTC 加热器回路绝缘没问题，那么接着检查回路断路或者短路。

表 6.3-19 检测 PTC 加热器回路绝缘故障

检查的零部件			兆欧表 / 表笔探测的两端子		检测条件	状态	应测得结果 /MΩ
连接器	代号	图示	红表笔连接	黑表笔连接	下电	电阻	≥ 20
PTC 加热器线束连接器	HV13	见表 6.3-2	HV13/1	高压配电盒壳体			
高压配电盒	—	—	HV13/2	高压配电盒壳体	下电	电阻	≥ 20

❸ 检查回路断路故障。检测要点：执行车辆下电程序，即断开高压配电盒线束连接器；断开 PTC 加热器线束连接器。按照表 6.3-20 所示检测其 PTC 加热器电路情况。如果不符合应测的结果，那么应该维修或更换线束。如果绝缘没问题，那么接着检查回路短路。

表 6.3-20　检测 PTC 加热器回路断路故障

检查的零部件			万用表 / 表笔探测的两端子		检测条件	状态	应测得结果 /Ω
连接器	代号	图示	红 / 黑表笔连接	黑 / 红表笔连接			
高压配电盒线束连接器	HV18	见表 6.3-2	HV18/3	HV13/2	下电	电阻	＜1
PTC 加热器线束连接器	HV13	见表 6.3-2	HV18/4	HV13/1	下电	电阻	＜1

❹ 检查回路相互短路故障。检测要点：执行车辆下电程序，即断开 PTC 加热器线束连接器；断开高压配电盒其他所有高压线束连接器。按照表 6.3-21 所示检测 PTC 加热器回路是否有短路情况。如果不符合应测的结果，那么应该维修或更换线束。如果线路没问题，那么问题可确定在高压配电盒本身故障。

表 6.3-21　检测 PTC 加热器短路故障

检查的零部件			兆欧表 / 表笔探测的两端子		检测条件	状态	应测得结果 /MΩ
连接器	代号	图示	红表笔连接	黑表笔连接			
PTC 加热器线束连接器	HV13	见表 6.3-2	HV13/1	HV13/2	下电	电阻	≥20

❺ 更换高压配电盒。

a. 关闭启动开关。

b. 断开蓄电池负极接线柱。

c. 断开维修开关。

d. 更换高压配电盒。

e. 确认故障排除。

扫一扫

看视频

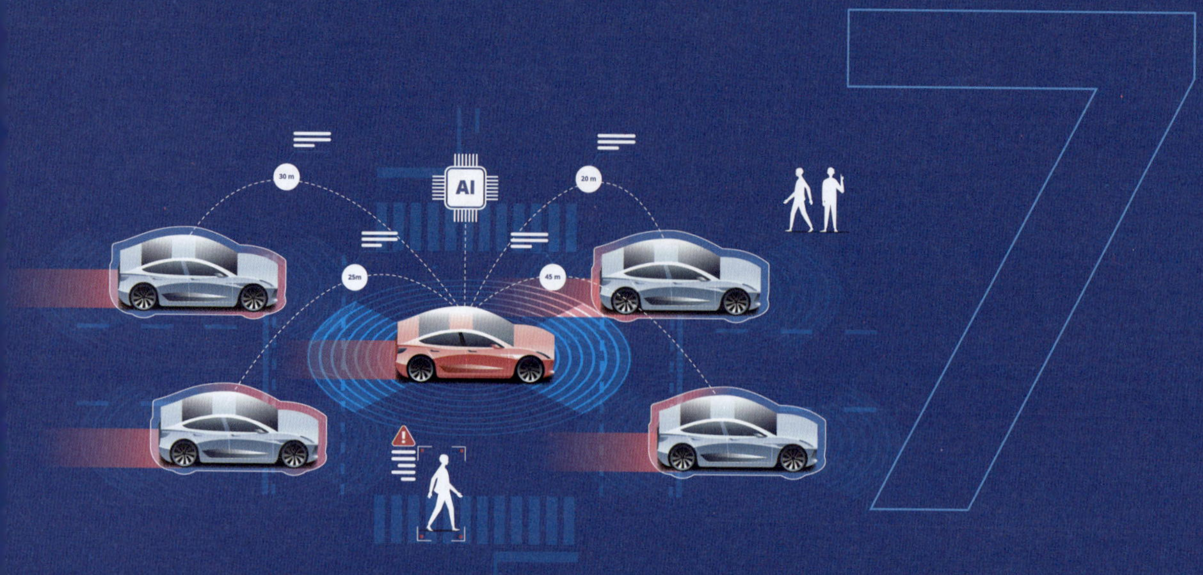

第 7 章 驱动电机系统结构原理与维修

7.1 驱动电机基本构造与零部件识别

7.1.1 驱动电机类型

电动汽车驱动电机（电机 / 电动机）使用交流永磁同步电机为主流。不同车型搭载的驱动电机类型见表 7.1-1。

表 7.1-1 不同车型搭载的驱动电机类型

列举某款 / 车型		搭载的电机类型	最大总功率 /kW	最大总扭矩 /（N·m）	电机布局
北汽 EU5	两驱	交流永磁同步电机	160	300	两驱：前置
长安 CS55	两驱	交流永磁同步电机	160	300	两驱：前置
上汽飞凡 ER	两驱	交流永磁同步电机	135	280	两驱：前置
AION Y	两驱	交流永磁同步电机	135	225	两驱：前置
高尔夫	两驱	交流永磁同步电机	100	290	两驱：前置

续表

列举某款 / 车型		搭载的电机类型	最大总功率 /kW	最大总扭矩 /（N·m）	电机布局
奥迪 /Q5e-tron	四驱	前：交流异步电机 后：交流永磁同步电机	225	460	双电机：前置 + 后置
大众 ID.X	四驱	前：交流异步电机 后：交流永磁同步电机	230 前 80 后 150	472 前 162 后 310	双电机：前置 + 后置
大众 ID.X	两驱	交流永磁同步电机	150	310	两驱：后置
特斯拉 Mordl3	两驱	交流永磁同步电机	194	340	两驱：后置
特斯拉 Mordl3	四驱	前：交流异步电机 后：交流永磁同步电机	357	659	双电机：前置 + 后置
小鹏 P7	两驱	交流永磁同步电机	196	390	两驱：后置
小鹏 P7	四驱	前：交流永磁同步电机 后：交流永磁同步电机	316 前 120 后 196	655 前 265 后 390	双电机：前置 + 后置
理想 ONE（混动）	四驱	前：交流永磁同步电机 后：交流永磁同步电机	245 前 100 后 145	455 前 240 后 215	双电机：前置 + 后置
极狐 阿尔法 S	四驱	前：交流永磁异步电机 后：交流永磁同步电机	473	655	双电机：前置 + 后置
宝马 iX3	两驱	交流励磁同步电机	210	400	两驱：后置

7.1.2　驱动电机及驱动单元外部特征

电动汽车电动化部分由电机驱动系统、动力电池系统和整车控制系统组成，是电动汽车的核心，其中的电机驱动系统是直接将电能转换为机械能的部分，驱动电机决定了电动汽车的性能指标。驱动电机、驱动电机控制器、变速器（减速器）集成的“三合一”，组成了电动汽车的驱动系统（单元）。

（1）驱动电机和电机控制器　见图 7.1-1。

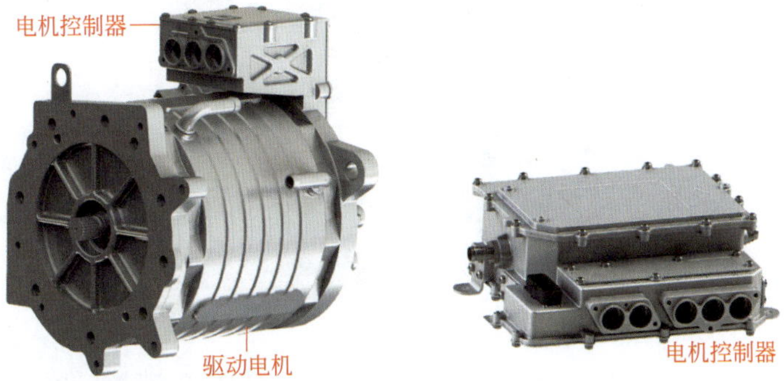

图 7.1-1　驱动电机和电机控制器

（2）混合动力汽车盘式驱动电机　见图 7.1-2。

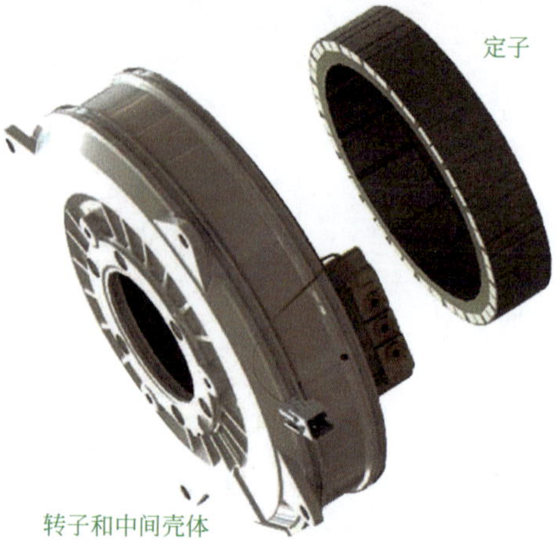

图 7.1-2　混合动力汽车盘式驱动电机

（3）不同功率的乘用车电驱系统　见图 7.1-3 ～图 7.1-7。

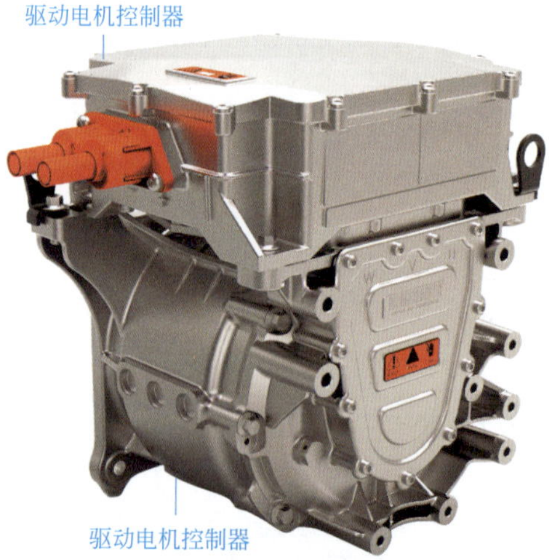

图 7.1-3　乘用车驱动系统（驱动电机和驱动电机控制器二合一）（功率 35kW/ 转速 11000r/min）

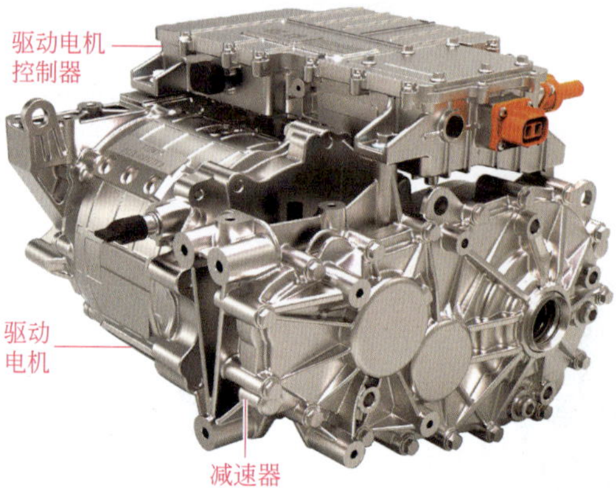

图 7.1-4　乘用车驱动系统（三合一）（功率 55kW/ 转速 10000r/min）

图 7.1-5　乘用车驱动系统（三合一）
（功率 **100kW/** 转速 **14000r/min**）

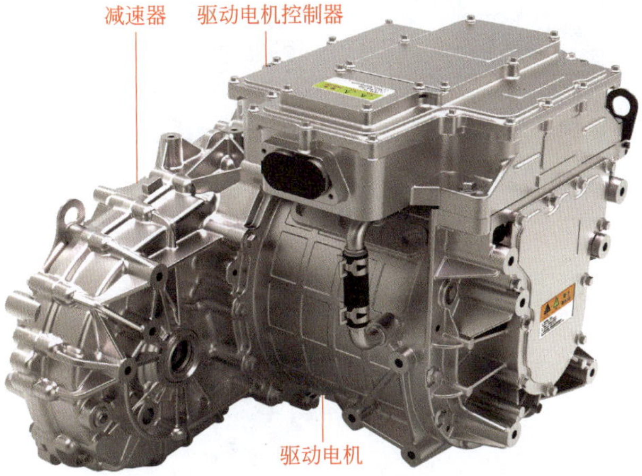

图 7.1-6　乘用车驱动系统（三合一）
（功率 **120kW/** 转速 **12000r/min**）

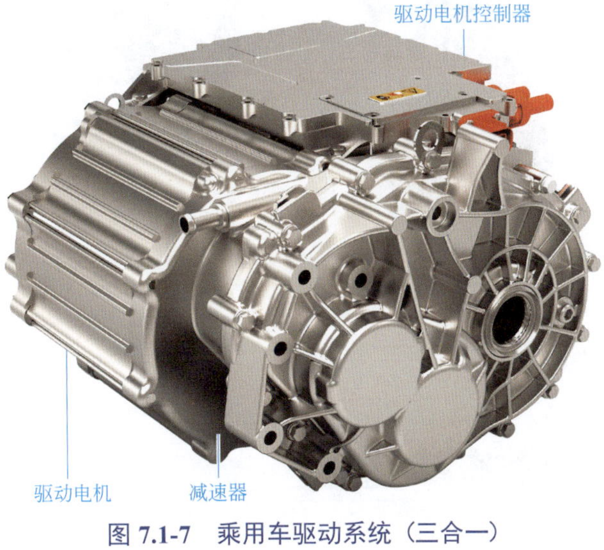

图 7.1-7　乘用车驱动系统（三合一）
（功率 **160kW/** 转速 **16000r/min**）

（4）商用车混合动力驱动单元　见图 7.1-8。

（5）48V 轻混 /BSG 系统　见图 7.1-9。

图 7.1-8　商用车混合动力驱动单元
（功率 65 ～ 100kW/ 转速 3800r/min）

图 7.1-9　48V 轻混 /BSG 系统（功率 10kW/40N·m）

7.1.3　驱动电机结构布局特征

（1）主流的电机结构布局特征

❶ 纯电动汽车。纯电动汽车中，两驱电动汽车搭载的是一台驱动电机，前置或者后置。四

驱车辆为双电机配置，前后各搭载一台驱动电机。

举例说明

如图 7.1-10 所示是大众纯电动汽车 ID.4X 驱动电机安装位置，该车后驱电机为标配，在选装四驱配置时，才有前驱电机及电机控制器。如图 7.1-11 所示是特斯拉驱动电机安装位置。

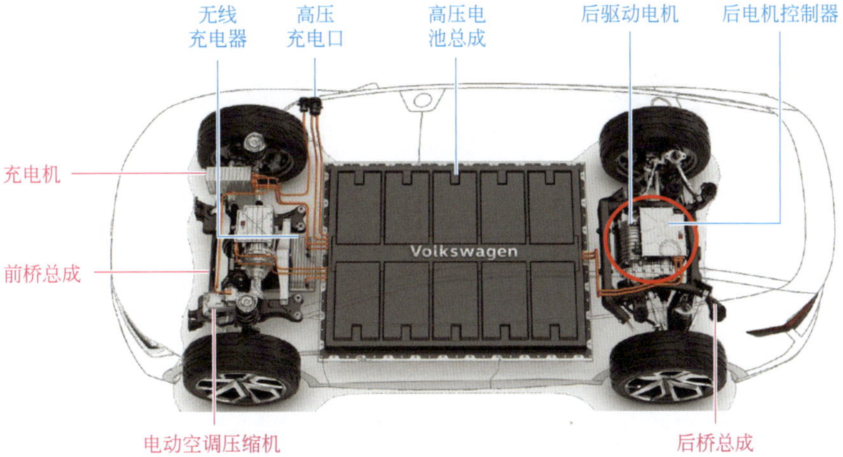

图 7.1-10　大众纯电动汽车 ID.4X 驱动电机安装位置（后置）

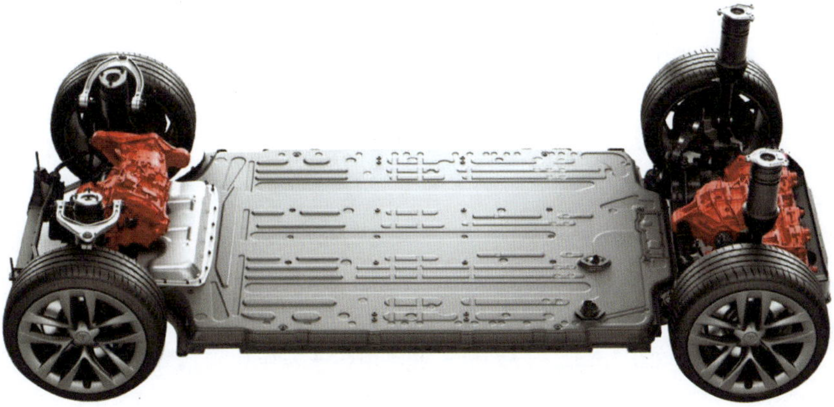

图 7.1-11　特斯拉驱动电机安装位置（前置 + 后置）

❷ 混合动力汽车。两驱混合动力汽车和其搭载布局的发动机情况一致，通常为前置。目前，最为常见的混动车型基本还是驱动电机 + 传动轴的模式，也就是普通混合动力的四轮驱动。

（2）其他四驱模式电机安装布局特征

❶ 发动机 + 后桥电机模式。这样的布局取消了中央传动轴，后桥直接搭载电机，典型的车型是沃尔沃。

❷ 发动机 + 驱动电机 + 发电机模式（图 7.1-12）。这种典型的模式是丰田雷克萨斯电动四驱系统（双电机 4WD），但这种四驱方式不是主流，它是通过在后桥加装一台电机实现“适时四驱”功能。通常情况下，车辆默认为前驱形式，当车辆检测到路面附着力较低，如雨雪路面

时，系统会启动后桥电机自动切换至四驱行驶，是系统在特定的路面条件下进行自动切换，驾驶员无法操作。

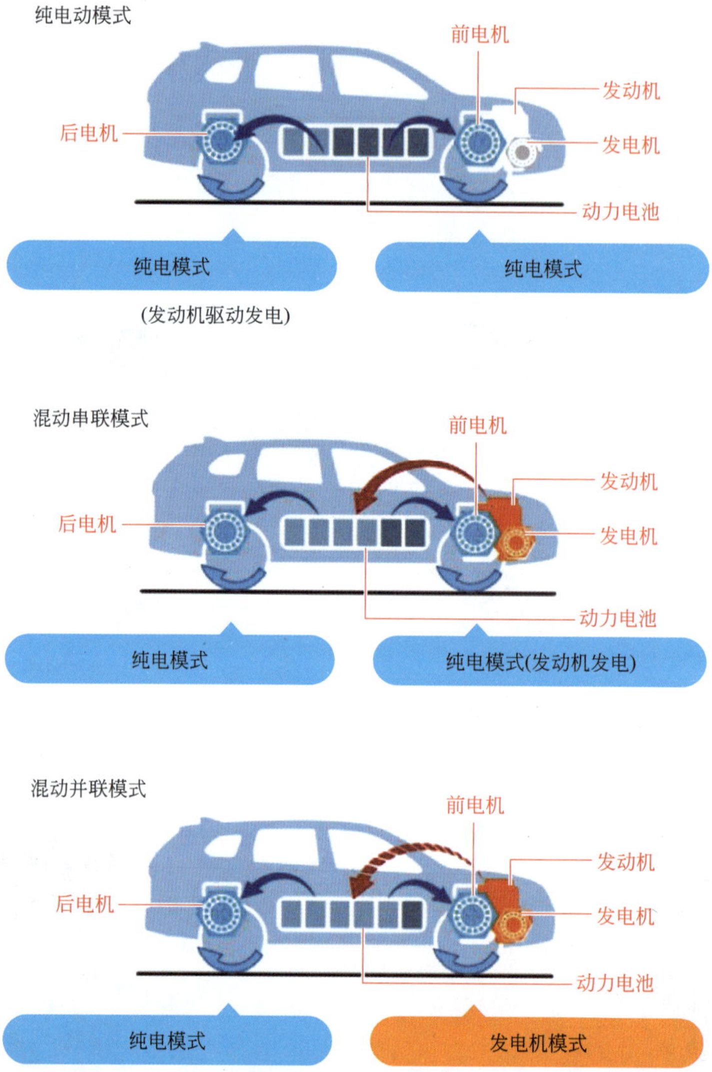

图 7.1-12 发动机 + 驱动电机 + 发电机模式

这种模式除了前后各有一台驱动电机外，还搭载了一台发电机来实现增加续航。具有纯电、串联、并联三种驱动模式。纯电和串联模式下为四轮全时驱动，当没电时，车辆会自动跳转至串联模式，通过发动机来充电，来满足纯电四驱行驶。

❸ 发动机 + 前驱动电机 + 后驱动电机模式。这种模式是分别在前后桥各设置一台电机实现电动四驱。这种模式除了原有的一套传统燃油车系统之外，还在前后轴各加入一个驱动电机，纯电模式下可以进行全时四驱，混动模式适时四驱切换。典型的车型有比亚迪唐 DM。

❹ 发动机 + 电机 + 轮毂电机模式。典型的模式是讴歌 SH-AWD 电四驱系统，在变速器集成一台电机，后桥布置两台轮边电机，目的为增强车辆的动力性能和弯道操控性能，并能够实现前驱、后驱、四驱的自动切换，车辆默认状态为纯电后驱，高速巡航时采用前置发动机驱动，在弯道、湿滑等特定条件的路面时，则自动切换为四轮驱动。

划重点

综上所述，电动机的不同安装位置布局，决定了拆卸和维修操作的复杂程度。在混合动力汽车中，按电动机位置的不同可分为 P0 ~ P4 和 PS 架构，其中 P 代表电机位置，不同位置的电机发挥的功能角色不同，见图 7.1-13。

P0：位于发动机前端，通过皮带与曲轴连接。

P1：位于发动机曲轴上。

P2：位于发动机与变速箱中间。

P3：位于变速箱后端，与发动机分享同一根轴，同源输出。

P4：取消中央动力车轴，直接驱动车轮。

PS：也称 P2.5，位于双离合变速箱内部，与发动机各分享一个离合器。

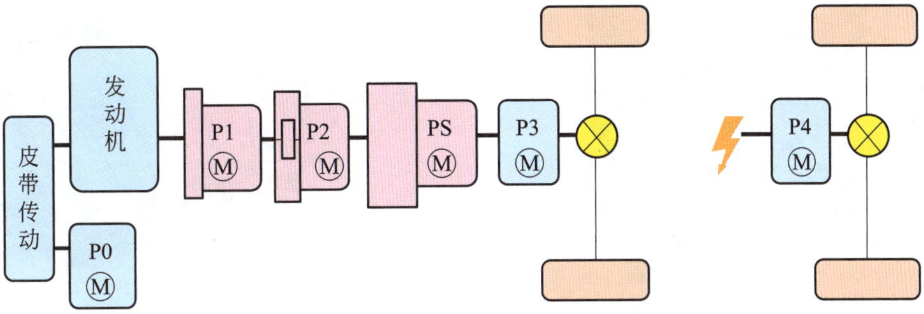

图 7.1-13　混合动力汽车电动机安装位置布局

7.1.4　驱动电机内部结构

（1）电机的基本结构　电机的基本原理即两个磁场相互作用，所以电机具备静止和旋转两大部分：静止部分称为定子，作用是产生磁场和作为电机的机械支撑；旋转部分称为转子，作用是感应电势，实现能量转换（图 7.1-14）。静止部分和旋转部分之间有一定大小的间隙，称为气隙。气隙的大小决定磁通量的大小。

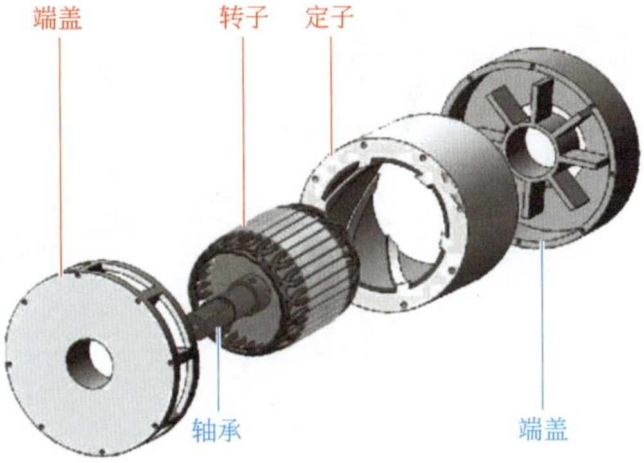

图 7.1-14　电机的基本结构组成

扫一扫

看视频

（2）电动汽车驱动电机结构　同步电机和异步电机都是电动汽车上广泛使用的电机，异步电机又称感应电机，是由气隙旋转磁场与转子绕组感应电流相互作用产生电磁转矩，从而实现机电能量转换为机械能量的一种交流电机。所以有些电动汽车上的驱动电机，配置上会写“电感 / 异步”。

异步电机在总体组成结构上与同步电机基本相同，同步电机和异步电机最大的区别在于它们的转子速度与定子旋转磁场是否一致，电机的转子速度与定子旋转磁场相同，叫同步电机；反之，就叫异步电机。另外，同步电机与异步电机的定子绕组是相同的，区别在于电机的转子结构。异步电机的转子是短路的绕组，靠电磁感应产生电流。而同步电机的转子结构相对复杂，有直流励磁绕组。所以有些电动汽车上的驱动电机，配置上会写“励磁 / 同步”。

下述展示的驱动电机是奥迪某款车上搭载的异步电机，前桥上采用平行轴式电机来驱动车轮（图 7.1-15），后桥则采用同轴式电机来驱动车轮（图 7.1-16）。前桥和后桥上每个交流驱动电机都有一根等电位线连着车身。

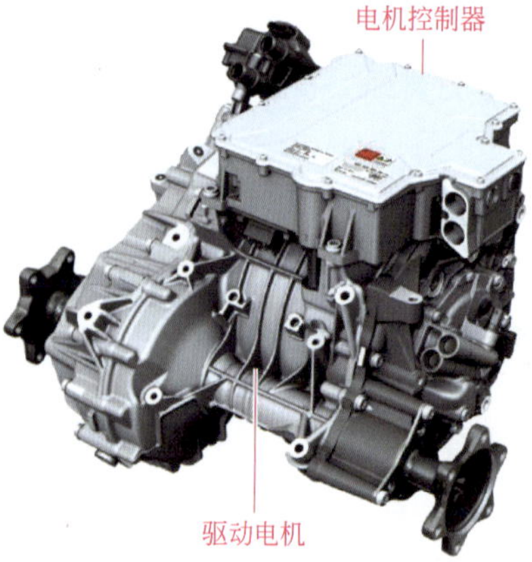

图 7.1-15　前驱动电机

图 7.1-16　后驱动电机

驱动电机内部结构见图 7.1-17。

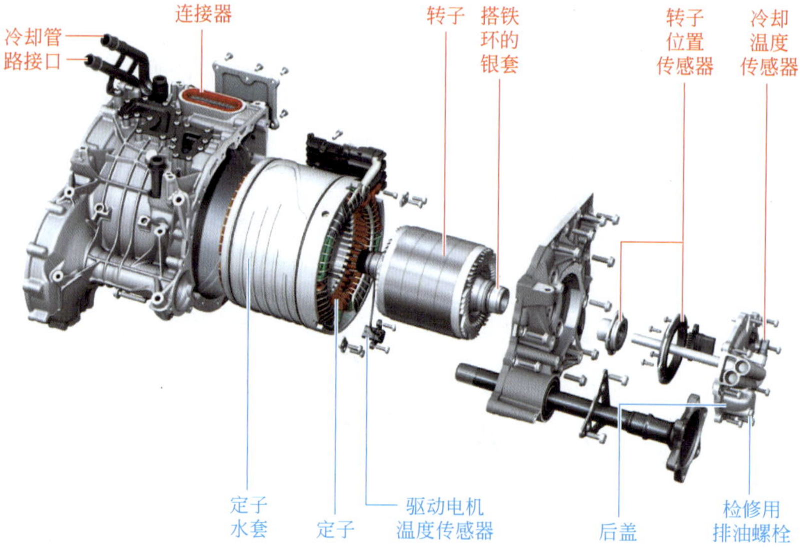

图 7.1-17　驱动电机内部结构

❶ 定子和转子。定子是通过功率电子装置来获得交流电供给的。铜绕组内的电流会在定子内产生旋转的磁通量（旋转的磁场），这个旋转磁场会穿过定子。异步电机转子的转动要稍慢于定子的转动磁场（这就是异步的意思）。于是就在转子的铝制笼内感应出一个电流，转子内产生的磁场会形成一个切向力，使得转子转动（图 7.1-18）。叠加的磁场就产生了转矩。定子和转子见图 7.1-19。

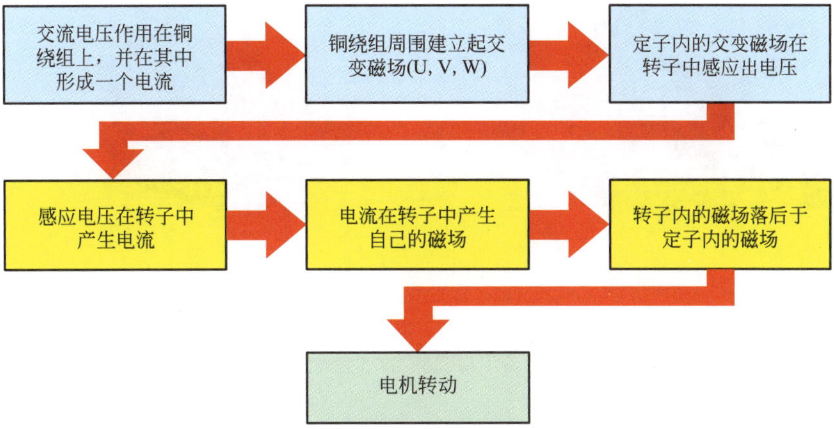

图 7.1-18　电机运转示意

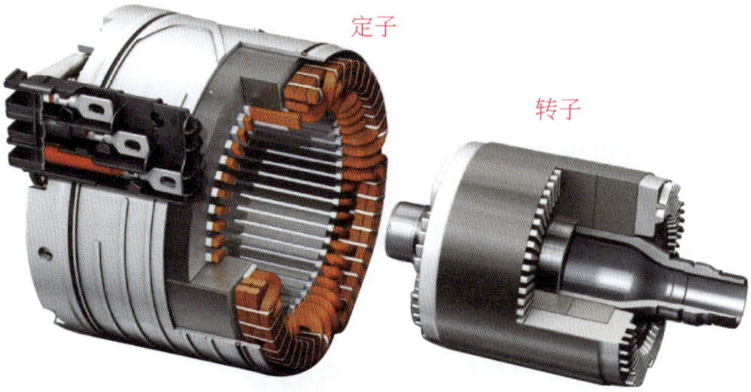

图 7.1-19　定子和转子

如图 7.1-20 所示，定子线圈具有 U 相、V 相和 W 相的三相构造，并且采用星形连接来连接线圈。

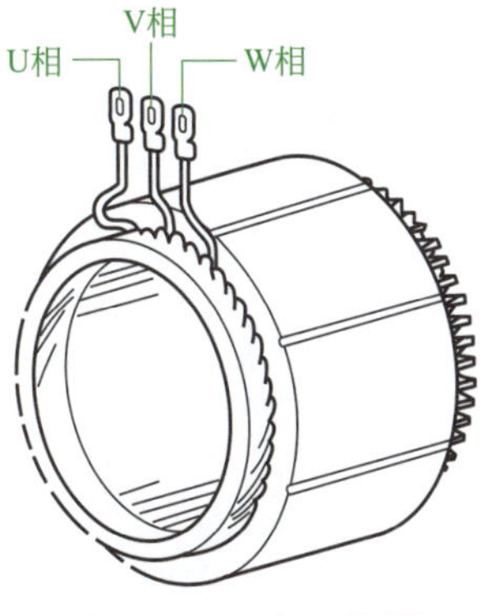

图 7.1-20　定子线圈

❷ 电机冷却系统。前桥和后桥上的驱动电机及电机控制器是通过低温循环管路而进行液冷的，见图 7.1-21。定子和转子上都有冷却液流过。尤其是附带的转子内部冷却，在持续功率输出和再现峰值功率方面具有重要意义。

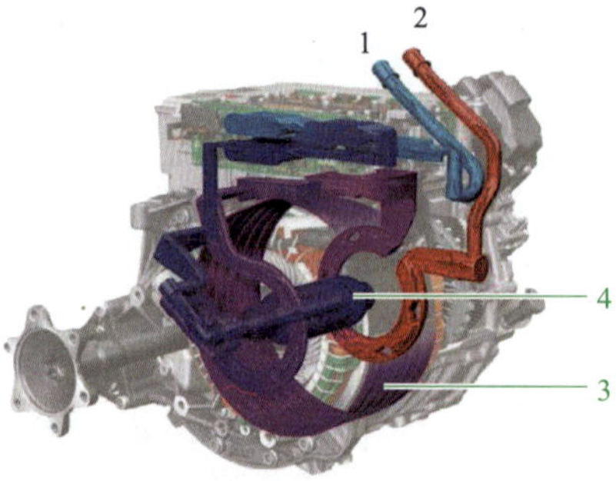

(a) 前驱动电机

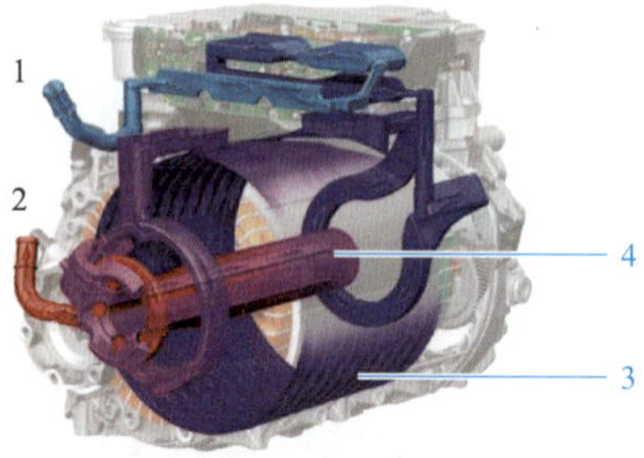

(b) 后驱动电机

图 7.1-21　冷却方式

1—冷却液入口；2—冷却液出口；3—定子冷却水套；4—转子内部冷却

电机控制器（功率电子装置）和电机是彼此串联在冷却环路中的。冷却液首先流经功率电子装置，然后流经前桥上所谓的“水枪”，以便对转子内部进行冷却。之后，冷却液流经定子水套并返回到循环管路中。

❸ 电机温度传感器。驱动电机上安装两个功能相同的电机温度传感器（定子温度传感器），它们集成在定子绕组上。在前桥电机上是前部交流驱动装置冷却液温度传感器和前部驱动电机温度传感器。前部交流驱动装置冷却液温度传感器用于监控流入的冷却液的温度。前部驱动电机温度传感器用于测量定子温度，为了测量精确，其集成在定子绕组上且采用冗余设计，也就是说，尽管只需要一个传感器，但是在定子绕组上集成了两个传感器，见图 7.1-22。

图 7.1-22　电机温度传感器

划重点

如奥迪 e-tron 驱动电机的电机温度传感器：其中一个电机温度传感器损坏了，那么另一个传感器仍可执行温度监控功能。如果这两个传感器之一损坏了，不会有故障记录。如果电机上的这两传感器都损坏了，会有黄色警报灯显示并进行应急运行。

如果确认损坏失效且无法单独更换，需要更换整个电机来解决。因为不能单独更换，所以安装两个传感器，采用冗余设计。

后桥上的结构与此相同。定子内有后部驱动电机温度传感器，冷却液温度由后部交流驱动装置冷却液温度传感器来测量。

❹ 转子位置传感器（旋变传感器）。转子位置传感器（图 7.1-23）是根据坐标转换原理来工作的，可以检测到转子轴最小的位置变化。该传感器由两部分构成：坐标转换器盖上的不动的传感器和安装在转子轴上的靶轮，转子位置传感器可单独更换。

电机控制器（功率电子装置）根据转子位置信号（转子每转的传感器信号有四个脉冲）计算出用于触发异步电机所需的转速信号。当前的转速值会显示在测量数据中。

图 7.1-23　转子位置传感器

7.1.5　驱动电机控制器内部结构

驱动电机控制器（Power Electric Unit，PEU）是一个高功率、高电压的功率电子模块，主要是由 DC/AC 逆变器和 DC/DC 变换器组成。驱动电机控制器是通过固定螺栓直接拧在驱动电机上的，前后驱动电机上都安装一个这样的控制器（控制器单元）。驱动电机控制器内部结构见图 7.1-24。

扫一扫

看视频

图 7.1-24　驱动电机控制器内部结构

7.1.6　驱动电机系统电路结构

驱动电机控制器是控制电池与前电机之间能量传输的装置，是电机驱动及控制系统的核心，作为整个动力系统的控制中心，控制和驱动特性决定了汽车行驶的主要性能指标。驱动电机控制器根据 CAN 信号，控制着动力电池到电机之间能量的传输转换，同时采集电机位置信号和三相电流检测信号，精确地控制驱动电机运行。

电驱系统电路结构如图 7.1-25 所示：电机控制器直流母线端连接到 PDU（高压配电盒 / 充配电单元 / 车载电源系统），三相线出线端连接到驱动电机，低压信号端接入整车低压信号线束中，接地点通过接地线束连接到车身。要是用框图来表示，则如图 7.1-26 所示，这样高压布线结构看着更清晰。

如图 7.1-27 所示，电机控制器包含控制电路、驱动电路、IGBT 功率半导体模块及其关联电路等硬件部分以及电机控制算法和逻辑保护等软件部分。电机控制器根据整车控制器的模式、转矩等指令请求，通过内部控制算法运算后控制逆变器 IGBT 关断来驱动逆变器产生三相电流驱动电机运行。

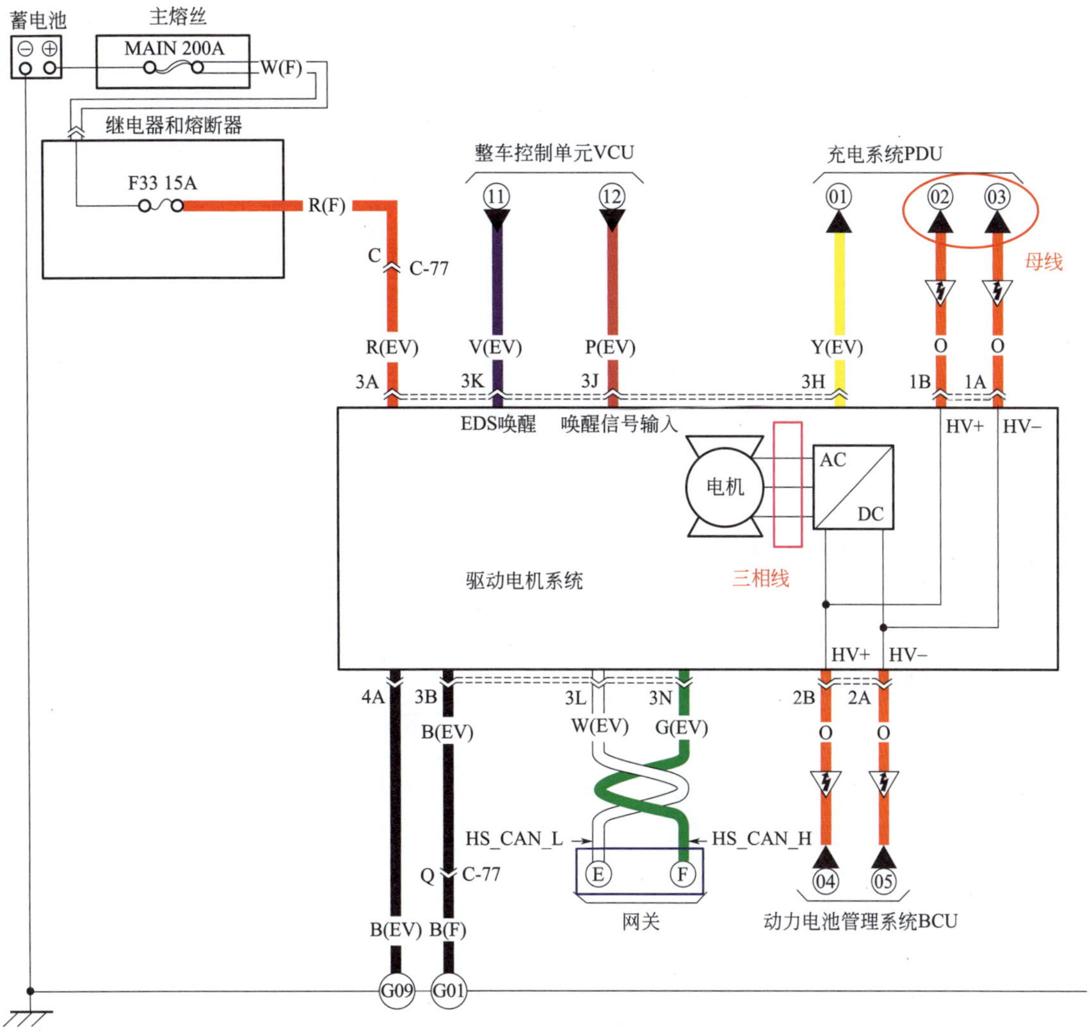

图 7.1-25　电驱系统电路结构（电路图）

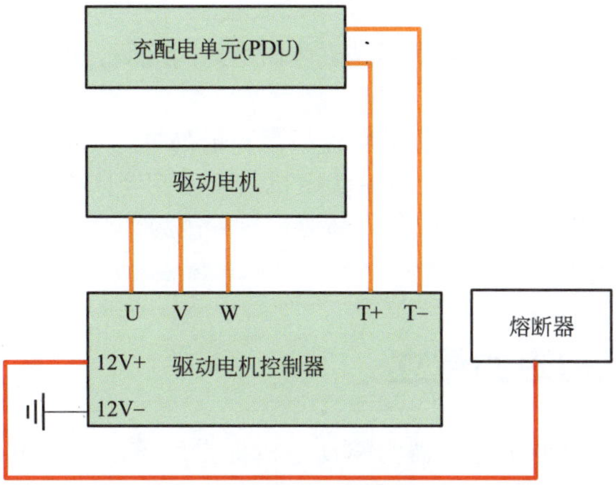

图 7.1-26　电驱系统电路结构（框图）

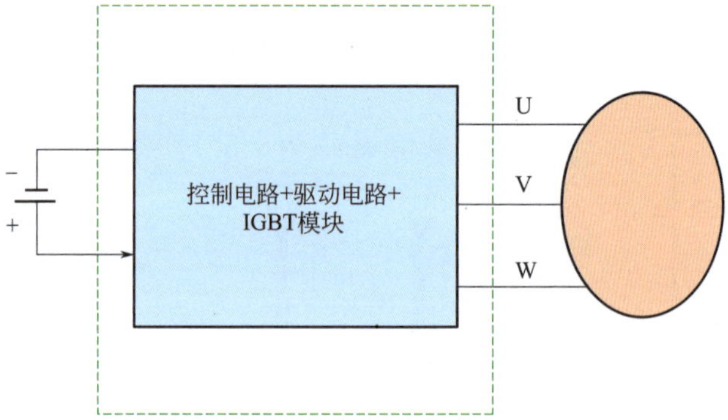

图 7.1-27　电驱系统电路结构 / 控制器电路结构

7.2　驱动电机系统维修原理与特点

7.2.1　驱动电机性能特点

（1）永磁同步电机特点　永磁同步电机的转子采用永磁材料，为永久磁体，转子的转速与定子绕组的电流频率始终保持同步一致。

❶ 功率因数高，节约成本，降低了定子电流，减少了定子铜损。

❷ 高效率、高功率密度、宽的调速范围。

永磁同步电机发挥较高的功率密度和转矩密度，相比于其他种类的电机，在相同质量与体积下，永磁同步电机能够为新能源汽车提供最大的动力输出与加速度。这也是在对空间与自重要求极高的新能源汽车行业，永磁同步电机成为首选的主要原因。

❸ 采用封闭、液冷散热设计，电机适合于高温等恶劣的工作环境。

❹ 采用内嵌式结构，可以控制磁阻转矩为正，在相同电流下可产生更大的转矩。

❺ 通过电机内置热敏电阻，能起到电机过温保护作用。

（2）交流异步电机特点

❶ 封闭线圈。交流异步电机的转子不是磁体而是封闭线圈，也就是俗称的鼠笼结构，英文简称 ACIM。

❷ 高转速。交流异步电机具有更高的转速极限，最高可达 15000r/min，并且有更强的过载能力，最大可达额定值的 5 倍。同时交流异步电机具有结构坚固性好、成本低和可靠性好的优点。由于有着效率高、比功率较大、适合于高速运转等优势，交流异步电机是目前大功率电动汽车上应用比较广泛的电机。

7.2.2　驱动电机扭矩的建立

（1）逆变器控制　动力电机逆变器为驱动电机提供所需的交流电，它将来自动力电池的直流电转化为交流电。根据车辆需要改变输入驱动电机的三相交流电的电流及频率，从而控制驱动电机的输出。

划重点

如图 7.2-1 所示，当三相交流电被接入定子线圈中，即产生了旋转的磁场，这个旋转的磁场牵引转子内部的永磁体，产生和旋转磁场同步的旋转扭矩。使用旋转变压器检测转子的位置，使用电流传感器检测线圈的电流，从而控制驱动电机的扭矩输出。

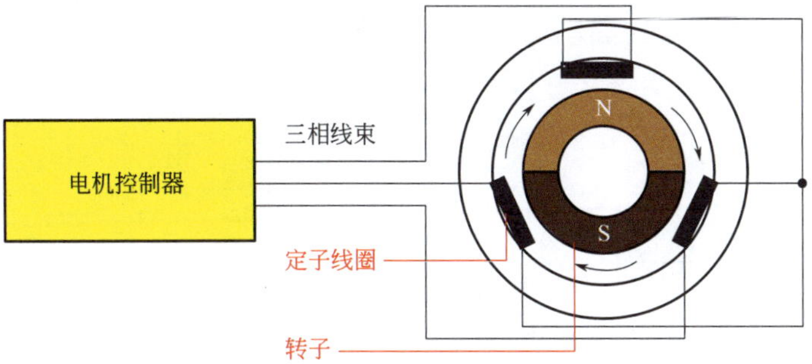

图 7.2-1　扭矩和转速的建立

这个转换是通过脉冲宽度调制来进行的。驱动电机扭矩和转速的建立分别通过改变脉冲宽度和频率来进行调节。PWM 信号的脉冲宽度导通时间越长则扭矩越大，频率越高则转速越快，见图 7.2-2 和图 7.2-3。

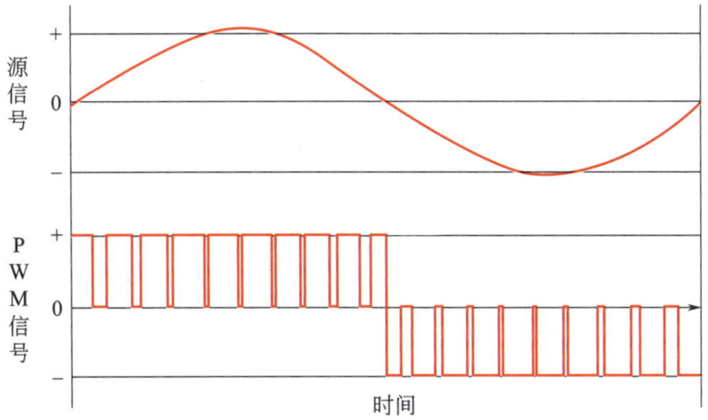

图 7.2-2　频率越高则转速越快

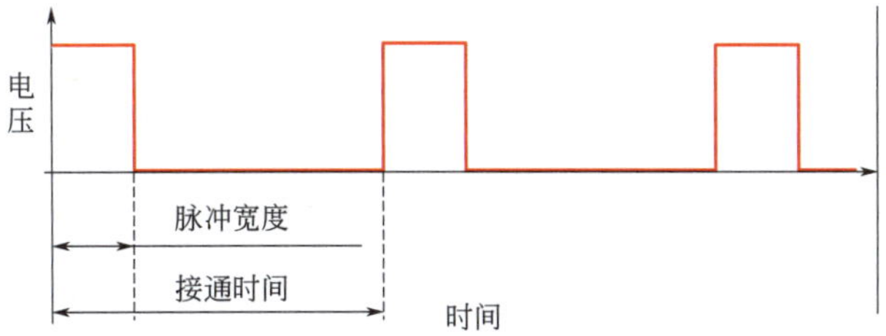

图 7.2-3　PWM 信号导通时间越长则扭矩越大

驱动时：高压直流电通过 IGBT 功率模块，转换成三相交流电，驱动电机输出动力给减速器；减速器将电机输出转速和扭矩进行降速增扭后传递到驱动轴以驱动整车运动。

划重点

如图 7.2-4 所示，逆变器利用 6 个 IGBT 或碳化硅半导体开关模块组成三相开关电路，6 个 IGBT 模块，每相 2 个，负责正负。

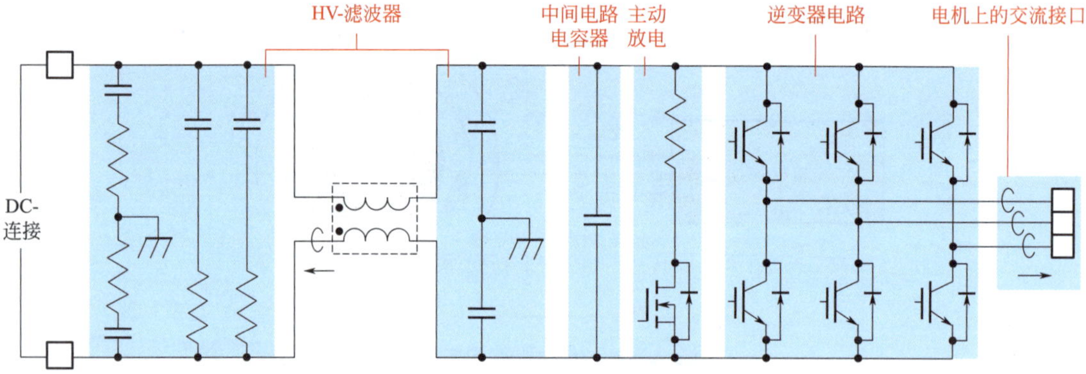

图 7.2-4　逆变器控制电路

发电时：将车轮传递到减速器的转速和扭矩，进行增速降扭后传递到驱动电机，驱动电机将电机线圈端产生的三相交流电通过 IGBT 模块，转变成高压直流电，给动力蓄电池充电。

划重点

简单来讲，逆变器实现：

(1) DC → AC，电动行驶，见图 7.2-5；

(2) AC → DC，能量回收，见图 7.2-6。

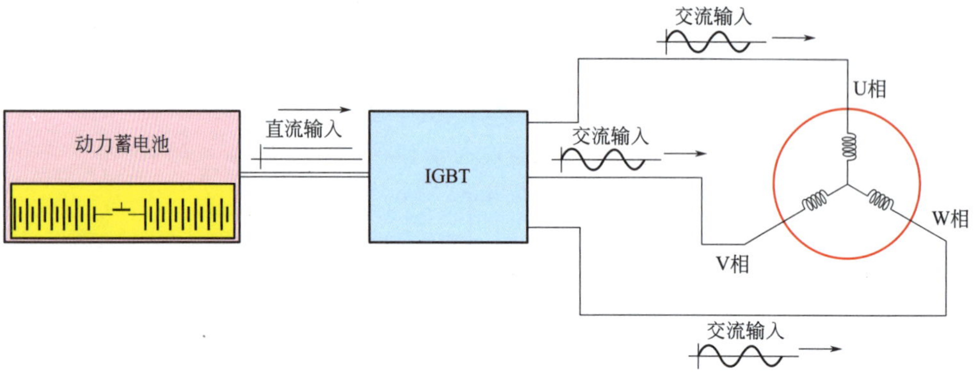

图 7.2-5　DC → AC

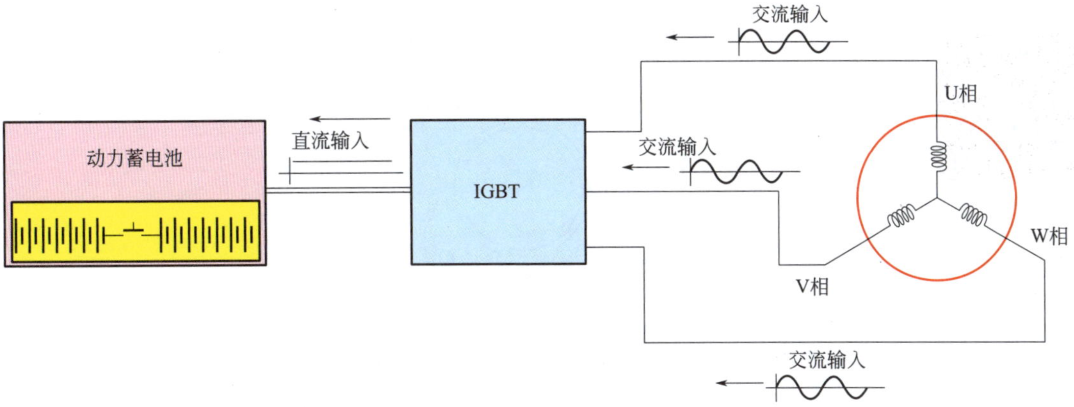

图 7.2-6　AC → DC

（2）旋变信号　动力电机逆变器通过交流电产生的旋转磁场必须与转子的永磁磁场达到精确同步，或者与转子的感应磁场达到可控的异步。其中旋变传感器是动力电机逆变器可靠工作的核心。旋变传感器利用旋转变压器的原理，由固定在定子上的多个感应线圈和固定在转子上的金属制凸轮盘组成。每个感应线圈中有一个励磁绕组和两个次级绕组。

当动力电机转子旋转时带动凸轮盘旋转，凸轮凸起部位从一个线圈移动到另一个线圈，这就增强了次级绕组中的磁感应强度。由于每个线圈中的次级绕组 1 和 2 绕线圈数不同，因此幅度就错开了 90°，也就是说正弦绕组和余弦绕组产生了彼此相差 90°的电角度信号，即旋变信号，根据该信号可以计算出动力电机转子的位置和转速，算出的这个信号是模拟信号，需要转换成数字信号，通过控制器内的专用模数转换芯片完成转子位置的高精度测量。

举例说明

旋变信号的作用是反映驱动电机转子当前的旋转相位，电机控制器再通过旋变信号计算当前的驱动电机转速。如图 7.2-7 所示，采用磁阻式旋转变压器，旋变转子与驱动电机转子同轴连接，随电机转轴旋转。旋变定子内侧有感应线圈，安装在驱动电机定子上。从图 7.2-7 可以看出，驱动电机旋转时，带动旋变转子旋转。旋变器与电机控制器中间通过 6 根低压线束连接，2 根是从电机控制器输出的励磁信号，另外 4 根分别是旋变器输出的正弦信号和余弦信号。6 根线当中任何一根线路出现故障都会导致驱动电机无法正常工作。

划重点

旋变传感器利用旋转变压器的原理为逆变器提供转子位置和转速信息。根据永磁同步电机或感应异步电机的不同特性，逆变器相应控制动力电机达到相应的转速和扭矩。

扫一扫

看视频

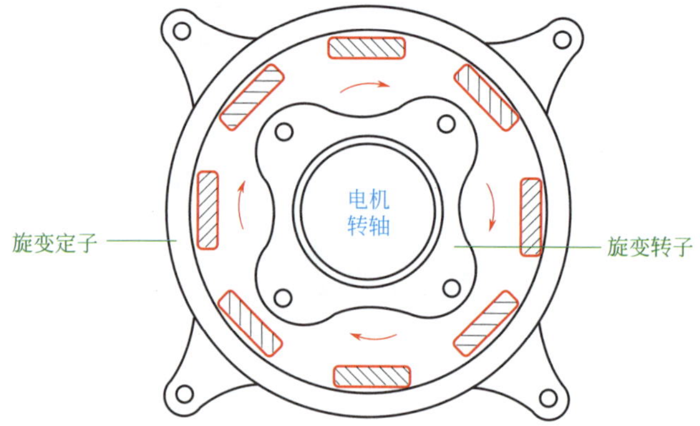

图 7.2-7　旋变转子与驱动电机转子同轴连接

7.2.3　驱动电机控制器故障诊断

当驱动电机控制系统发生故障时，软件根据故障级别使电机控制器进入安全状态或限制状态。限制状态包括四个级别的功率 / 转矩输出限制。电机控制器软件中提供基于 ISO 14229 标准的诊断通信功能，包括硬件温度诊断、电机诊断、CAN 通信诊断、DC/DC 诊断等。

7.3　驱动电机系统拆装维修与检测诊断

7.3.1　拆装后驱动电机线束插接器

（1）拆卸电机线束接插件

❶ 关闭所有用电器，车辆下电。

❷ 断开蓄电池负极极夹

❸ 拆卸手动维修开关。

❹ 拆卸带杠杆塑料插座的电机线束接插件（图 7.3-1）。

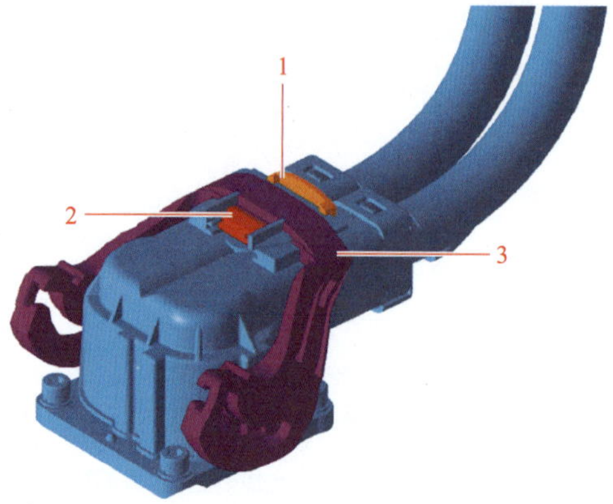

图 7.3-1　拆卸带杠杆塑料插座的电机线束接插件

1—锁止；2—舌片；3—杠杆

a. 锁止 1 后退。

b. 按下舌片 2。

c. 打开杠杆 3，旋转到底。

d. 公端和母端分离。

❺ 拆卸过程中的注意事项如下。

a. 旋转锁止时，不要单手扣杠杆把手，容易造成插头和插座不同轴而自锁，无法完成拔出。可以采用双手协助拔出，并尽量保证插座和套头同轴（图 7.3-2）。

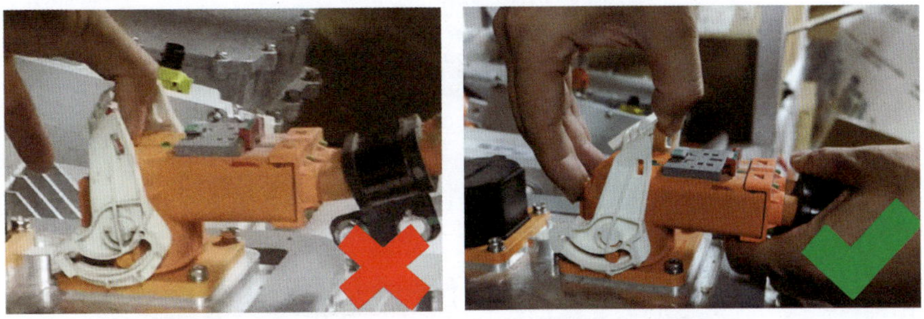

图 7.3-2　拆卸时正确操作及错误操作对比

b. 维修过程遇到带有泥土、使用了很长时间的接插件，需要先清理杠杆槽（图 7.3-3）中的泥土，再进行拆卸。

图 7.3-3　杠杆槽

c. 如果在拆卸过程中出现卡滞，需要调整一下插头和插座的同轴度，再继续拆卸，禁止蛮力操作。

（2）安装电机线束接插件

❶ 安装带杠杆塑料插座的电机线束接插件（图 7.3-4）。

a. 打开杠杆。

b. 将接插器插入插座中。

c. 旋转杠杆。

d. 推进锁止。

❷ 安装见图 7.3-5。

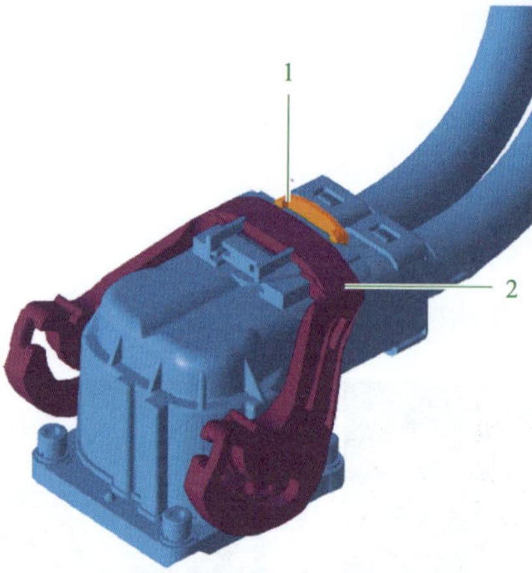

图 7.3-4　安装带杠杆塑料插座的电机线束接插件

1—锁止；2—杠杆

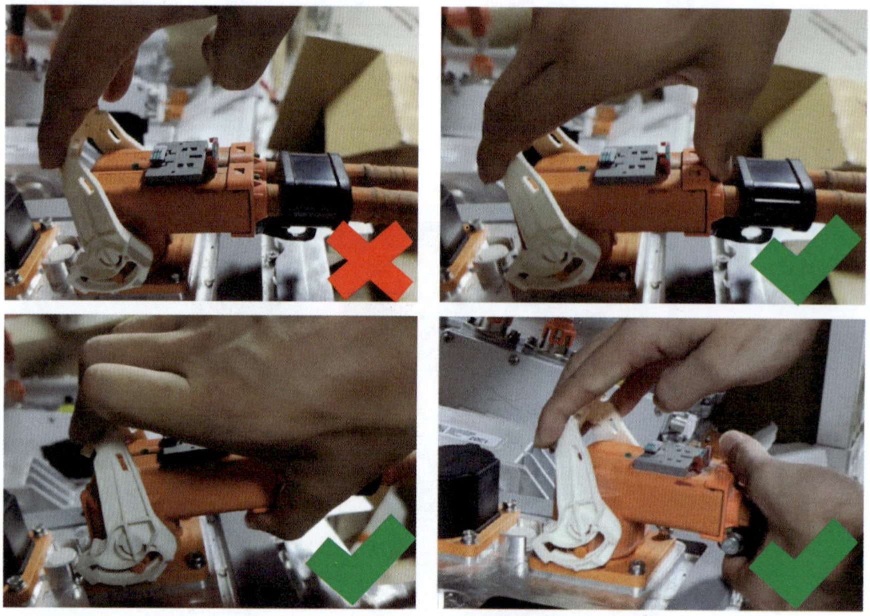

图 7.3-5　安装时正确操作及错误操作对比

7.3.2　拆装前驱动电机

（1）拆卸前驱动电机　拆卸各冷却水管后，需将各冷却水管进行密封处理，以防杂物进入管路内造成堵塞。

❶ 拆卸前副车架总成及前动力总成。

❷ 拆卸前电机中上隔音垫总成。

❸ 拆卸前电机左内隔音垫总成。

❹ 拆卸前电机中下隔音垫总成。

❺ 拆卸前驱动电机总成。

a. 旋出前驱动电机总成 1 与前驱减速器总成连接螺栓（图 7.3-6）。

b. 旋出连接螺栓，拆下前驱动电机总成 1（图 7.3-7）。

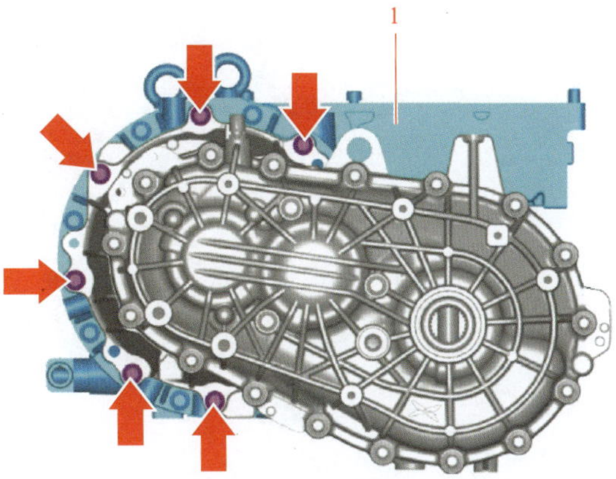

图 7.3-6　前驱动电机总成与前驱减速器总成连接螺栓

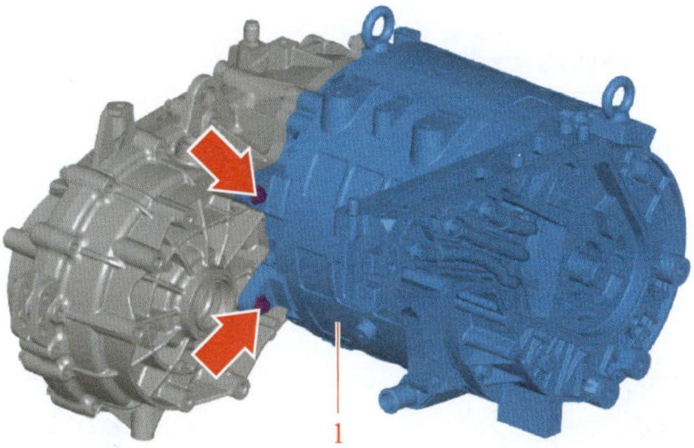

图 7.3-7　前驱动电机总成

（2）安装前驱动电机　安装程序以倒序进行，同时注意下列事项。

❶ 检查并更换密封垫圈 1（图 7.3-8 和图 7.3-9）。

❷ 与前述拆装后驱动电机一样，安装完成后，需进行气密性检测。

图 7.3-8　密封垫圈（驱动电机上）

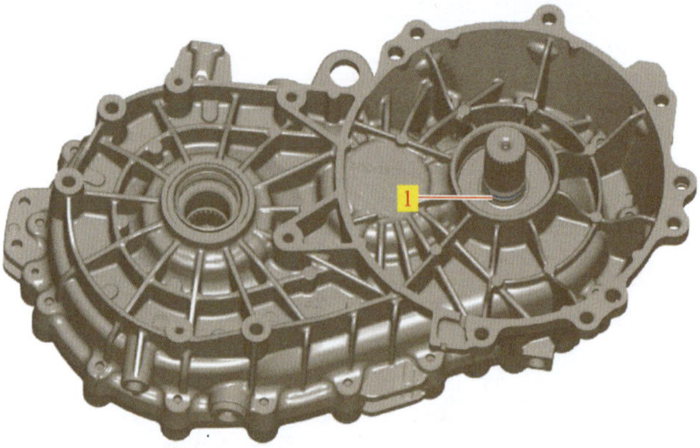

图 7.3-9　密封垫圈（减速器上）

7.3.3　检查和更换电机后轴承

（1）拆卸接线盒盖　拆卸电机控制器接线座固定螺栓，取下接线座（图 7.3-10）。

（2）拆卸电气件

❶ 向下拨热敏接插件和旋变接插件底部卡扣，同时向左拔出热敏插头和旋变插头。

❷ 拆卸支架的固定螺栓，取下固定支架（图 7.3-11）。

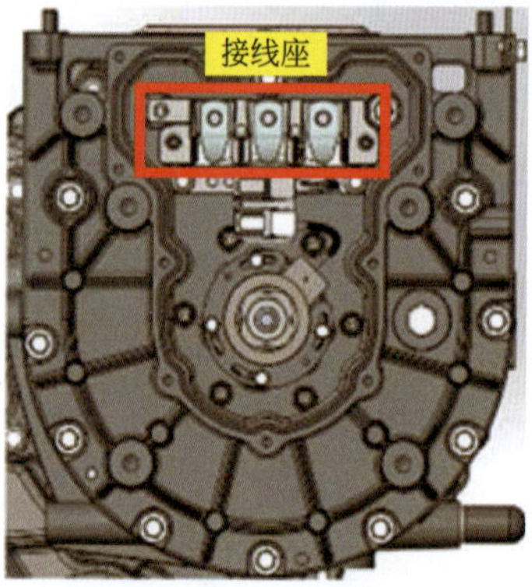

图 7.3-10　接线座

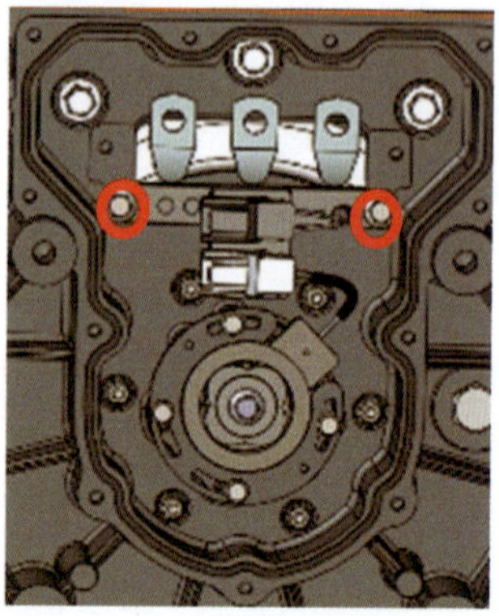

图 7.3-11　拆卸固定支架

❸ 拆卸旋变定子固定螺栓，取下旋变定子，注意不要碰到旋变定子线包（图 7.3-12）。

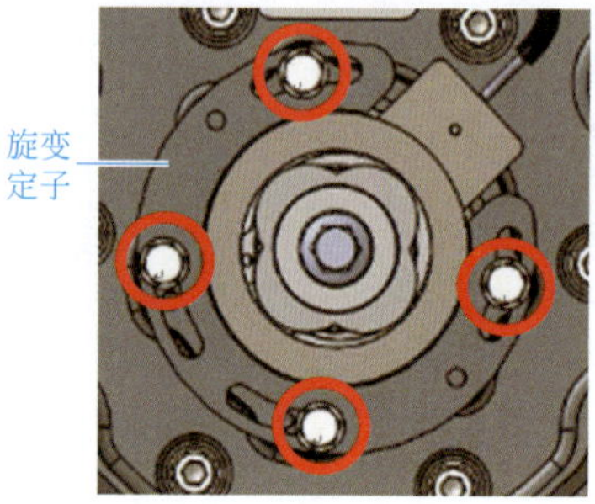

图 7.3-12　旋变定子

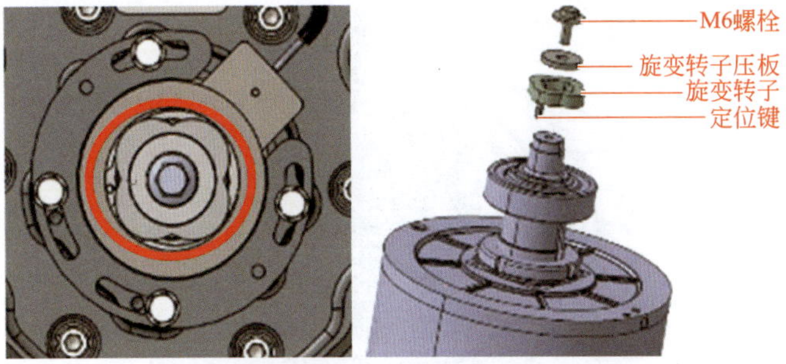

图 7.3-13　旋变转子、旋变转子压板与定位键

❹ 拆卸旋变转子固定螺栓，取下旋变转子、旋变转子压板、定位键（图 7.3-13）。

（3）拆卸后盖

❶ 拆卸轴承压板固定螺栓（图 7.3-14）。

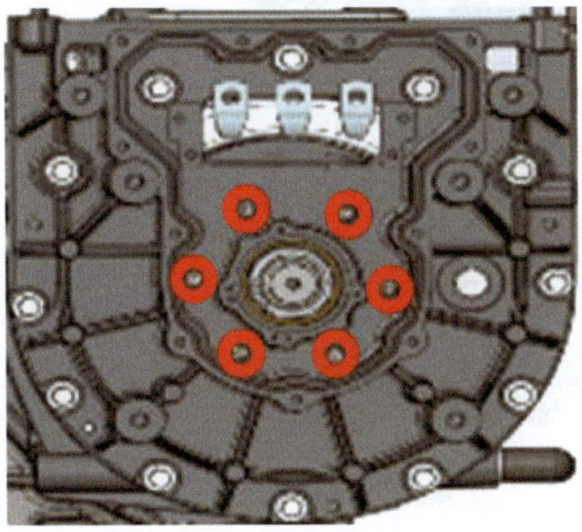

图 7.3-14　拆卸轴承压板固定螺栓

❷ 拆卸端盖螺栓，如有顶丝，使用机壳与后端盖结合面的 3 个顶丝孔，将机壳与后端盖连接面起顶，拆卸，分开机壳与后端盖，注意不要划伤结合面；顶丝孔分段拧紧，每一段保证 3 个顶丝都拧紧最多不超过 2 圈，直至机壳与后端盖完全脱落（图 7.3-15）。

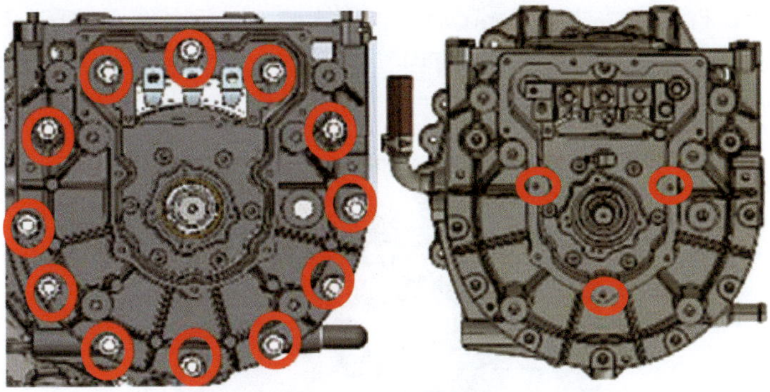

图 7.3-15　端盖螺栓

（4）拆卸轴承

❶ 用轴用挡圈钳拆下轴用卡簧，取下过程中不要刮伤转轴（图 7.3-16）。

❷ 使用拉具取出轴承，拉马卡住轴承（图 7.3-17）。

图 7.3-16　拆下卡簧

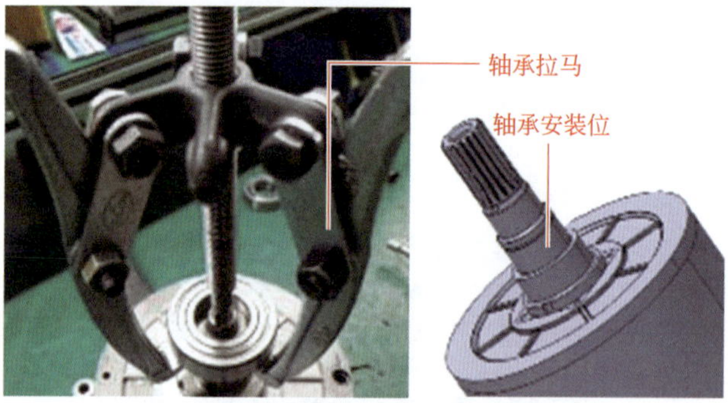

图 7.3-17　取出轴承

（5）安装轴承

❶ 使用塔式或一般式感应加热器加热新轴承内圈到（110±10）℃，保温时间 20 ～ 30s。

❷ 戴隔热手套，将轴承热套套到转轴轴承位，轴承内圈底部端面与挡肩贴合，冷却 1 ～ 2min 后用轴用挡圈钳装配卡簧。

（6）检查传感器

❶ 取旋变定子，检查产品外观，无磕碰，铜线无断丝，信号线无损伤，旋变定子支架无明显变形，装配旋变定子，出线端位于右上方向，先用手预拧至螺栓压住支架，再使用扭力扳手拧紧，按照图 7.3-18 所示顺序锁止螺栓。

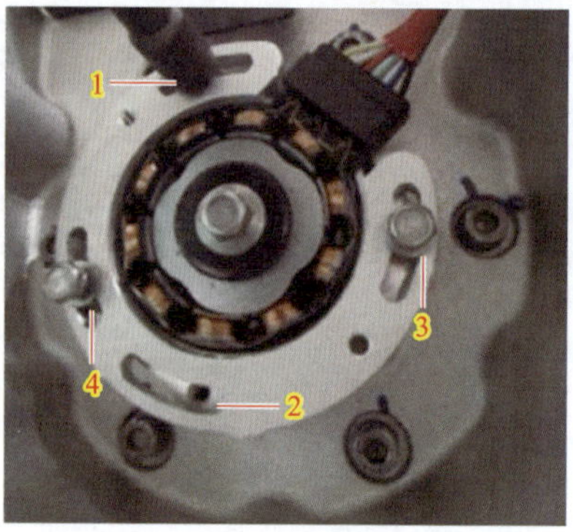

图 7.3-18　取旋变定子

❷ 分别用胶带包扎信号线端子与信号线连接处，热敏线端子与热敏线连接处，要求包扎时完全包裹连接处，包扎均匀牢靠（图 7.3-19 和表 7.3-1）。

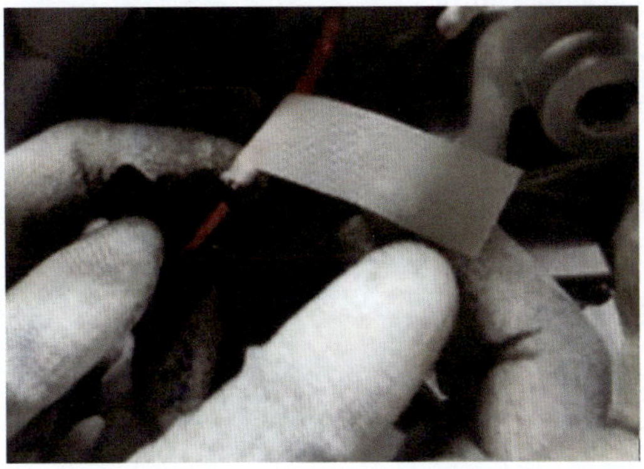

图 7.3-19　包扎接线处

❸ 使用万用表测量旋变传感器插针阻值。

举例说明

如图 7.3-20 所示为马自达 CX30EV 传感器插接器，测量其旋变传感器数值：7-8 端子，37.8 ~ 46.0Ω；2-3 端子，13.3 ~ 16.2Ω；4-6 端子，33.3 ~ 40.7Ω。

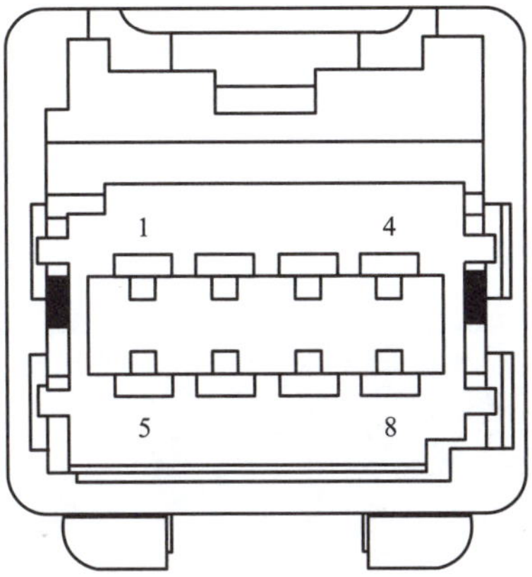

图 7.3-20　传感器插接器

表 7.3-1　图 7.3-20 中插接件端子定义

端子	信号	颜色	端子	信号	颜色
1	—	—	5	—	—
2	R1	绿	6	S4	蓝
3	R2	白	7	S3	黑
4	S2	黄	8	S1	红

❹ 使用绝缘耐压设备（兆欧表）测试电机是否合格。

❺ 绕组对地绝缘电阻不小于 100MΩ（1000V 兆欧表），绕组对地绝缘介电强度 AC1900V、50Hz、1min 无击穿，漏电电流≤ 20mA。

❻ 绕组对热敏电阻之间电阻不小于 100MΩ（1000V 兆欧表），绕组对热敏电阻之间的绝缘介电强度 AC1500V、50Hz、1min 无击穿，漏电电流 <5mA。

7.3.4 拆装旋变传感器

❶ 拆卸电机接线盒盖的固定螺栓，取下电机接线盒盖（图 7.3-21）。

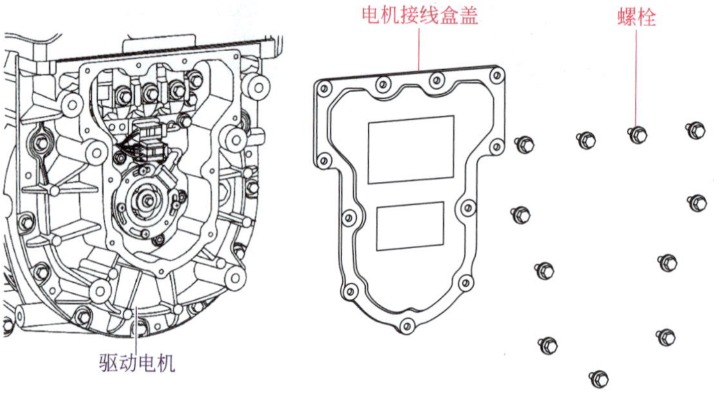

图 7.3-21 拆卸电机接线盒盖

❷ 拆卸旋变转子的固定螺栓，取下旋变转子压板，取下旋变转子平键，取下旋变转子（图 7.3-22）。

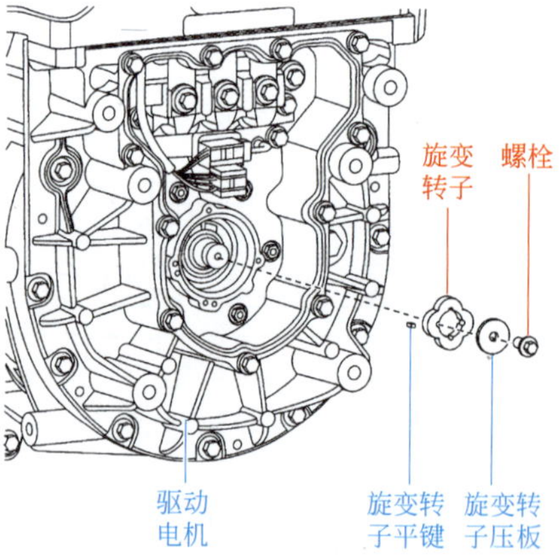

图 7.3-22 拆卸旋变转子

❸ 断开旋变定子插件的连接，拆卸旋变定子的固定螺钉，取下旋变定子（图 7.3-23）。

❹ 按与拆卸相反的顺序进行安装。

❺ 若通过拆分维修更换了电机控制器，则需要更新应用程序。

❻ 如果拆装只涉及旋变转子，可不进行旋变自学习；如果拆装涉及旋变定子，必须进行旋变自学习。

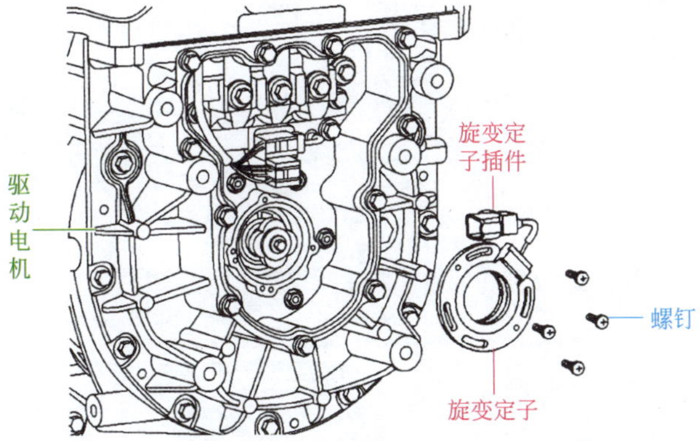

图 7.3-23　拆卸旋变定子

7.3.5　驱动电机控制系统故障检测

（1）驱动电机控制系统故障特点

❶ 传感器故障。电流传感器、电压传感器、温度传感器、位置传感器等故障。

❷ 电机故障。电流调节故障，电机性能检查，主动短路或空转条件不满足，转子偏移角等。

❸ 总线故障。包括 CAN 内存检测，总线超时，报文长度、校验，收发计数器。

❹ 其他硬件故障。相电流过流诊断，直流母线电压过压，高、低压供电故障，处理器监控等。

（2）直观检查

❶ 首先从易于接触或能够看到的系统部件进行直观检查来排除和缩小范围。

检查易于接触或能够看到的系统部件，或者易于直观判断的部件（如熔丝），以查明其是否有明显损坏或存在可能导致故障的情况。

❷ 检查高压线束连接器是否松动，内部是否有锈蚀的迹象。

❸ 排除了以上简单直观的情况，利用检测手段（如利用万用表、兆欧表检测），来确定和排除配电系统的相关回路故障。

（3）结合驱动电机系统电路图分析故障

要熟悉各驱动电机系统的插接器（连接器）和相关电路，通常对维修电路进行各相关插接器端子之间的测量，来判断和确定线路障点。

扫一扫

看视频

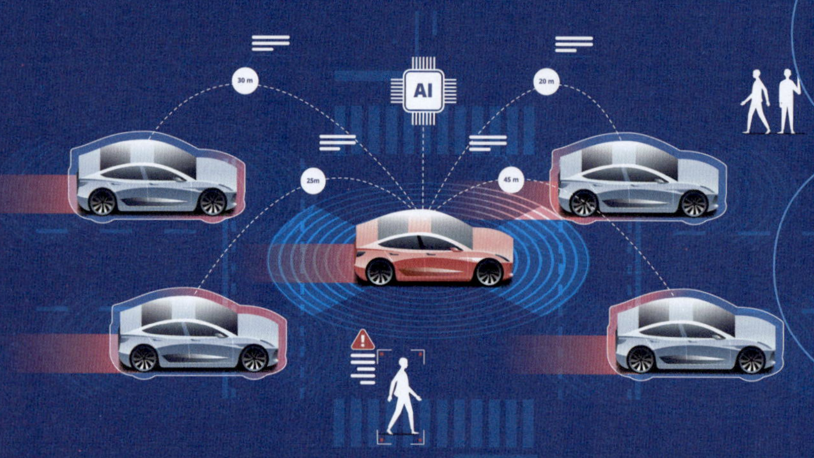

第 8 章 高度集成智能驱动系统结构原理与维修

8.1 “三合一”集成智能电驱系统

8.1.1 独立布局电动化系统结构特征

早期电动汽车的各个系统及各模块结构布局都是独立的，还没有集成式设计，其驱动电机、逆变器（DC/AC）、减速器、充配电系统等部件均单独布置，各部件间靠线束连接（图 8.1-1）。

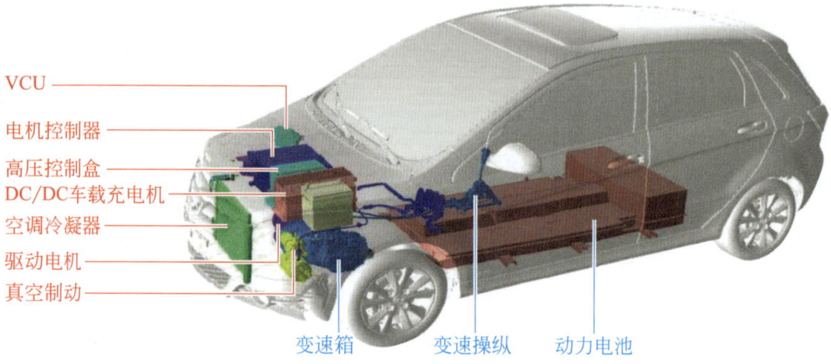

图 8.1-1 独立布局的电动汽车电动化系统

8.1.2　“三合一”集成电驱动总成结构特征

早些时候的集成方式主要基于车载电源层面，把车载充电机、DC/DC 直流变换器以及逆变器，“三合一”集成在一起。前边讲过，现在主流的基本是变换器（直流 DC/DC）、车载充电机（OBC）和高压配电盒（PDU）集成一起的高压系统的高压电源系统“三合一”。也就是说，后来逆变器从车载电源中被剥离出来，与电驱系统集成在一起，即驱动电机、减速器和电机控制器（逆变器）组成的电驱总成“三合一”，这也是现在主流的集成方式。有些电驱“三合一”更是把它们集成到了一个整体的外壳中。

举例说明

如图 8.1-2 所示是高度集成的“三合一”电驱单元，它是由驱动电机、驱动电机控制单元（电子伺控系统 EME）以及变速器以高度集成的方式汇总到一个集中的外壳中。和所提供的功率相比，可以显著降低驱动技术在安装空间和质量方面的要求。这样一来，和过去的电驱动装置相比，功率密度提高了大约 30%。如图 8.1-3 所示是电驱单元的内部结构。

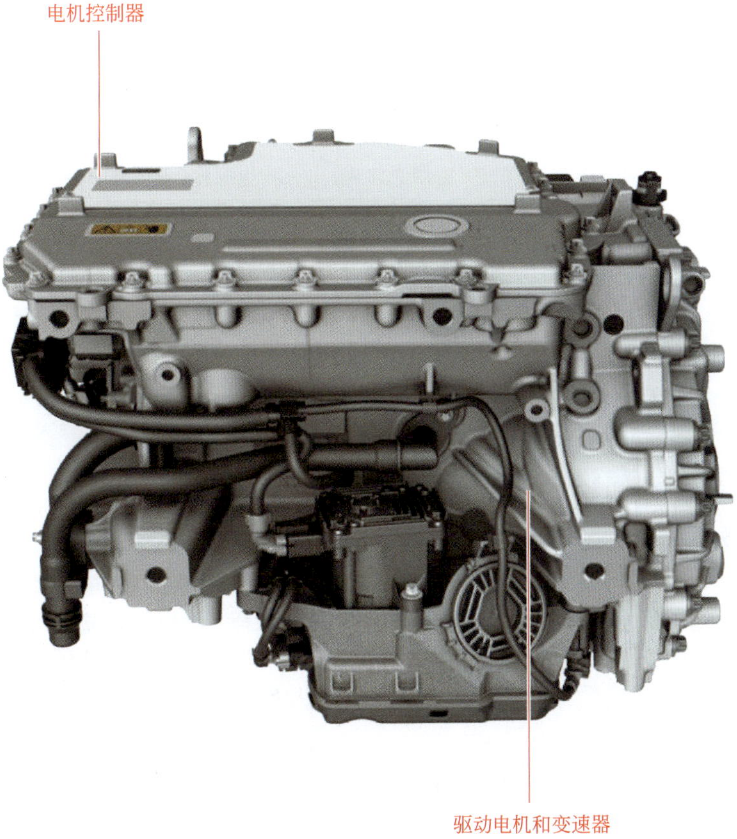

图 8.1-2　高度集成的“三合一”电驱单元

扫一扫

看视频

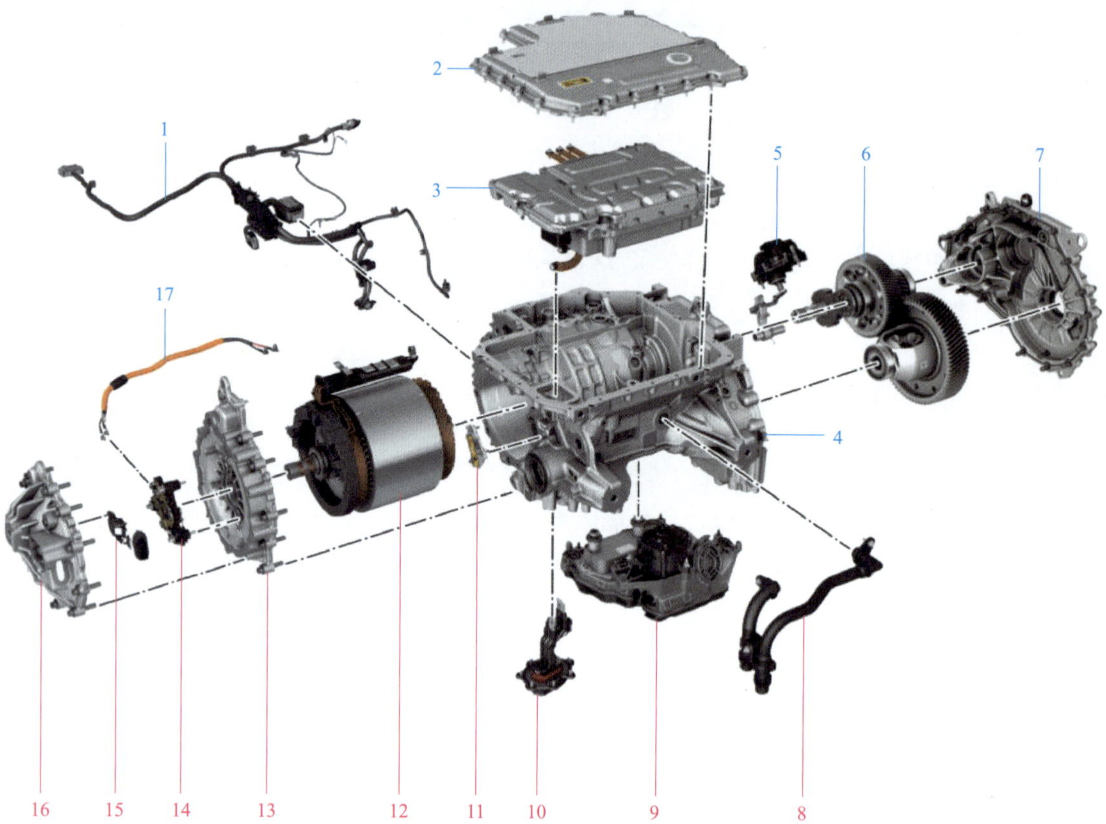

图 8.1-3 电驱单元的内部结构

1—低压电缆束；2—壳体盖；3—驱动电机控制器（电机电子装置 EME）；4—发动机壳体；5—驻车锁止模块；6—变速器（单挡）；7—变速器壳体盖；8—冷却液管；9—机油模块；10—高压电接口；11—壳体盖（高压插头连接 /EME 的螺栓连接）；12—驱动电机；13—轴承盖；14—碳刷模块；15—转子位置传感器；16—壳体盖；17—励磁导线

8.2 “多合一”集成智能电驱系统

8.2.1 结构特征

对于电动汽车电动化系统，无论是“三合一”“四合一”，还是更多地合在一起的“多合一”集成总成，本质上都是电驱集成化。随着电动汽车和智能网联汽车技术的快速发展，电动汽车越来越优化的结构和更加个性化、人性化的功能，提高了乘驾的舒适度和其他性能。

“多合一”集成总成有的是由车载充电机、直流变换器、高压配电盒、整车控制器、电池管理器组成的电驱控制总成，有的是把驱动电机、减速器、电机控制器、高压配电盒、DC/DC、DC/AC、充电机等零部件都会集成为一个电驱动总成（图 8.2-1）。

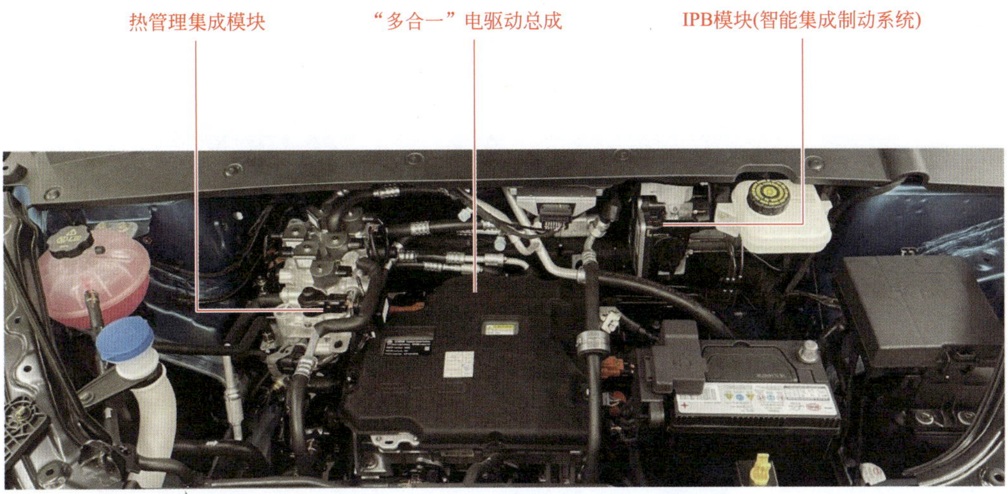

图 8.2-1　“多合一”电驱动总成（机舱）

举例说明

如图 8.2-2 ~ 图 8.2-5 所示的是比亚迪海豚的 e3.0 平台“八合一”电动驱动系统，集成了驱动电机控制器 、双向车载充电机、DC/DC 变换器、高压配电盒（PDU）、驱动电机、变速器、整车控制器、动力电池管理器八个大块系统（分总成）/ 部件。其中整车控制器和电池管理器共同组成了动力域控制器（VBM）。

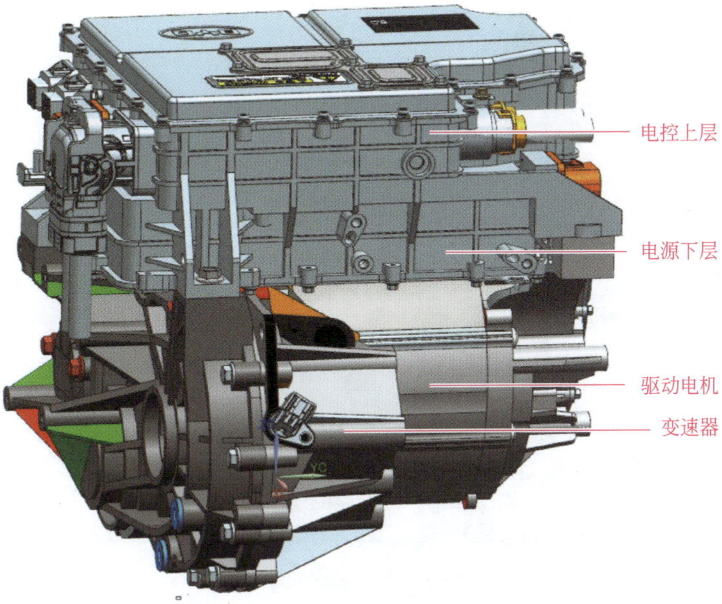

图 8.2-2　“八合一”电驱总成

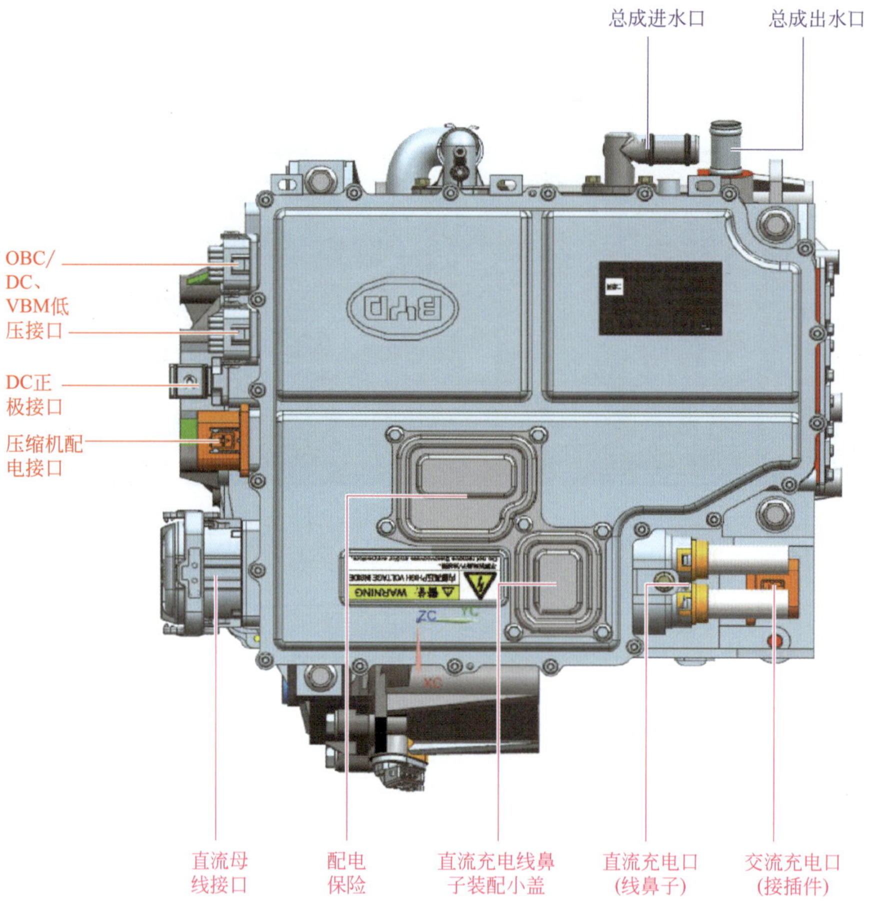

图 8.2-3 “八合一”电驱总成（俯视）

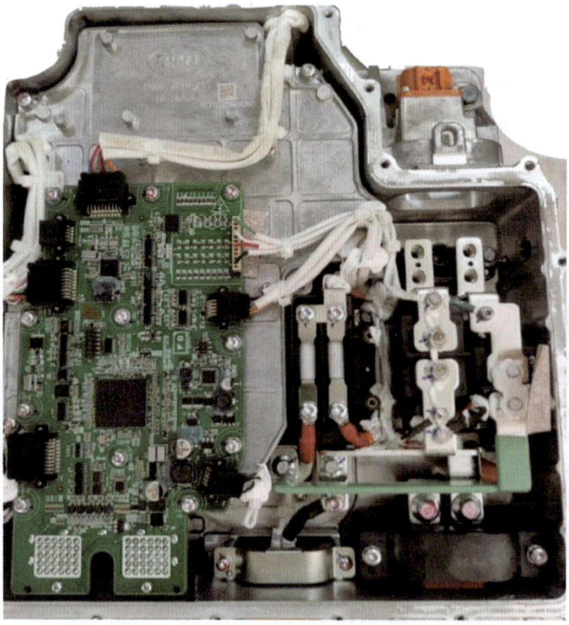

图 8.2-4 “八合一”电驱总成（VBM）

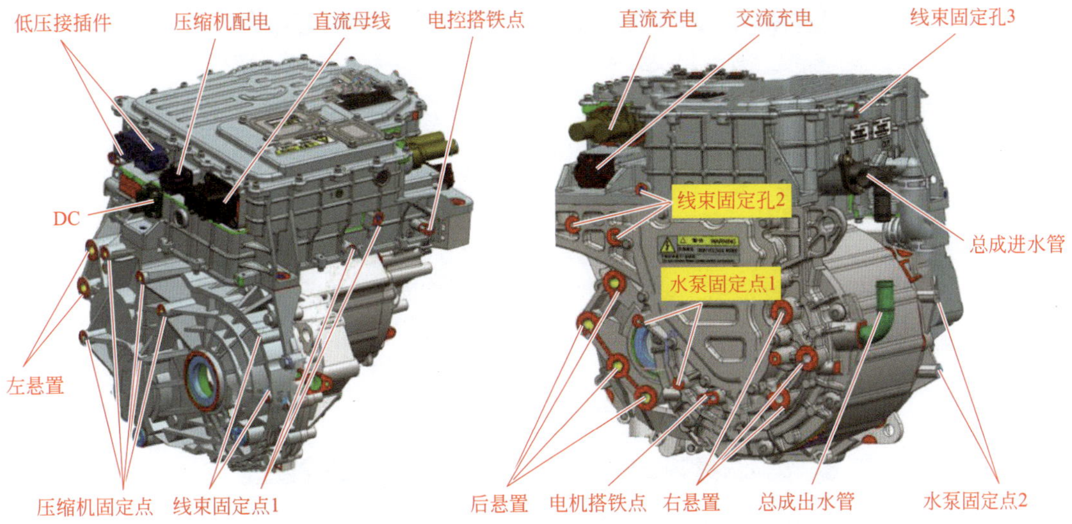

图 8.2-5　“八合一”电驱总成（接口）

8.2.2　更换后标定

前边讲过，驱动电机控制系统更换后，需要标定，集成电驱系统也是一样。由于电控部分集成了动力域控制器和驱动电机控制器，所以在单独更换动力域控制器或驱动电机总成后需要进行相关的编程和标定。

（1）防盗编程

❶ 使用诊断仪执行操作防盗编程（图 8.2-6）。

举例说明

以上述比亚迪车型为例，如图 8.2-1 所示，进入车型→选择“特殊功能”→选择“防盗匹配”→选择整车控制器密码清除或编程（防盗编程）。

❷ 需进行倾角标定。

❸ 需进行整车 VIN 写入与读取。

❹ 需进行巡航配置标定。

（2）驱动电机系统零标定

❶ 记录驱动电机零位条码。

维修提示

驱动电机零位条码需要区分大小写。

❷ 使用诊断仪，进入前驱电机控制器诊断界面，选择“电机零位标定”（图 8.2-7）。

图 8.2-6　诊断仪执行操作

图 8.2-7　电机零位标定

❸ 正确输入电机零位条码后进行确认，如果确认成功，提示“操作成功”；如果输入有误，则显示“消极应答”。驱动电机上零位条码的最后四位是零位值，诊断仪数据流中显示的零位值与驱动电机条码上的零位值要进行核对。

扫一扫

看视频

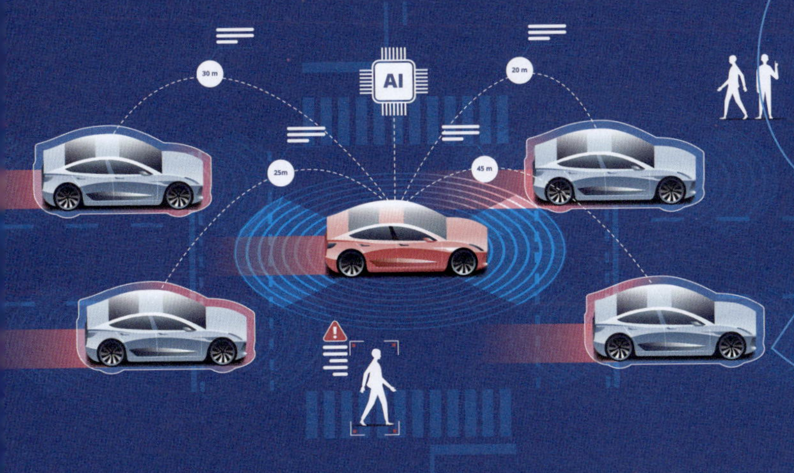

第 9 章 空调和热管理系统结构原理与维修

9.1 电动压缩机基本构造与零部件识别

9.1.1 电动压缩机外部特征

纯电动汽车和混合动力汽车通常都使用电动涡旋压缩机，也叫电动螺旋压缩机，电动压缩机装车布局见图 9.1-1。如图 9.1-2 和图 9.1-3 所示，电动压缩机集电子控制单元电动机和压缩机为一体，

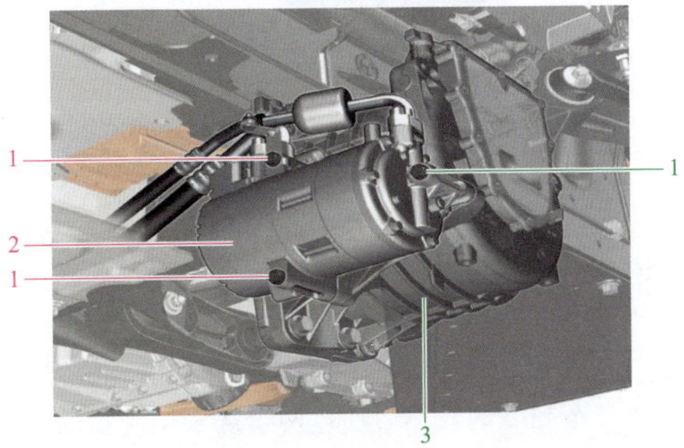

图 9.1-1 电动压缩机外部特征 / 电动压缩机装车布局

1—螺栓；2—电动制冷剂压缩机；3—驱动电机壳体

压缩机外部有高压接口，电动制冷剂压缩机使用高电压，不仅是车内空间的冷却系统，动力电池也间接通过制冷剂循环回路冷却。

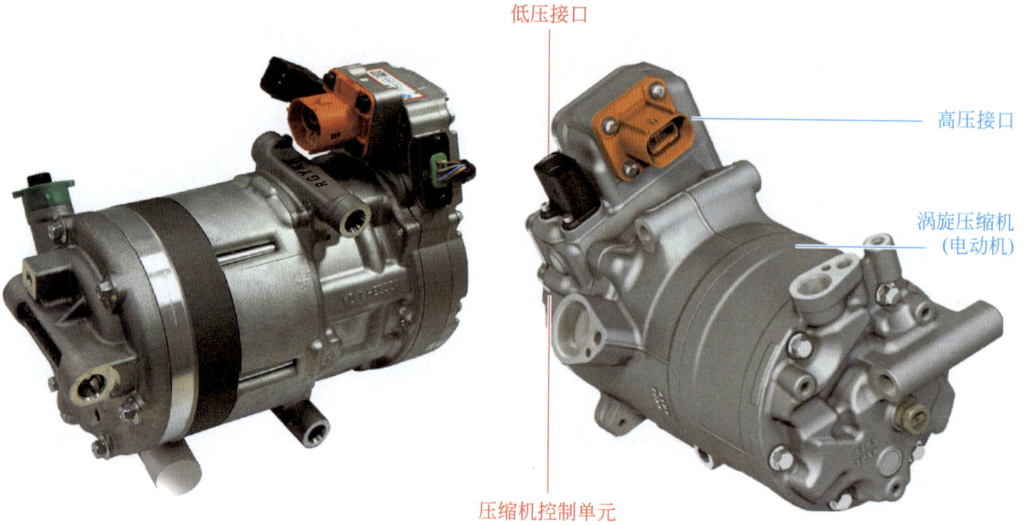

图 9.1-2　电动压缩机外部特征（1）

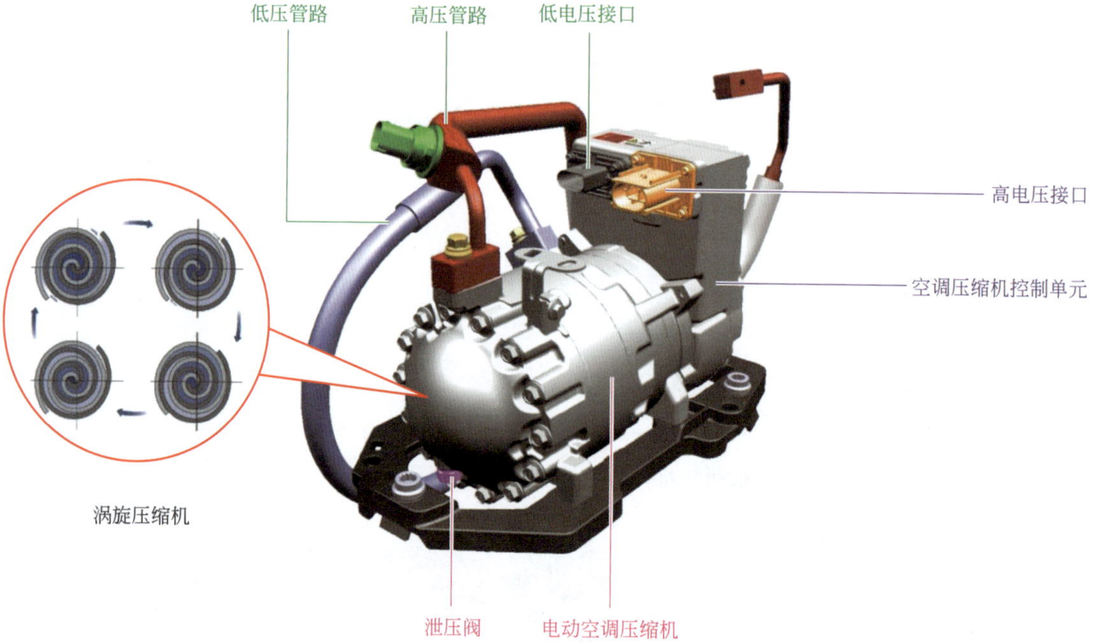

图 9.1-3　电动压缩机外部特征（2）

9.1.2　电动压缩机内部结构

涡旋式内盘由三相交流同步电机通过一个轴驱动并进行偏心旋转。通过固定式螺旋型外盘上的两个开口吸入低温低压气态制冷剂，然后通过两个螺旋型外盘的移动使制冷剂压缩、变热。空调压缩机涡旋式内部结构见图 9.1-4。

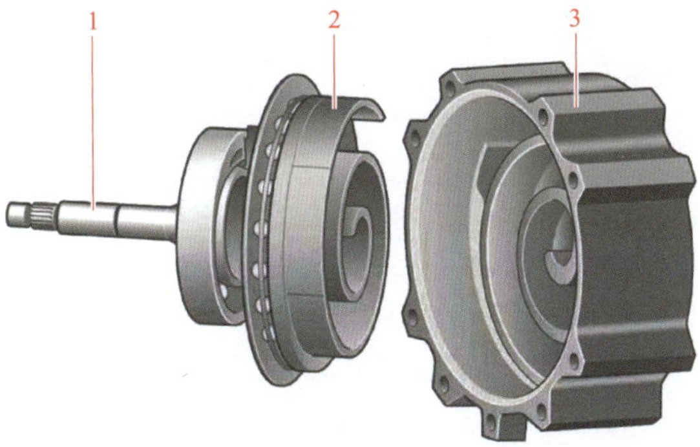

图 9.1-4　空调压缩机涡旋式内部结构

1—轴；2—涡旋式内盘；3—涡旋式外盘

如图 9.1-5 所示，转动三圈后，吸入的制冷剂压缩、变热，可通过外盘中部的开口以气态形式释放。高温高压气态制冷剂从此处经油气分离器向冷凝器方向流至空调压缩机接口。

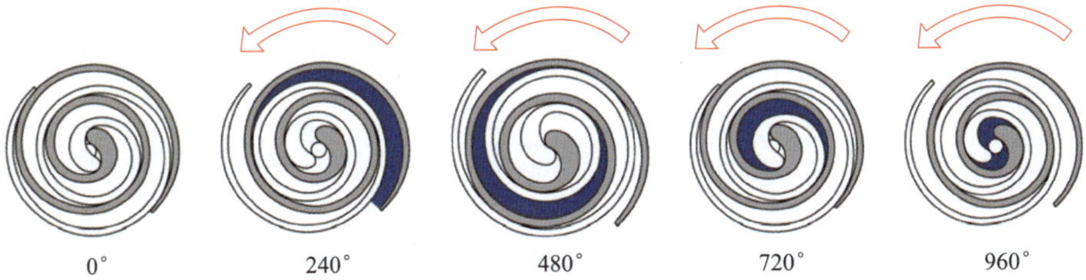

图 9.1-5　涡旋原理

9.1.3　电动压缩机电气及电路结构

（1）压缩机控制单元　电动压缩机控制单元位于制冷剂压缩机的壳体内，并通过 LIN 总线与空调系统控制单元（主控单元）相连。在低压插头内带有用于 LIN 总线、接地和 12V 供电（总线端 30）的接口（图 9.1-6）。电动空调压缩机电路结构见图 9.1-7。

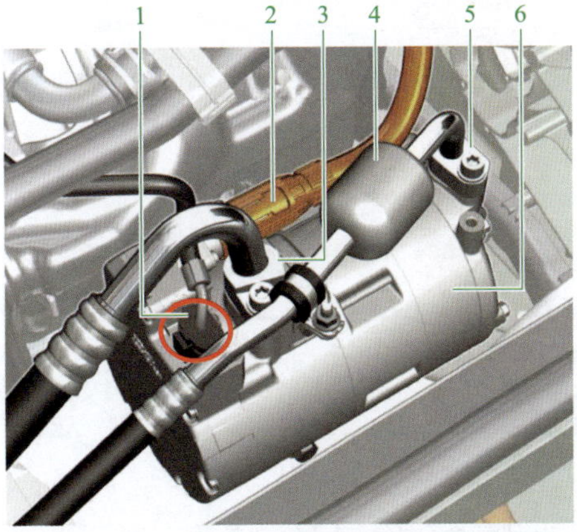

图 9.1-6　电动压缩机内部结构 / 插头和接口

1—低电压插头（LIN 总线，用于压缩机控制单元的 12V 电压）；2—高电压插头；3—抽吸管路接口；4—消音器（用于隔绝噪声）；5—压力管路接口；6—电动制冷剂压缩机

在制冷剂压缩机的壳体上除了有电控单元外还有逆变器，两者均被流过的制冷剂冷却。暖风和空调系统控制单元的请求在电子控制装置中予以分析。

（2）电动压缩机内交流同步电机　电动压缩机使用的是一个三相交流同步电机作为电动制冷剂压缩机的驱动装置，使用交流电压运行。逆变器将直流电压转换为交流电压。制冷剂压缩机中的电子控制装置根据主控单元的请求调节三相同步电动机的转速。三相同步电动机在一定的转速区间内运行（例如 2000 ～ 8600r/min），转速可以无级调节。

（3）交流电整流器　交流电整流器（DC/AC 变换器）将直流电压转换为用于驱动三相交流同步电机所需的三相交流电压。电动空调压缩机控制单元和 DC/AC 变换器集成在整个制冷剂压缩机的铝合金壳体内，通过流经的气态制冷剂进行冷却，压缩机控制单元根据其温度进行停机和启动运行。

举例说明

例如宝马 EViX3（G08EV）DC/AC 变换器温度超过 125℃时，电动空调压缩机控制单元就会关闭高电压供电。通过提高转速用于自身冷却等各种措施可有效防止达到如此高的温度。在此由电动空调压缩机控制单元进行温度监控。温度降至 112℃以下时，电动空调压缩机就会重新运行。

在 200 ~ 410V 的电压范围内为压缩机供电，高于和低于该电压范围时就会降低功率或关闭。

电动压缩机内的电容量小于 100μF，该电容量通过压缩机内的被动电阻放电。电动压缩机关闭后，电压在 5s 内降至 60V 以下。

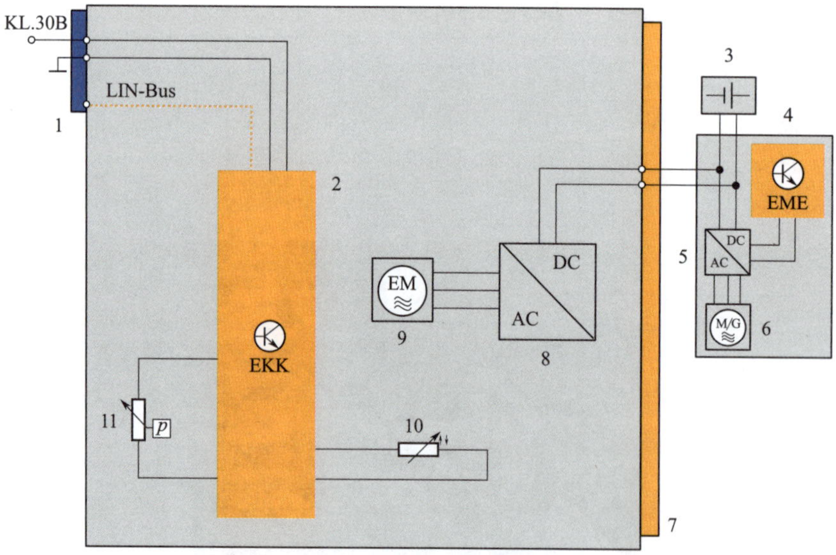

图 9.1-7　电动压缩机电路结构

1—低电压插头；2—电动制冷剂压缩机（控制单元）；3—动力电池（高电压蓄电池）；4—电机控制单元；5—驱动电机控制器内的双向 AC/DC 变换器；6—驱动电机；7—电动制冷剂压缩机上的高电压插头；8—电动压缩机内的单向逆变器 DC/AC 变换器；9—三相交流同步电机；10—温度传感器；11—压力传感器

9.2 高压电加热器基本构造与零部件识别

9.2.1 高压电加热器外部特征

高压电加热器属于电动汽车热管理系统的重要部件。如图 9.2-1 所示，电动汽车上通常采用两种电子暖风装置，即车厢内部的电子暖风装置加热器和动力电池的电加热器，并且采用了相同的结构，连接在高压车载网络上。两款不同外形的高压电加热器见图 9.2-2。

图 9.2-1 高压电加热器布局

A—用于高压蓄电池单元的加热器；B—用于车内空间的加热器（电子暖风装置）

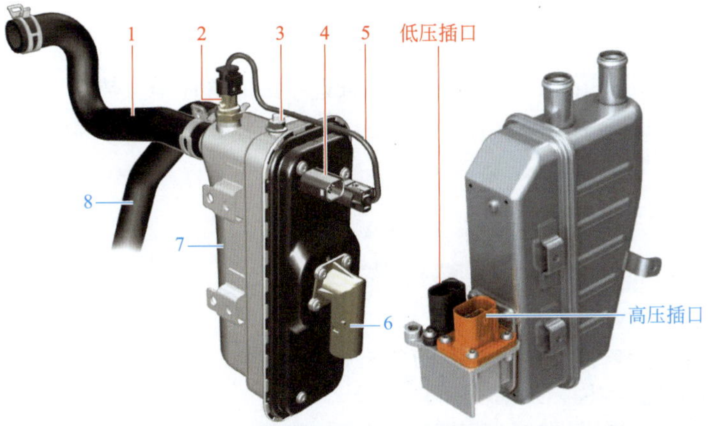

(a) 宝马某款电动汽车加热器　(b) 奥迪某款电动汽车加热器

图 9.2-2 两款不同外形的高压电加热器

1—冷却液回流管路接口；2—电气加热装置输出端冷却液温度传感器；3—电位补偿导线接口；4—信号插头（低电压插头）；5—传感器接口；6—高电压插头接口；7—加热器壳体；8—冷却液供给管路接口

9.2.2 高压电加热器内部结构

如图 9.2-3 所示，高压电加热器通过内部加热线圈实现电加热功能。

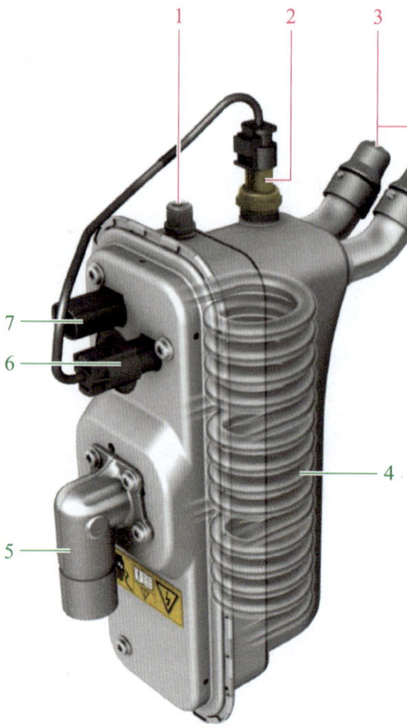

图 9.2-3 高压电加热器

1—电位补偿导线接口；2—冷却液温度传感器；3—冷却液管路接口；4—加热线圈；
5—高压电接口；6—冷却液温度传感器接口；7—低压电接口

举例说明

例如宝马纯电动汽车 iX3（G08EV）热管理系统的高压电加热器，通过相错位的脉冲宽度调制，使得加热功率可以在 550W（相当于 10%）至最高 5.5kW（相当于 100%）之间无级调节。

9.2.3 高压电加热器电气及电路结构

❶ 在高压电加热器内部，加热线圈的开关通过电子开关进行，会测量各条线路上的电流，并且通过控制单元实现控制。

❷ 通过两个高压加热器的 LIN 总线连接发出加热请求。暖风和空调系统的控制单元与车辆内部空间的高压加热器进行通信，而动力电池的电加热器则与集成式车载充电单元相连。电加热器出口处的电流消耗以及冷却液温度通过 LIN 总线传输（图 9.2-4）。

❸ 高压电加热器共用一个集成式车载充电高压电接口，它随着高压电导线分线，分别为两个高电加热器单独供电。

❹ 在电加热器内，高压电车载网络与低压电车载网络之间实现了电气分离。

❺ 低压电插头上有 LIN 总线和供电（总线端 30B 和总线端 31）接口。

❻ 电加热器和车身接地的壳体之间通过电位补偿导线实现电气连接。

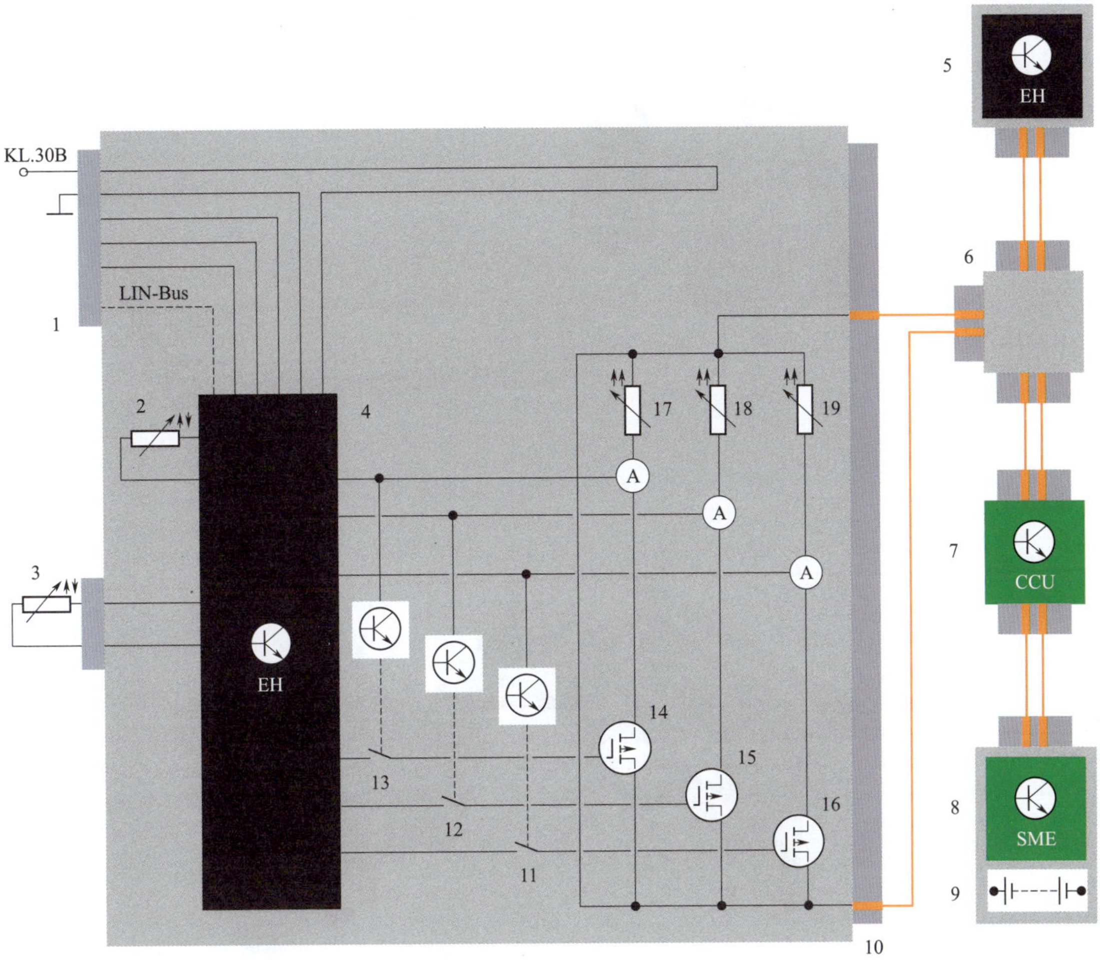

图 9.2-4　高压电加热器电路结构

1—低压电插头；2—温度传感器（控制单元的电路板）；3—冷却液温度传感器；4—高压加热器（控制单元）；5—高压加热器；6—高压加热器的高压电分配器；7—集成式车载电源单元；8—动力电池管理器；9—动力电池；10—高压加热器的高压电接口；11—当加热线圈 3 内电流过高时硬件关闭；12—当加热线圈 2 内电流过高时硬件关闭；13—当加热线圈 1 内电流过高时硬件关闭；14 ～ 16—加热线圈 1 ～ 3 的电子开关；17 ～ 19—加热线圈 1 ～ 3

9.3 热泵阀门单元基本构造与零部件识别

9.3.1 热泵阀门单元外部特征

在使用热泵热管理系统之前，电动汽车的热管理系统没有设计配置热泵阀门单元，而只是利用上述高压加热器来实施加热（图 9.3-1 和图 9.3-2）。现在装车使用的热管理系统，一种是普通的热管理系统，另一种就是热泵热管理系统，目前前者比较普遍，后者典型的有比亚迪 e3.0 平台（例如比亚迪海豚，图 9.3-3）、大众新能源 ID.4 X 车型（图 9.3-4）。

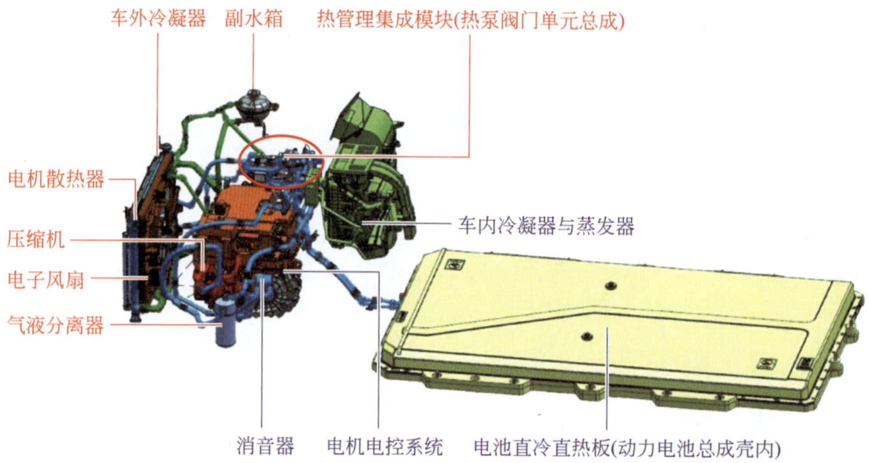

图 9.3-1 热泵热管理系统部件（一）

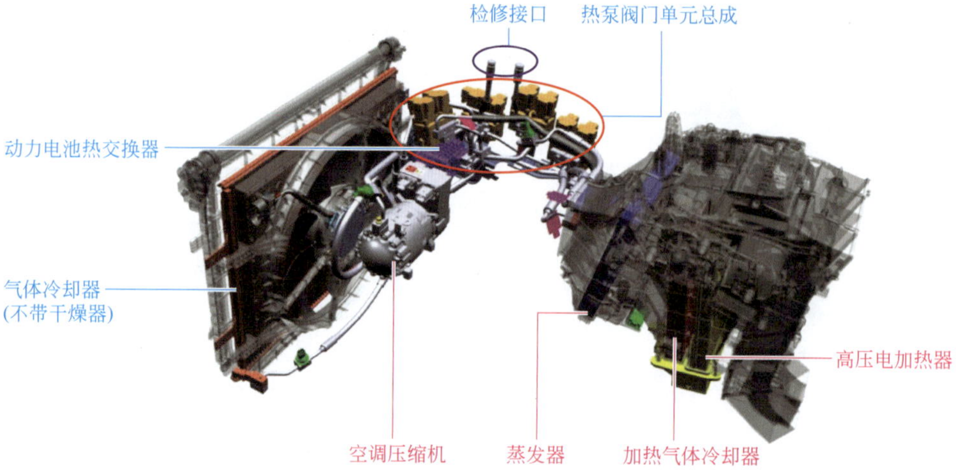

图 9.3-2 热泵热管理系统部件（二）

图 9.3-3 热泵阀门单元外部特征（比亚迪海豚）

1—电池加热电磁阀；2—电池冷却电磁阀；3—空气换热电磁阀；4—水源换热电磁阀；5—空调采暖电磁阀；6—空调制冷电磁阀；7—制冷电子膨胀阀；8—采暖电子膨胀阀；9—电池双向电子膨胀阀

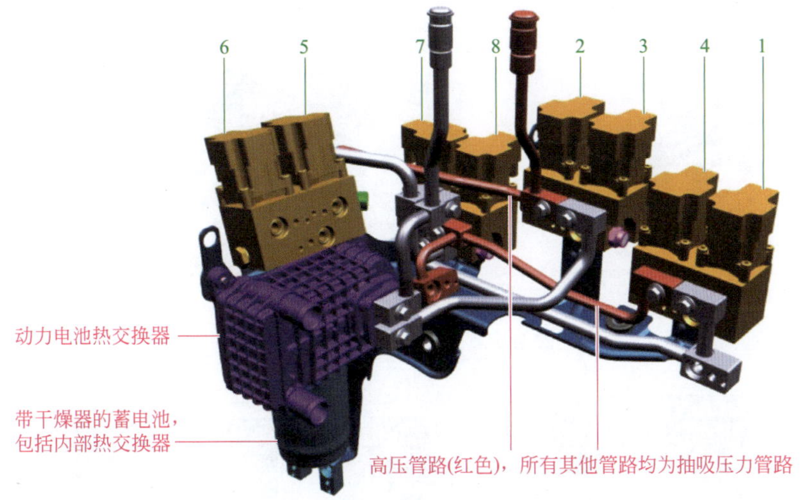

图 9.3-4　热泵阀门单元外部特征（大众 ID.4X）

1—制冷剂膨胀阀 1；2—制冷剂膨胀阀 2；3—制冷剂膨胀阀 3；4—制冷剂断流阀 1；
5—制冷剂断流阀 2；6—制冷剂断流阀 3；7—制冷剂断流阀 4；8—制冷剂断流阀 5

9.3.2　热泵阀门内部结构

（1）制冷剂截止阀（断流阀）　制冷系统截止阀具有圆柱形针阀，它只有两种状态，即打开或关闭。

（2）电动膨胀阀　制冷系统电动膨胀阀则具有圆锥形针阀。针阀从阀座中移出距离越远，进入膨胀区的横截面就越大（图 9.3-5 ～图 9.3-7）。

划重点

步进电机通过阀门中的螺杆转动电枢，针阀的高度通过其内螺纹由旋转的螺杆进行调节。

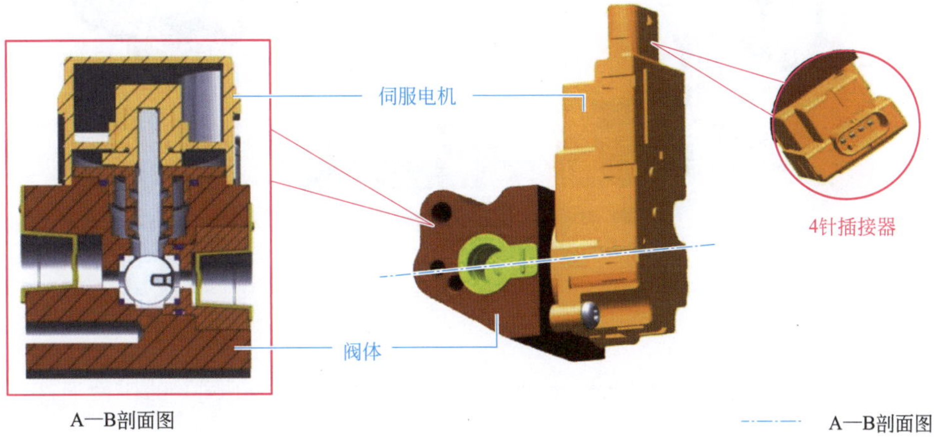

图 9.3-5　电动膨胀阀（一）

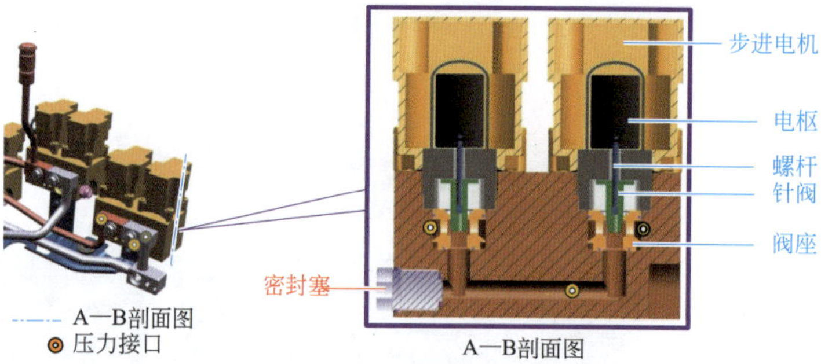

图 9.3-6 电动膨胀阀（二）

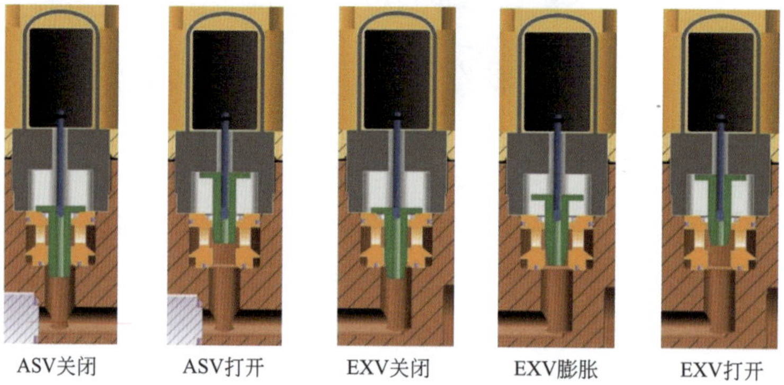

图 9.3-7 电动膨胀阀和截止阀

ASV—截止阀（断流阀）；EXV—膨胀阀

（3）泄压阀

❶ 安装位置。热泵系统中有三个泄压阀（图 9.3-8），分布在：

a. 高压侧的压缩机上；

b. 用于蒸发器，位于低压侧的阀体上；

c. 用于带干燥器的储液罐，同样位于低压侧的阀体上。

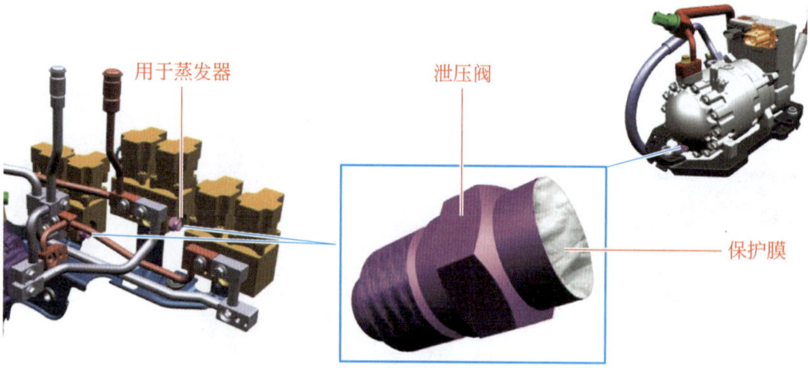

图 9.3-8 泄压阀

❷ 压力。

a. 高压侧的泄压阀在大约 160bar（最大 170bar，1bar=10^5Pa，下同）的压力下打开，并在压力降低（大约 150bar）时再次关闭。

b. 低压侧的泄压阀在大约 120bar（最大 130bar）的压力下打开，并在压力降低（大约 110bar）时再次关闭。

9.4　空调和热泵系统其他部件构造与识别

9.4.1　热交换器外部特征

在电动汽车中，动力电池热交换器通常叫“冷却器”（图 9.4-1）。它安装在车身前部纵梁附件位置。热交换是在高电压组件的制冷剂循环回路和冷却液循环回路之间进行的。

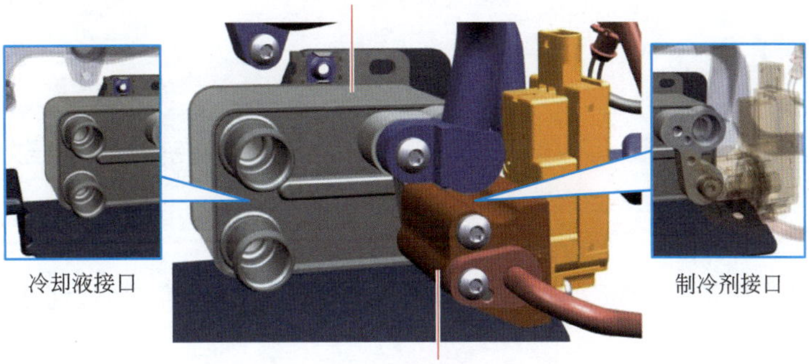

图 9.4-1　热交换器

通过将动力电池热交换器与电动膨胀阀组合使用，可以主动冷却高电压组件，例如牵引蓄电池、电驱动装置牵引电机、功率电子系统等。

维修提示

在不同运行模式下必须对蓄电池进行冷却，例如，大众 ID.4X。

① 在充电且蓄电池温度高于 30℃时，会通过冷却器主动冷却。

② 在行驶模式下，如果蓄电池温度高于 35℃，会通过冷却器主动冷却。

9.4.2　制冷剂压力传感器电气结构

制冷剂压力传感器（图 9.4-2）与其他空调循环回路中的一样。正极和负极位于 3 针插接器上。LIN 总线导线则位于中间，制冷剂压力传感器通过汽车内部空间的右下连接位置与加热和空调装置控制单元相连。

9.4.3　制冷剂压力和温度传感器电气结构

采用 R134a 作为制冷剂的 ID.4X 具有一个截止阀、一个电动膨胀阀和一个高电压蓄电池热交换器。因此制冷剂流量可以在汽车内部空间冷却系统和蓄电池冷却系统之间分配。为了能够通过高电压蓄电池热交换器满足高电压组件的所有冷却要求，必须将吸入侧的压力和温度作为调节系统的输入参数。因此，具有温度测量功能的第二压力传感器必不可少。

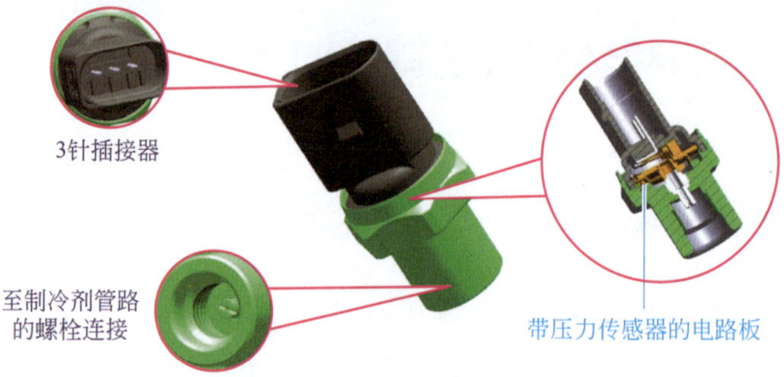

图 9.4-2　制冷剂压力传感器

举例说明

例如，如图 9.4-3 所示，大众 ID.4X 空调和热泵系统中装有五个（压力和温度）传感器，其功能和内部结构都相同，但有三种不同的插头代码。

❶ 图 9.4-3 中传感器 1：在冷却、加热和再加热的所有运行阶段都会直接探测压缩机出口处的压力和温度。

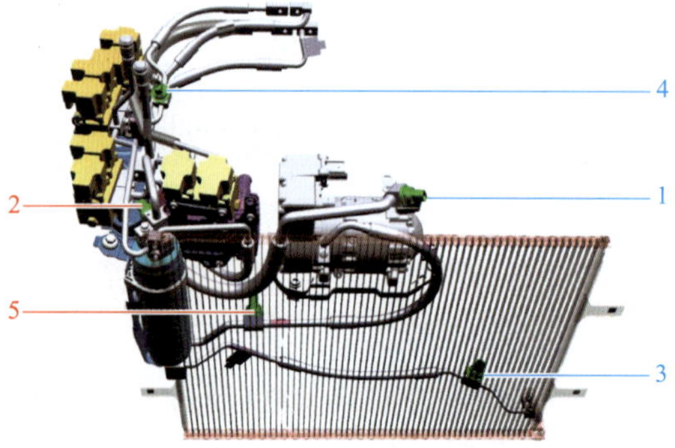

图 9.4-3　压力和温度传感器安装位置

❷ 图 9.4-3 中传感器 2：在所有运行阶段都会直接探测带干燥器的部件（收集盘）入口处的压力和温度。

❸ 图 9.4-3 中传感器 3：在冷却和再加热运行阶段会探测前部气体冷却器出口处的温度。在热泵运行阶段，该传感器会探测前部气体冷却器入口前面的测量值。在不同的运行模式下，制冷剂的流动方向会发生变化。

❹ 图 9.4-3 中传感器 4：在冷却和再加热运行阶段会探测空调装置中蒸发器入口处的压力和温度。在热泵运行间，流动方向再次切换，因此传感器会提供蒸发器出口处的相关数值。

❺ 图 9.4-3 中传感器 5：在所有运行阶段都会探测压缩机入口处的压力和温度。

9.4.4　传感器和阀的电路结构

在制冷回路中，电路结构如图 9.4-4 所示。温度压力传感器、截止阀、膨胀阀电路结构比较简单清晰，采用并联方式的电路连接。

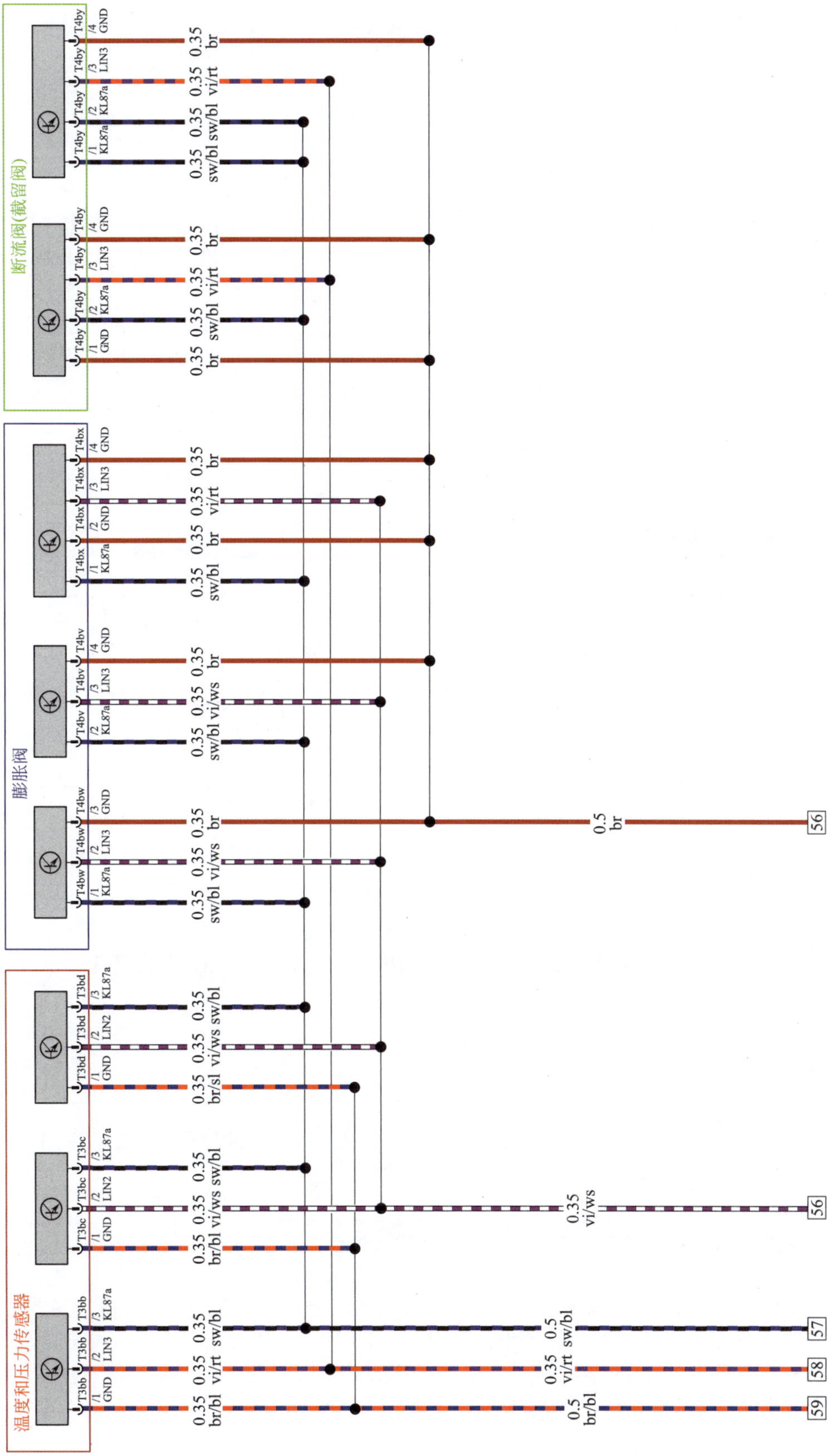
断流阀(截留阀)
膨胀阀
温度和压力传感器
T4by
T4bx
T4bv
T4bw
T3bd
T3bc
T3bb
GND
LIN3
LIN2
KL87a
0.35 br
0.35 vi/rt
0.35 sw/bl
0.35 vi/ws
0.35 br/sl
0.35 br/bl
0.5 br
0.5 sw/bl
0.5 br/bl
56
57
58
59

图 9.4-4　电路结构

9.5 空调和热管理系统维修原理与特点

9.5.1 热泵特点

（1）提升续航里程　在热泵热管理系统中，热泵比普通电动空调的高压加热器（PTC）能耗更低，可提升电动汽车续航里程。普通电动空调加热采用 PTC 加热丝将电力转化为热量，再由鼓风机将热风送进乘员舱，其在低温环境下虽然制热效果相对较好，但电能消耗高，大幅削弱了续航里程。热泵加热通过冷媒在车外通过换热器吸热，并将热量送入车内的方式给车内供暖，相比于 PTC 加热方式，电能消耗要低，能大幅提升电动汽车续航里程。在配备热泵的车辆中，高压电加热器充当辅助加热器。热泵转换原理特点如图 9.5-1 所示。

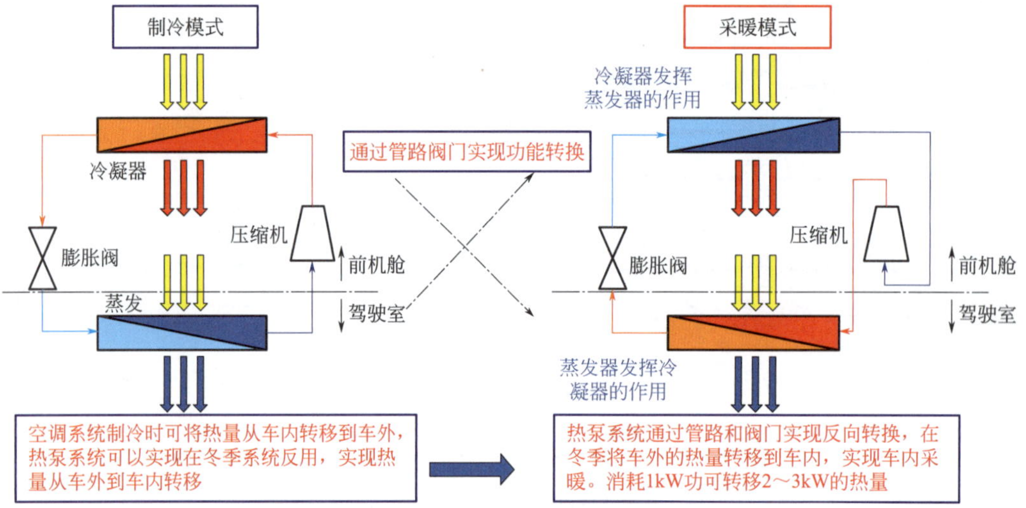

图 9.5-1　热泵转换原理特点

（2）二氧化碳制冷剂 R744　二氧化碳热泵制冷剂使用的是 R744，非常环保，也可大幅提高热泵的换热效率。

9.5.2 普通电动空调运行机理

（1）制冷运行　和传统的发动机汽车一样，电动汽车在压缩机和节流装置的作用下，通过从车内吸热并向环境放热进行制冷。压缩机作为制冷回路的泵，在系统中起吸入、压缩和排出制冷剂，使制冷剂循环流动的作用。

（2）采暖运行　电加热采暖是由一个高压电加热器，通过加注冷却液的暖风循环回路对车内进行加热。

通过电动冷却液泵将冷却液从补液罐内抽出并泵送至电气加热装置（高压电加热器）。在电气加热装置内通过电气方式将冷却液加热至车内所需温度，并传输至车内的暖风热交换器。安装在暖风和空调系统内的暖风热交换器将流经冷却液的热量传递给流过的空气。随后冷却液重新流回补液罐内，冷却液循环回路关闭（图 9.5-2）。

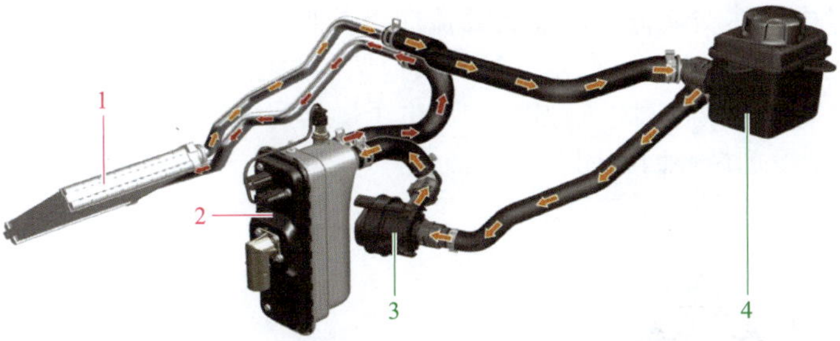

图 9.5-2　普通电动空调运行机理 / 电加热采暖运行

1—车内的暖风热交换器；2—电气加热装置；3—电动冷却液泵（12V）；4—冷却液补液罐

9.5.3　热泵空调系统运行机理

热泵空调系统有三个工作运行模式（阶段），分别为冷却运行阶段、再加热阶段和热泵加热运行阶段。

举例说明

以下列举的是大众 MEB 平台 ID.4X 热管理系统的空调和热泵控制模式分析。

（1）空调冷却运行阶段　热泵的工作原理类似于标准版空调装置，通过蒸发器冷却汽车内部空间和 / 或通过“冷却器”冷却高电压蓄电池。

❶ 车内空调运行模式。

a. 车内空调冷却运行模式（图 9.5-3），这种模式是只冷却车内，在涡旋压缩机中，气态制冷剂被压缩并在高压和高温下通过截止阀 2（ASV2）进入车头的 AC 气体冷却器。在这里，只要散热器卷帘处于打开状态，就会与流经的环境空气交换热量。

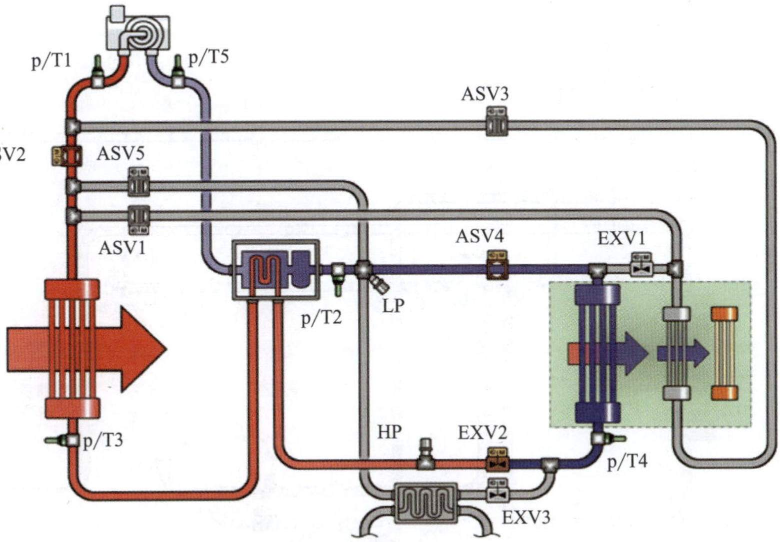

图 9.5-3　车内空调制冷却运行模式

ASV—截止阀；EXV—电动膨胀阀；p/T—压力和温度传感器；HP—高压保养接口；LP—低压保养接口

b. 制冷剂流过内部热交换器中的盘管并流向电动膨胀阀 2（EXV2），然后经过膨胀进入蒸发器。在这里，流入的汽车内部空间空气被有效地调温并在汽车内部空间分配。

c. 接着，制冷剂通过截止阀 4（ASV4）和带干燥器的储液罐在低压和相应温度下被吸回到压缩机中。由此，制冷剂循环回路闭合。

❷ 冷却车内和动力电池。见图 9.5-4。

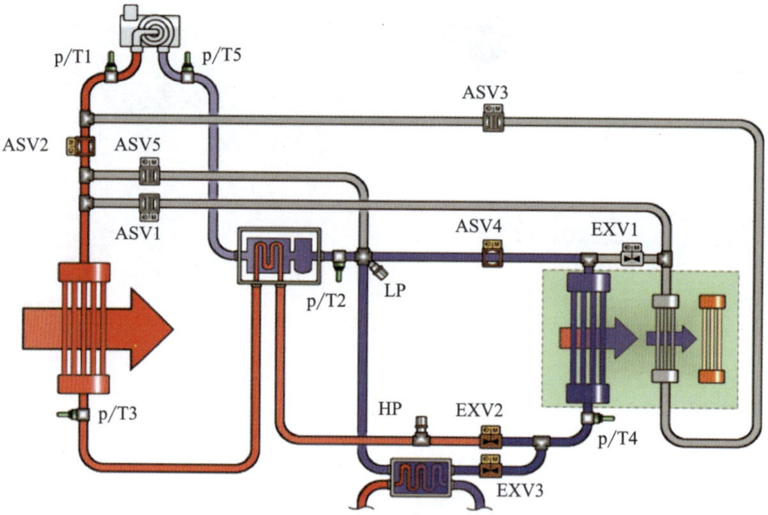

图 9.5-4　冷却车内和动力电池

ASV—截止阀；EXV—电动膨胀阀；p/T—压力和温度传感器；HP—高压保养接口；LP—低压保养接口

根据冷却汽车内部空间的模式，在电动膨胀阀 2（EXV2）后经过膨胀的制冷剂会自动进行分配。一部分流入空调装置的蒸发器，另一部分则通过主动式电动膨胀阀 3（EXV3）经过膨胀进入高电压蓄电池热交换器（冷却器）中。在这里会进行高电压蓄电池（动力电池）冷却液循环回路的热量交换。制冷剂还会通过带干燥器的储液罐由压缩机从冷却器中以气态形式抽吸。

❸ 冷却动力电池。见图 9.5-5。

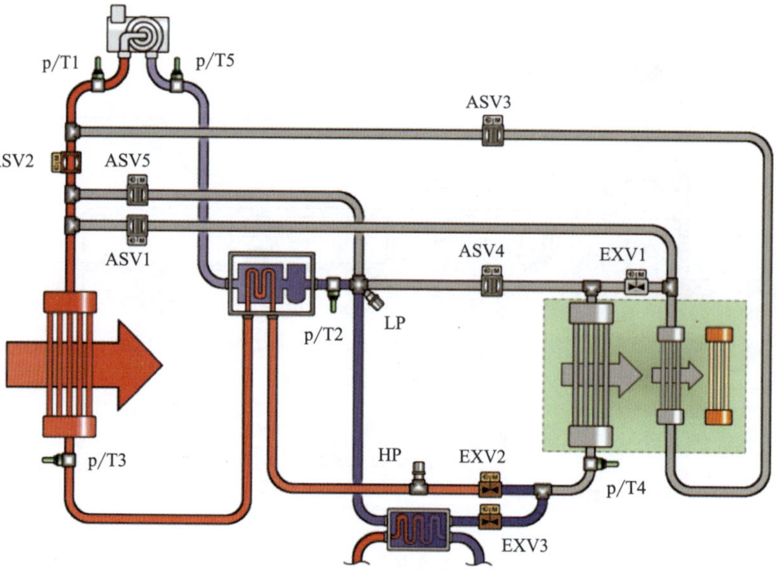

图 9.5-5　冷却动力电池

ASV—截止阀；EXV—电动膨胀阀；p/T—压力和温度传感器；HP—高压保养接口；LP—低压保养接口

冷却动力电池运行阶段只是冷却动力电池，这时制冷剂自然也会再次流过电动膨胀阀 2 和膨胀阀 3，以便在高电压蓄电池热交换器（冷却器）中进行热量交换。空调装置中的蒸发器保持被动状态，因为截止阀 4（ASV4）关闭且制冷剂在该区域停止流动。

维修提示

例如，当温度高于 30℃时，在高电压蓄电池充电过程中，也可以激活“仅冷却高压蓄电池”运行阶段。

在行驶过程中，当温度高于 35℃时，会对高电压蓄电池进行主动冷却。

（2）空调再加热阶段　在空调再加热阶段，冷却流入汽车内部空间的空气并由此干燥。然后再次对空气进行调温，以适合汽车内部空间。为了节能省电，无需使用 PTC 空气加热器即可完成。再加热阶段运行模式见图 9.5-6。

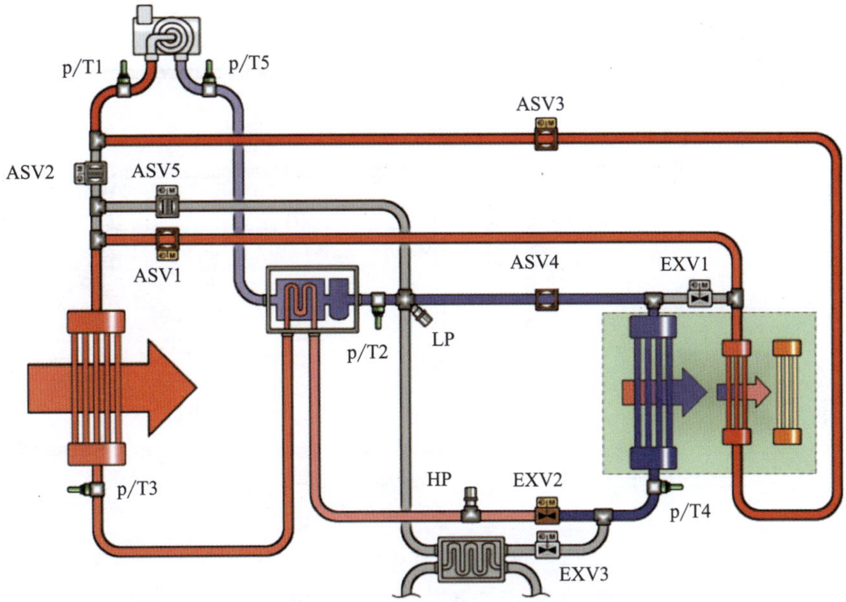

图 9.5-6　再加热运行模式

ASV—截止阀；EXV—电动膨胀阀；p/T—压力和温度传感器；
HP—高压保养接口；LP—低压保养接口

❶ 由于在该运行阶段截止阀 2（ASV2）关闭且截止阀 3（ASV3）打开，因此经过压缩的热制冷剂会被直接送入空调装置的气体冷却器中。在这里，经过干燥的空气被重新加热。

❷ 热制冷剂通过截止阀 1（ASV1）流入车头的气体冷却器中，在这里会与行车风进行热量交换。

❸ 接着，制冷剂流过内部热交换器并流向电动膨胀阀 2（EXV2），在此处经过膨胀并进入空调装置的蒸发器中。在这里，流入的汽车内部空间空气通过热量交换得到冷却并由此干燥。

❹ 压缩机再次通过截止阀 4（ASV4）和带干燥器的收集盘从此处抽吸制冷剂。

维修提示

例如，当前窗玻璃外表面容易起雾或车外空气湿度极高时，就会使用该运行阶段。

（3）热泵模式　相比使用 PTC 空气加热元件的纯加热模式，热泵更加节能，因此也增加了行驶模式下的续驶里程。

压缩机产生的压缩热通过冷媒被直接传递到空调装置中所进入的车外冷空气。在冷却液运行模式下，高电压区域产生的热量也会通过“冷却器”交换到冷媒中，再通过冷媒循环进行相应调温。

❶ 刚开始加热阶段。见图 9.5-7。

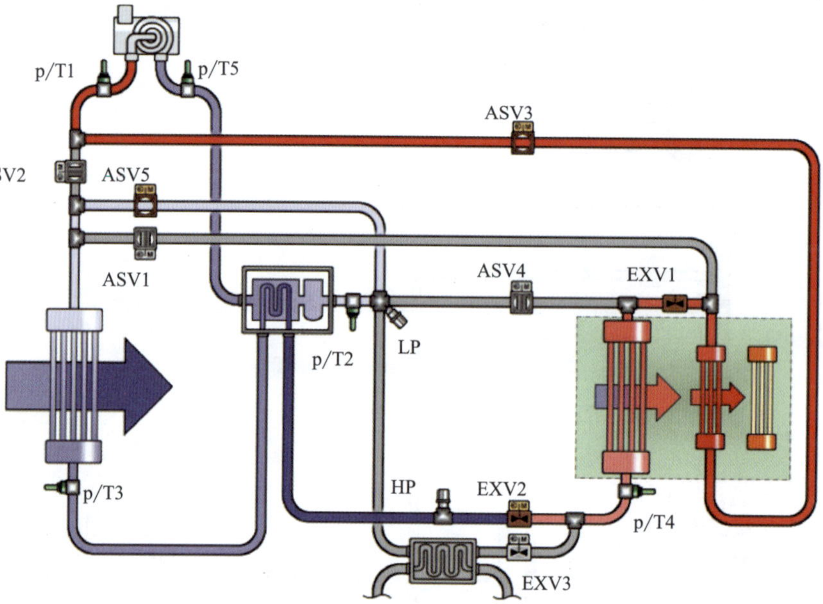

图 9.5-7　刚开始加热阶段

ASV—截止阀；EXV—电动膨胀阀；p/T—压力和温度传感器；HP—高压保养接口；LP—低压保养接口

在热泵运行阶段，刚开始加热阶段比较迟缓，因此会借助 PTC 空气加热器来优化舒适度。高电压蓄电池和牵引机的冷却液循环回路中产生的热量也可能尚未使用。

与“再加热阶段”一样，压缩机将热的气态制冷剂通过打开的截止阀 3（ASV3）泵入空调装置的气体冷却器中。流入的汽车内部空间空气被加热。

气态制冷剂被引导通过主动式电动膨胀阀 1（EXV1）和已关闭的截止阀 4（ASV4）进入蒸发器并流向电动膨胀阀 2（EXV2）。由于在空调装置的蒸发器中会进行第二次热量交换，因此这种绕行方式提高了系统效率。

压缩机的吸入侧从此处开始。制冷剂逆着之前的流动方向流过内部热交换器并流经车头的气体冷却器。

截止阀 1 和 2 均关闭，截止阀 5（ASV5）打开。因此，制冷剂可以通过带干燥器的储液罐由压缩机再次抽吸。循环回路闭合。

❷ 空气 / 冷却液热泵。见图 9.5-8。

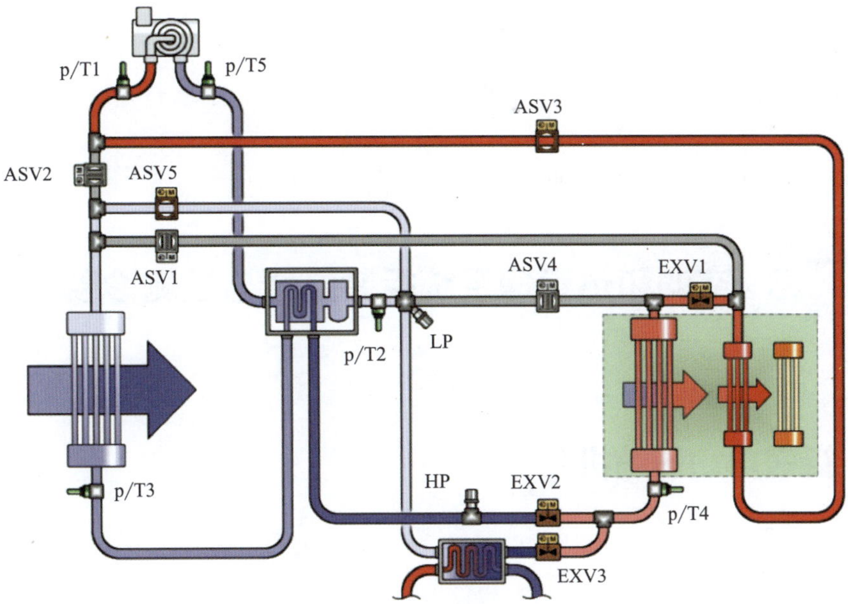

图 9.5-8　空气 / 冷却液热泵

ASV—截止阀；EXV—电动膨胀阀；p/T—压力和温度传感器；HP—高压保养接口；LP—低压保养接口

在空气 / 冷却液热泵运行阶段，电动膨胀阀 3（EXV3）也会被激活，部分制冷剂经过膨胀进入高电压蓄电池热交换器（冷却器）中。在这里会在热泵制冷剂与高电压蓄电池和牵引机冷却液之间进行热量交换。

制冷剂也会通过带干燥器的储液罐由压缩机从冷却器中抽吸。

该运行阶段在一定程度上是混合型的，而且会一直使用，除非高电压蓄电池和牵引机充没有分加热冷却液循环回路或优先高电压蓄电池热交换器需要冷却散热循环。

❸ 冷却液热泵。见图 9.5-9。

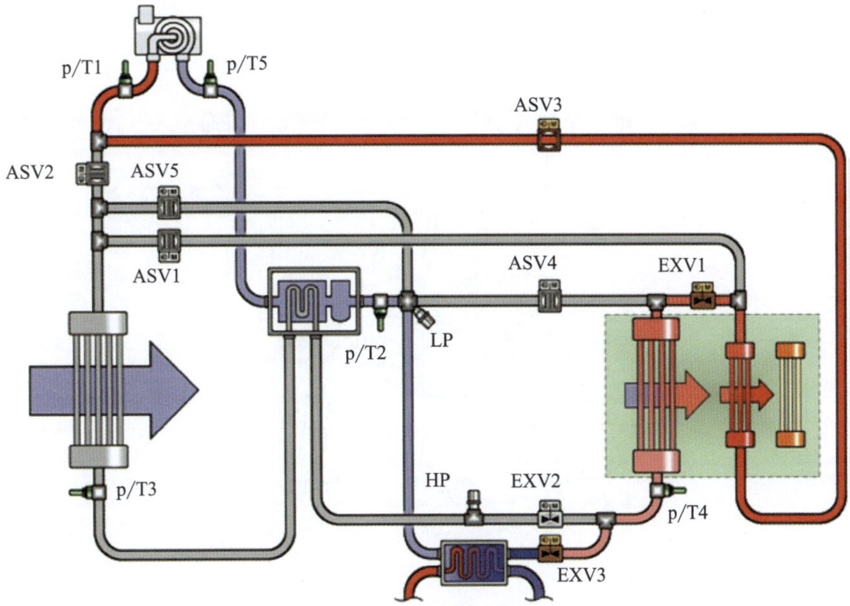

图 9.5-9　冷却液热泵

ASV—截止阀；EXV—电动膨胀阀；p/T—压力和温度传感器；HP—高压保养接口；LP—低压保养接口

与另外两种热泵运行阶段不同的是，在冷却液热泵运行阶段，电动膨胀阀 2（EXV2）处于关闭状态。所有制冷剂都流经电动膨胀阀 3（EXV3）并经过膨胀进入高电压蓄电池热交换器（冷却器）中。制冷剂再次通过带干燥器的收集盘由压缩机从此处直接抽吸。

在该运行阶段中，高电压蓄电池和牵引机的冷却液在整个制冷剂流中被主动冷却。

9.6 空调和热管理系统拆装维修与检测诊断

9.6.1 拆装电动压缩机

（1）拆卸事项

❶ 准备工作。

a. 将车辆驶入举升机举升位置，启用驻车制动，整车电源处于“OFF”状态。

b. 断开蓄电池负极。

c. 举升车辆。

❷ 回收制冷剂。

❸ 拆卸左前车轮总成。

❹ 拆卸空调压缩机总成。

a. 拆卸固定螺栓 1，断开空调管路 A、B 与空调压缩机总成的连接（图 9.6-1）。

维修提示

注意：断开空调管路后应及时密封或堵塞管路接口，避免异物进入。

b. 断开接插件 A、B，拆卸 4 个固定螺栓 1，取下空调压缩机总成 C（图 9.6-2）。

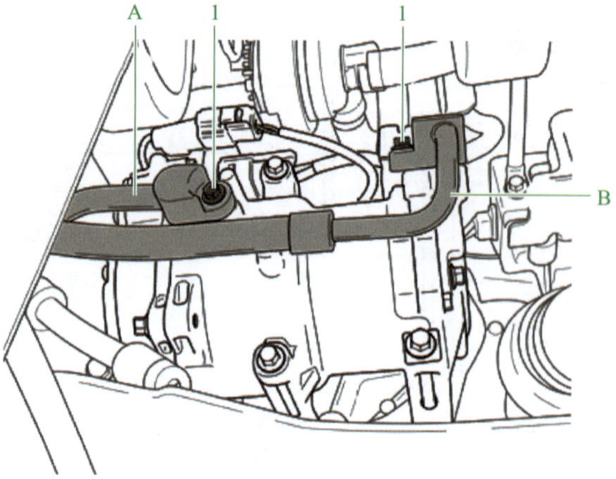

图 9.6-1 断开空调管路与空调压缩机的连接

1—固定螺栓；A—空调管路；B—空调管路

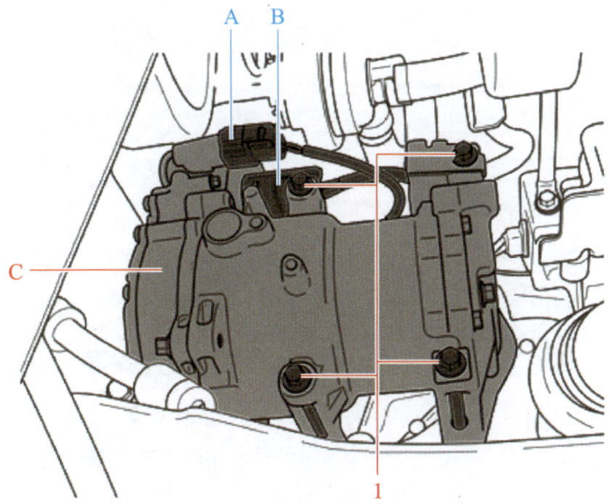

图 9.6-2　拆卸空调压缩机

A—接插件；B—接插件；C—空调压缩机总成；1—固定螺栓

（2）安装事项

❶ 安装空调压缩机总成。

a. 放置并调整空调压缩机总成到安装位置，安装固定螺栓并紧固，连接接插件。

b. 连接空调管路到空调压缩机总成，安装固定螺栓并紧固。

维修提示

空调管路 O 形圈为一次性部件，每次安装都需要更新。

❷ 安装左前车轮总成。

❸ 加注制冷剂。

❹ 降落车辆，连接蓄电池负极，启动车辆，检查空调制冷系统应正常工作。

9.6.2　拆卸采暖水加热器

❶ 关闭所有用电器，车辆下电。

❷ 断开蓄电池负极夹。

❸ 拆卸手动维修开关。

❹ 排放冷却液。

❺ 拆卸三角梁总成。

❻ 拆卸采暖水加热器。

a. 断开线束插头 A、B（图 9.6-3）。

b. 脱开线束固定卡扣 C（图 9.6-3）。

c. 松开固定卡箍 D，脱开 PTC 出水管 1 与采暖水加热器连接（图 9.6-3）。

d. 松开固定卡箍 E，脱开 PTC 进水管 2 与采暖水加热器连接（图 9.6-3）。

e. 旋出固定螺母 F，取出采暖水加热器带支架总成 3（图 9.6-3）。

f. 旋出固定螺栓，取出采暖水加热器 1（图 9.6-4）。

g. 旋出固定螺栓，取出水加热器支架（图 9.6-4）。

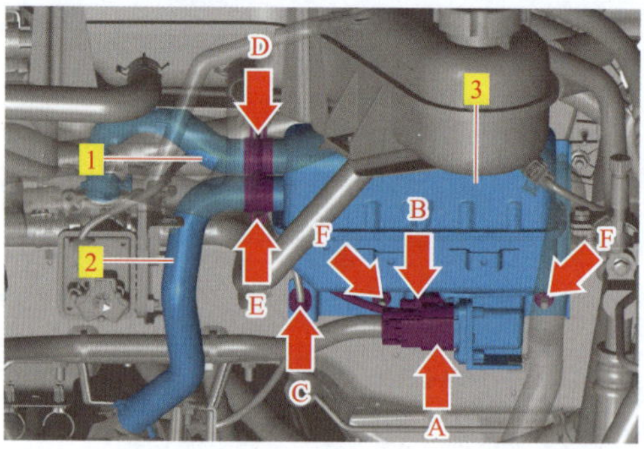

图 9.6-3 取出采暖水加热器带支架总成

1—PTC 出水管；2—PTC 进水管；3—采暖水加热器带支架总成；A，B—线束插头；C—线束固定卡扣；D，E—固定卡箍；F—固定螺母

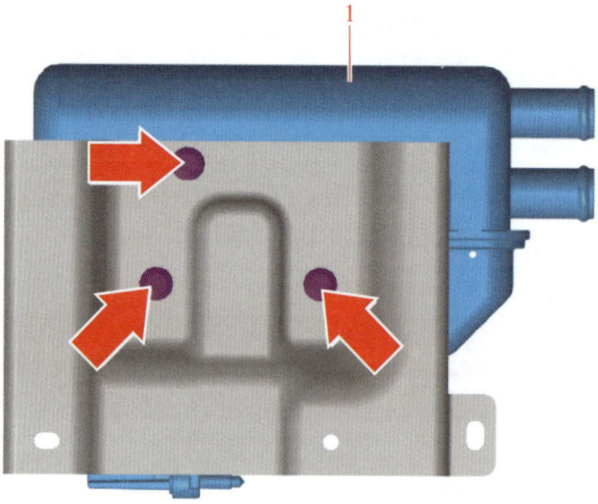

图 9.6-4 取出采暖水加热器

1—采暖水加热器

9.6.3 电动空调控制系统简明故障

电动空调控制系统简明故障见表 9.6-1。

表 9.6-1 电动空调控制系统简明故障

故障 / 诊断显示	故障生成 / 故障内容	可能故障原因	故障点
电加热器内部故障	读取到错误	电加热器故障，LIN 通信故障	检查 PTC
电加热器外部故障	读取到错误	电加热器故障，LIN 通信故障	检查 PTC
电加热器通信丢失	LIN 从节点无反馈或反馈通信错误，大于 3s	电加热器故障，LIN 通信故障	检查 PTC 和线束
电动压缩机通信错误	电动压缩机通信超过 3s 无反馈	压缩机故障	检查压缩机和系统状态
电动压缩机高压过压	读取到高压过压故障	压缩机故障，高压供电故障	检查压缩机和系统状态

续表

故障 / 诊断显示	故障生成 / 故障内容	可能故障原因	故障点
电动压缩机高压欠压	读取到高压欠压故障	压缩机故障，高压供电故障	检查压缩机和系统状态
电动压缩机逆变器过温	读取到过高温故障	压缩机故障	检查压缩机和系统状态
电动压缩机逆变器过低温	读取到过低温故障	压缩机故障	检查压缩机和系统状态
电动压缩机短路故障	读取到压缩机短路故障	压缩机故障	检查压缩机和系统状态
电动压缩机过流	读取到压缩机过流故障	压缩机故障	检查压缩机和系统状态
电动压缩机电流传感器故障	读取到压缩机电流传感器故障	压缩机故障	检查压缩机和系统状态
电动压缩机启动故障	读取到压缩机启动故障	压缩机故障	检查压缩机和系统状态

9.6.4　电动空调控制系统故障检测

（1）电动空调控制系统检测前的检查和准备

❶ 直观检查。检测前的检查和准备要点，在前述的故障检测中都讲过要点。

❷ 电路检查。

a. 要熟悉各驱动电机系统的插接器（连接器）和相关电路图。维修电路时通常进行各相关插接器端子之间的测量，来判断和确定线路障点。

b. 要熟悉电动空调系统电路的连接走向。

（2）空调电加热器故障

排除其他机械原因，就电路检查而言，空调加热器故障常见的也无非是加热器本身故障和 LIN 通信故障。

❶ 检查空调加热器与空调控制器之间的 LIN 通信。检测要点：执行车辆下电程序；断开空调加热器线束连接器；断开空调控制器线束连接器；按照表 9.6-2，参考图 9.6-5 来检查空调加热器与空调控制器线束连接器之间的 LIN 通信电路，如果不符合应测的结果，那么应该维修或更换线束。如果线束正常，则检查空调加热器的电源电路。

表 9.6-2　检测空调加热器与空调控制器线束连接器之间的 LIN 通信电路

检查的零部件			万用表 / 表笔探测的两端子		检测条件	状态	应测得结果 /Ω
连接器	代号	图示	红 / 黑表笔连接	黑 / 红表笔连接			
空调加热器线束连接器	FP17	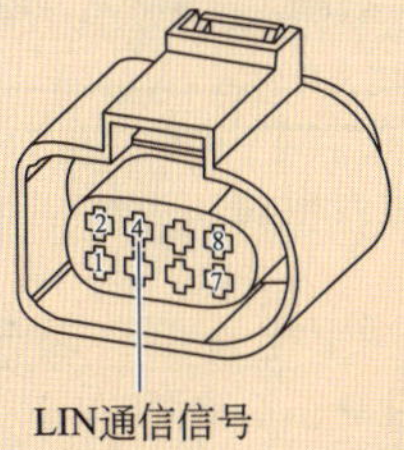	FP17/4	FP02/8	上电	电阻	<1
空调控制器线束连接器	IP02	见表 9.6-1					

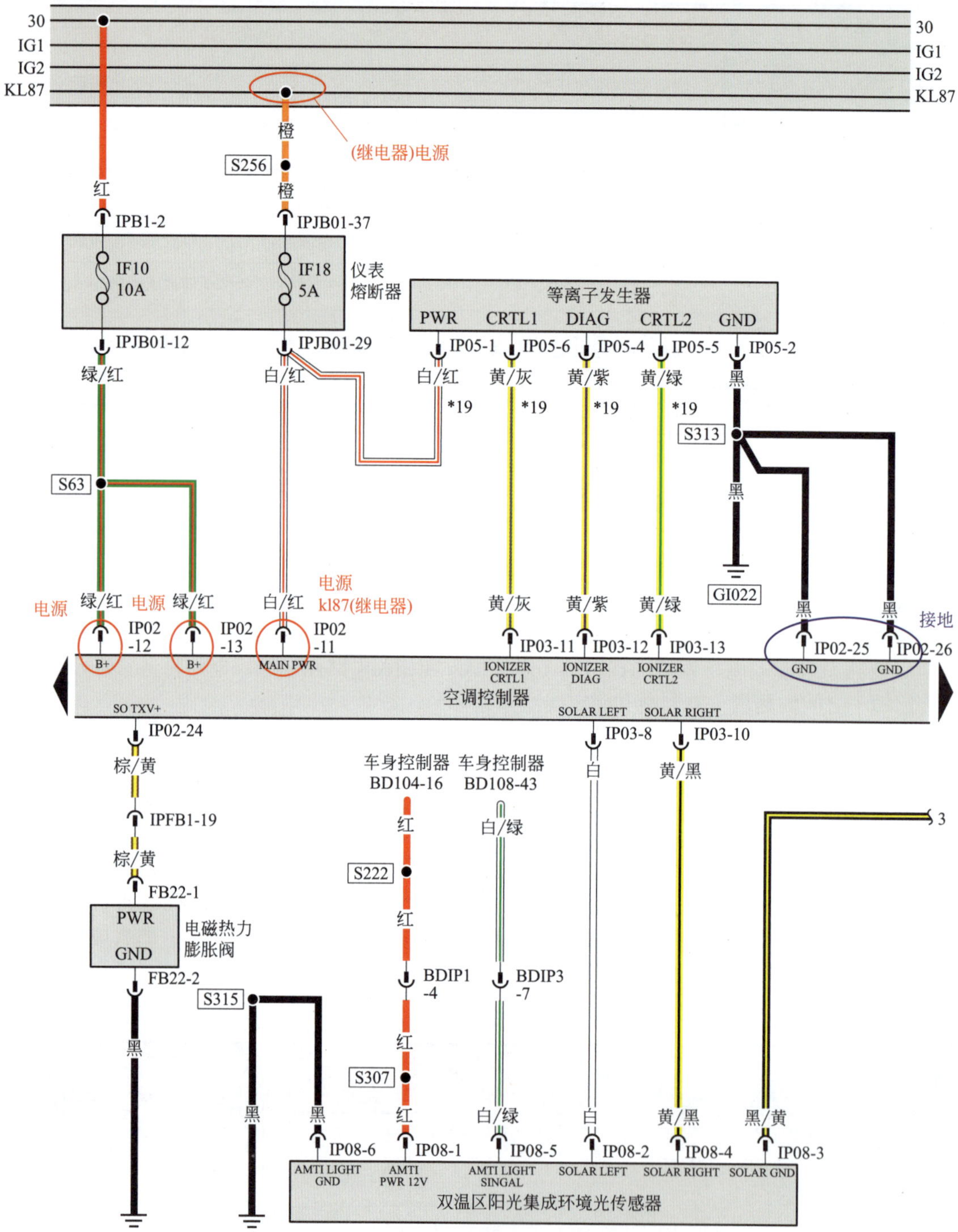

图 9.6-5　电动空调控制系统检修电路

❷ 检查空调加热器的电源电路。检测要点：执行车辆下电程序；断开空调加热器线束连接器；然后再执行车辆上电程序。按照表 9.6-3，参考图 9.6-4 来检查空调加热器电源电路，如果不符合应测的结果，那么应该维修或更换线束。如果线束正常，则检查空调加热器的接地电路。

表 9.6-3　检测空调加热器的电源电路

检查的零部件			万用表 / 表笔探测的两端子		检测条件	状态	应测得结果 /V
连接器	代号	图示	红表笔连接	黑表笔连接	上电	电压	14
空调加热器线束连接器	FP17	见表 9.6-2	FP17/1	车身			

❸ 检查空调加热器的接地电路。检测要点：执行车辆下电程序；断开空调加热器线束连接器。按照表 9.6-4，结合图 9.6-4 来检查空调加热器接地电路，如果不符合应测的结果，那么应该维修或更换线束。如果线束正常，则更换空调加热器。

表 9.6-4　检测空调加热器的接地电路

检查的零部件			万用表 / 表笔探测的两端子		检测条件	状态	应测得结果 /Ω
连接器	代号	图示	红 / 黑表笔连接	黑 / 红表笔连接	上电	电阻	＜1
空调加热器线束连接器	FP17	见表 9.6-2	FP17/2	车身			

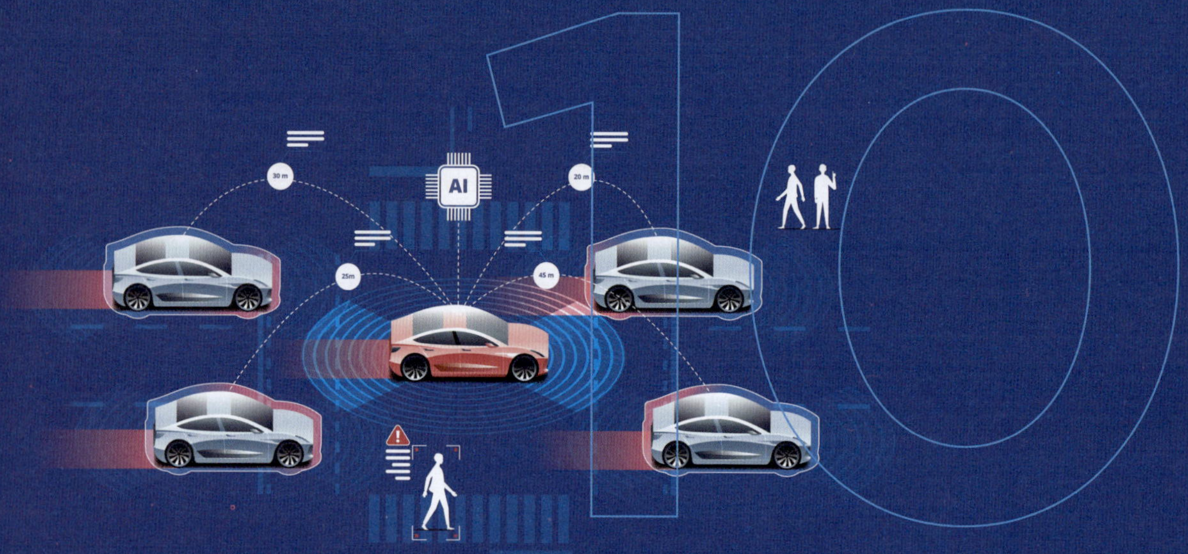

第 10 章 减速器结构原理与维修

10.1 减速器基本构造与零部件识别

10.1.1 减速器外部特征

增程式插电混合动力汽车和纯电动汽车使用的都是减速器，因为它们都是由驱动电机直接驱动车轮。减速器在整车上的布局见图 10.1-1 和图 10.1-2。

划重点

前边讲过，增程式混合动力汽车的发动机是用于驱动发电机给动力电池进行充电的设备，因为发动机并不直接驱动车轮，因此也不需要像传统燃油车那样的多速变速器。

电动机的速度 - 转矩特性非常适合纯电动汽车驱动的需求，纯电动汽车的驱动系统不再需要多挡位的变速器，驱动系统结构得以大幅简化，可使用单速变速器（减速器，见图 10.1-3）。

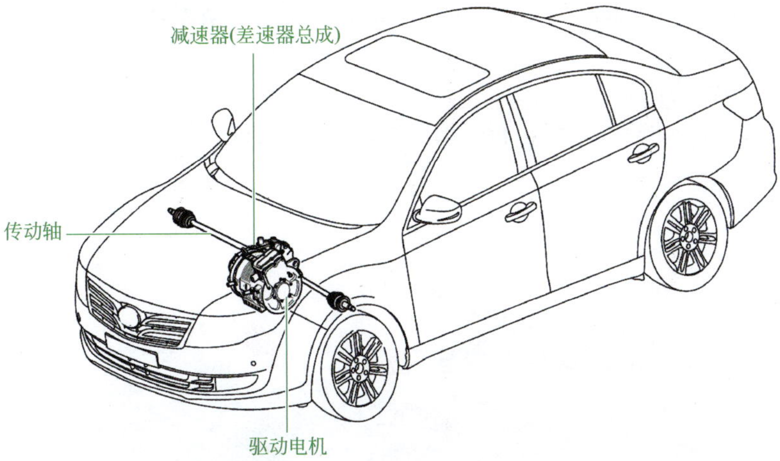

图 10.1-1　减速器结构布局

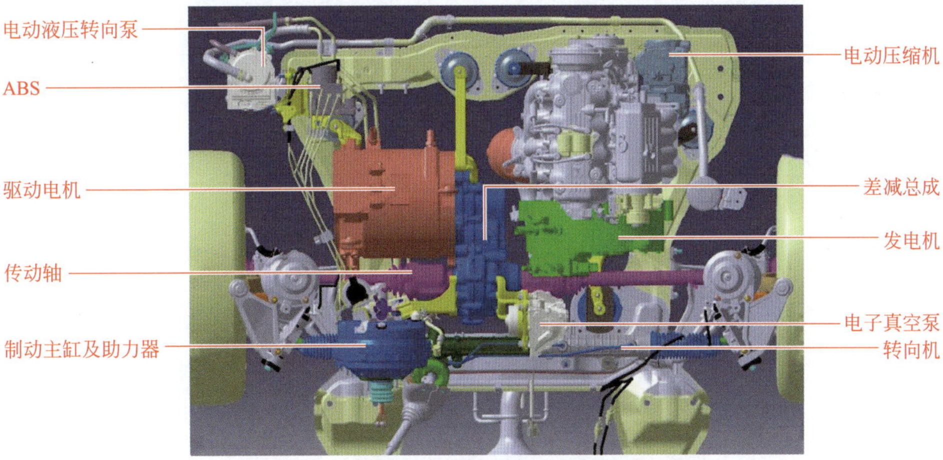

图 10.1-2　增程式混合动力减速器布局位置

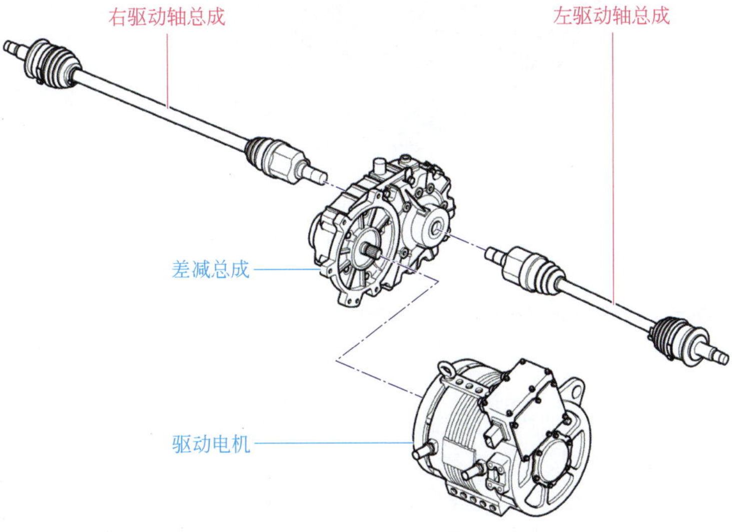

图 10.1-3　减速器

减速器介于驱动电机和驱动半轴之间，驱动电机的动力输出轴通过花键直接与减速器输入轴齿轮连接（图 10.1-4 和图 10.1-5）。一方面减速器将驱动电机的动力传给驱动半轴，起到降低转速、增大转矩的作用；另一方面满足汽车转弯及在不平路面上行驶时，左右驱动轮以不同的转速旋转，保证车辆的平稳运行。当车辆处在驻车挡时减速器会通过一套锁止装置，锁止减速器。

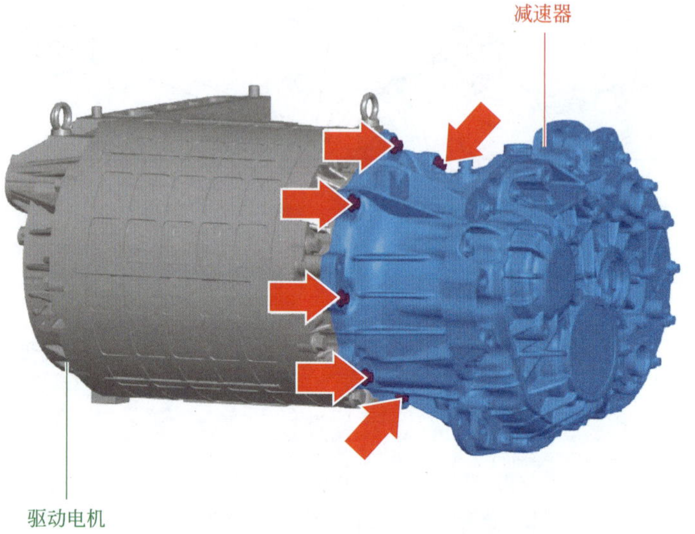

图 **10.1-4** 减速器与驱动电机连接

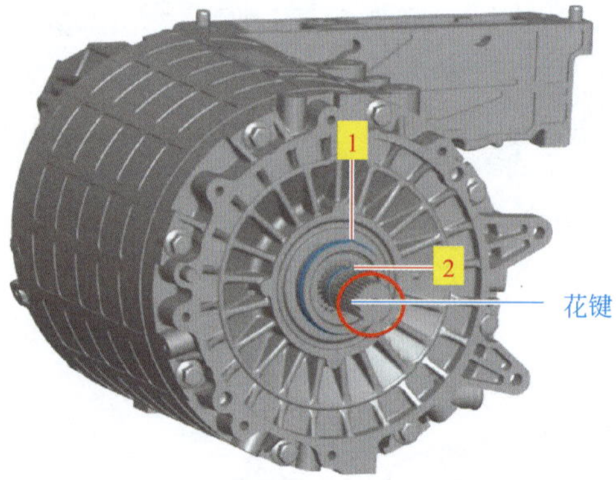

图 **10.1-5** 驱动电机输出轴上的花键

10.1.2 减速器内部结构

（1）2 挡减速器

❶ 结构。如图 10.1-6 所示为电动机械式 2 挡减速器（齿轮结构即为手动变速器原理），驾驶员只能通过选择驾驶模式间接影响换挡过程。为此控制单元控制换挡执行机构使其挂挡。变速器没有离合器或驻车锁功能。自动变速器执行驻车锁功能。

电机产生的转矩通过结构连接方式传输至减速器输入轴。在此通过一个换挡啮合套接通第一或第二挡。随后通过相应齿轮组和一个中间轴将转矩传输至差速器。差速器将转矩分配给两个输出端并在两个驱动轮之间进行转速补偿。

❷ 换挡过程。由换挡执行机构在两个挡位间进行切换。它由一个 12V 直流电机和一个螺杆传动装置构成。螺杆传动装置将发动机的圆周运动转化为直线运行，从而移动换挡拨叉。

始终以无负荷状态进行换挡，为此在换挡前减小电机负荷。换挡执行机构脱开挡位后，根据切换的挡位调节电机转速。由控制单元调节转速和控制电机。随后换挡执行机构挂入新的挡位。只有 PLCD 传感器确认挂挡且控制单元调节过电机转速后，才会重新提高电机负荷。通常情况下，驾驶员都不会对整个换挡过程有所察觉。换挡执行机构或控制单元失灵时，换挡拨叉保持在当前位置处。

图 10.1-6　电动机械式 2 挡减速器

1—PLCD 传感器；2—换挡拨叉；3—变速箱输入轴；
4—1 挡齿轮组；5—中间轴；6—差速器；7—通风装置；
8—2 挡齿轮组；9—换挡执行机构

划重点

齿轮箱内部通过一个 PLCD 传感器（永磁线性非接触式位移）探测换挡拨叉的位置。

（2）单挡位减速器

如图 10.1-7 所示为电动汽车上单挡减速器。

采用单挡减速器时，纯电动乘用车的动力性能完全取决于驱动电机。

单级变速器使得电动机产生的转矩输出可以说是一步到位，不间断的动力输出对起步加速有利，但却不利于车辆的经济性与舒适性。

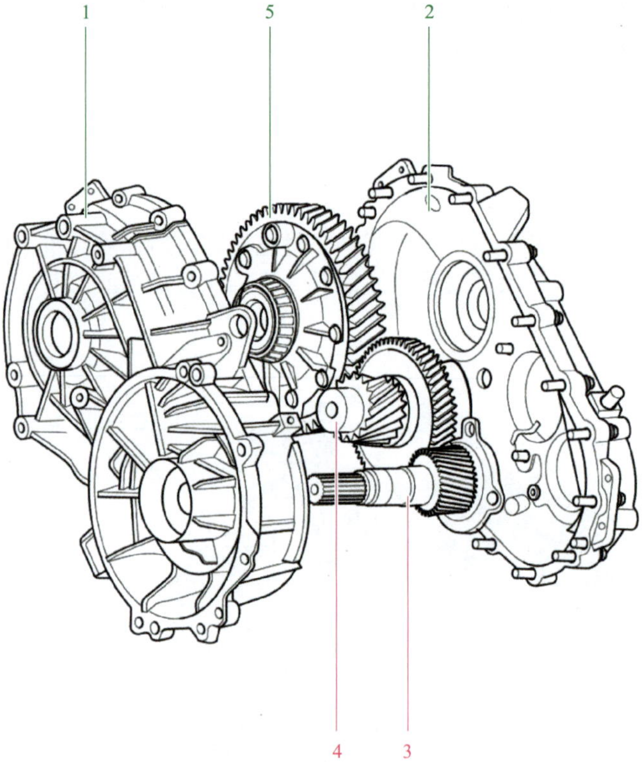

图 10.1-7 单挡减速器

1—电机端壳体总成；2—变速器壳体总成；3—输入轴总成；4—输出轴总成；5—差速器总成

10.2 减速器维修原理与特点

10.2.1 减速器机械运行机理

减速器的作用就是降低转速，增大输出转矩。

电动汽车减速器中传动系统通过电机调速、电机反转原理来驱动输入轴，改变转动的速度和方向，从而产生不同速比的行车挡和倒挡。

减速器将驱动电机的驱动力通过齿轮机构传输到两侧轮端，当汽车转弯行驶或在不平路面上行驶时，通过减速器使左右车轮以不同转速转动，即保证两侧驱动车轮做纯滚动运动。电动汽车减速器运行示意见图 10.2-1。

10.2.2 减速器电气控制策略

驾驶员操作电子换挡器进入 P 挡，电子换挡器将驻车请求信号发送到整车控制器（VCU），VCU 结合当前驱动电机转速及轮速情况判断是否符合驻车条件。当符合条件时，VCU 发送驻车指令到 TCU，TCU 控制驻车电机进入 P 挡，锁止减速器。驻车完成后 TCU 将收到减速器发出的 P 挡位置信号，并将此信号反馈给 VCU，完成换挡过程。

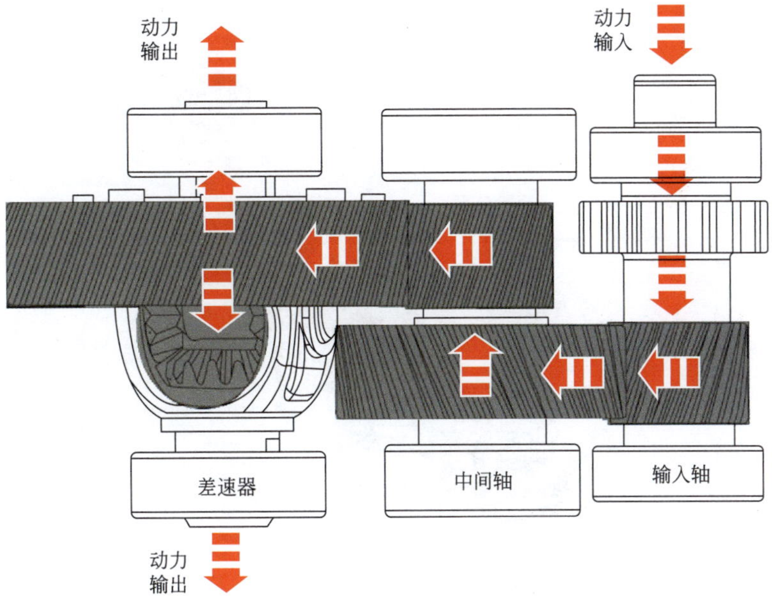

图 10.2-1　电动汽车减速器运行示意

当驾驶员操作电子换挡器退出 P 挡时，同样也是电子换挡器将解除驻车请求信号发送给整车控制器（VCU），经过一系列指令和通信后，完成换挡的过程。减速器控制示意见图 10.2-2。

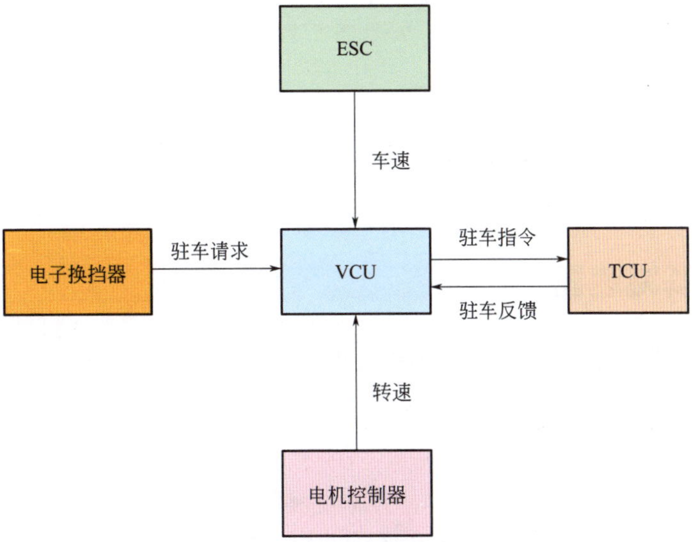

图 10.2-2　减速器控制示意

划重点

单速比减速器只有一个前进挡、一个空挡和一个驻车挡，无倒挡（倒挡靠驱动电机反转实现）。当车辆处在驻车挡时减速器会通过一套锁止装置锁止减速器，见图 10.2-3。

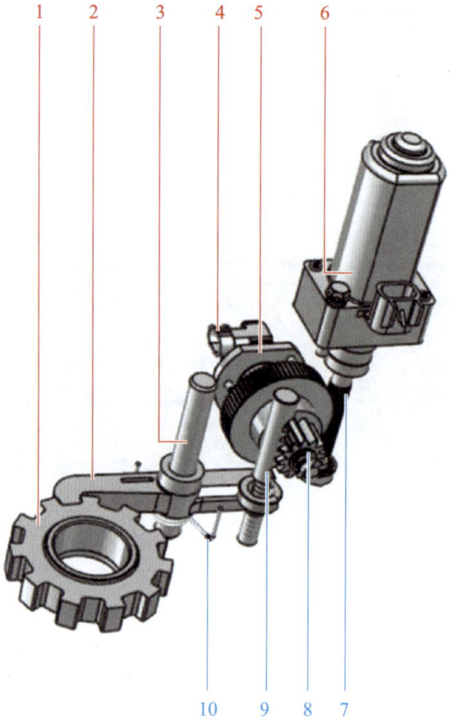

图 10.2-3 驻车机构

1—驻车棘轮；2—棘爪；3—棘爪销；4—角度传感器总成；
5—角度传感器法兰盘；6—驻车电机总成；7—电机蜗杆；
8—电机蜗轮组件；9—齿条组件；10—棘爪回位弹簧

10.3 减速器拆装维修

10.3.1 分解减速器

❶ 拆卸后盖总成固定螺栓，取下吊耳和支架（图 10.3-1）。
❷ 拆卸后盖总成（图 10.3-2）。
❸ 拆卸换挡轴总成（图 10.3-3）。

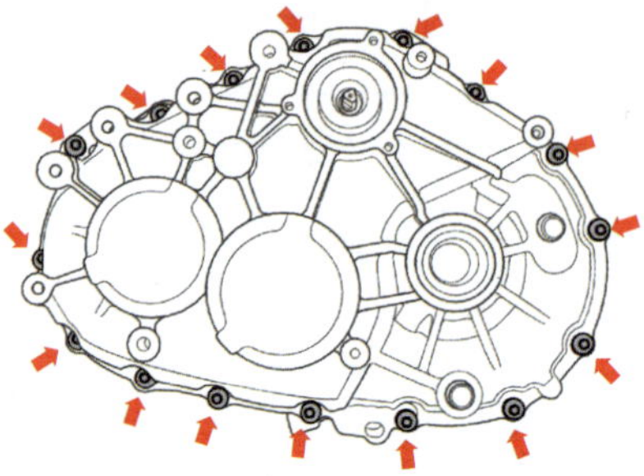

图 10.3-1 后盖总成固定螺栓

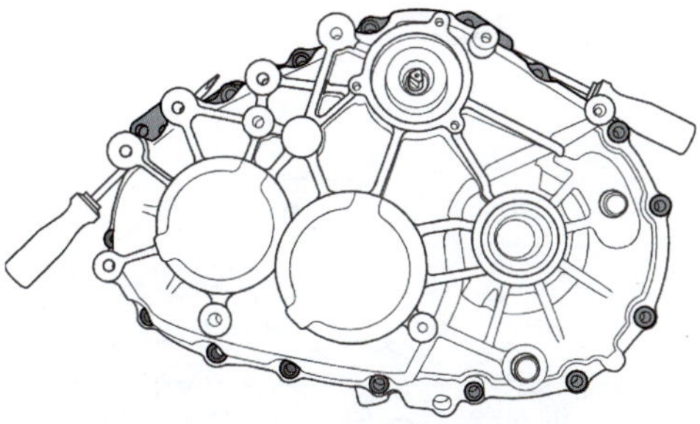

图 10.3-2　拆卸后盖总成

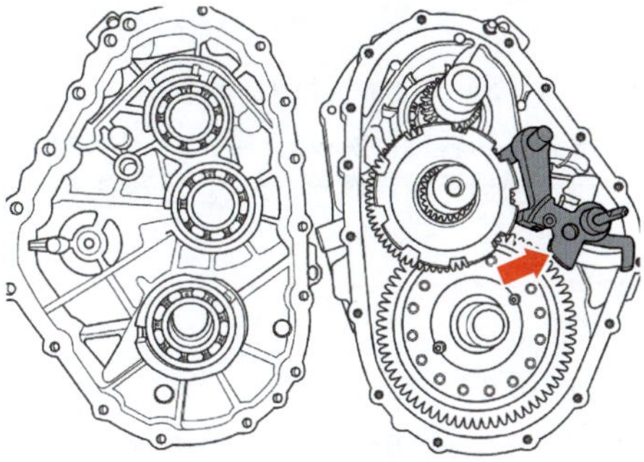

图 10.3-3　拆卸换挡轴总成

❹ 拆卸驻车棘爪（图 10.3-4）。

❺ 拆卸回位弹簧（图 10.3-5）。

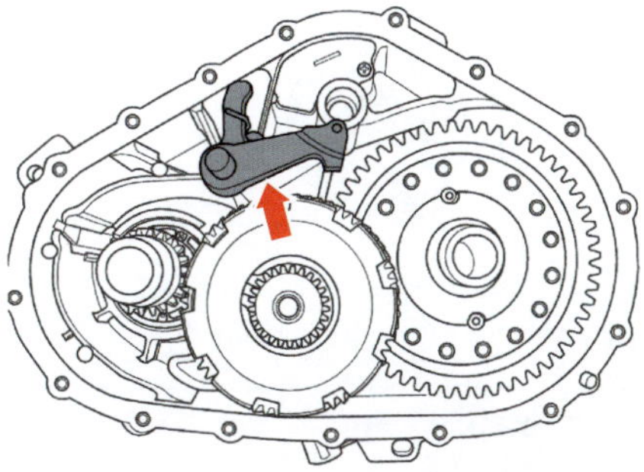

图 10.3-4　拆卸驻车棘爪

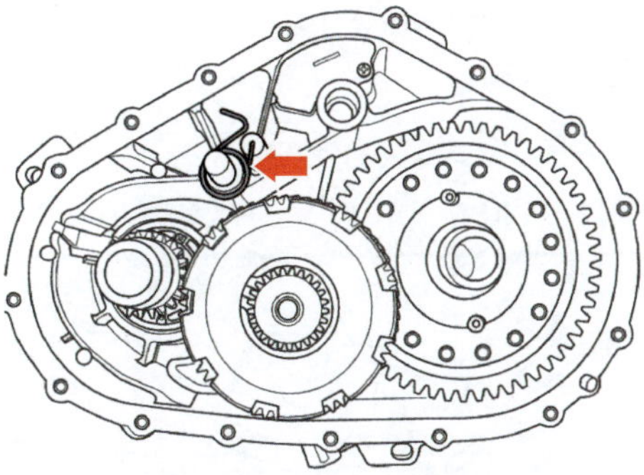

图 10.3-5　拆卸回位弹簧

⑥ 取下驻车棘爪回转轴 1（图 10.3-6）。

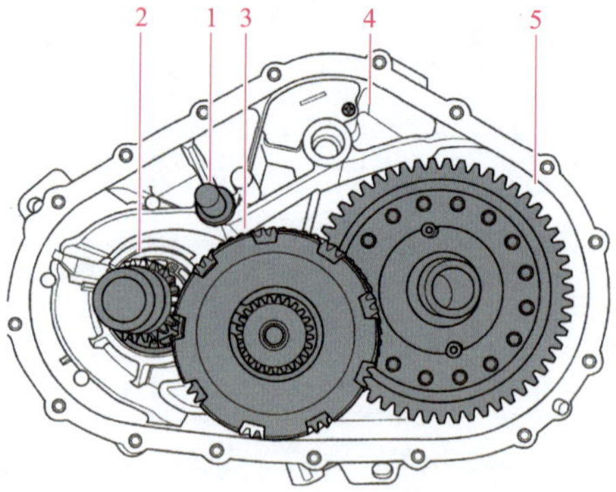

图 10.3-6　拆卸挡油板

1—驻车棘爪回转轴；2—输入轴；3—中间轴总成；
4—挡油板固定螺栓；5—差速器总成

⑦ 拆卸输入轴 2（图 10.3-6）。
⑧ 拆卸中间轴总成 3（图 10.3-6）。
⑨ 拆卸差速器总成 5（图 10.3-6）。
⑩ 拆卸挡油板固定螺栓 4，并取下挡油板（图 10.3-6）。
⑪ 拆卸通气塞（图 10.3-7），并取出。
⑫ 拆卸壳体总成（图 10.3-8）。

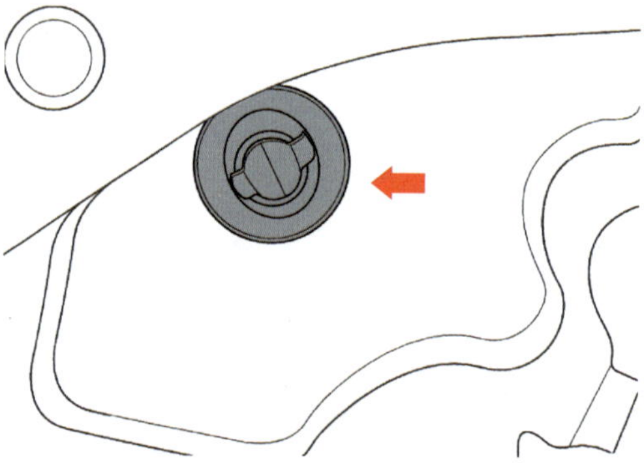

图 10.3-7　拆卸通气塞

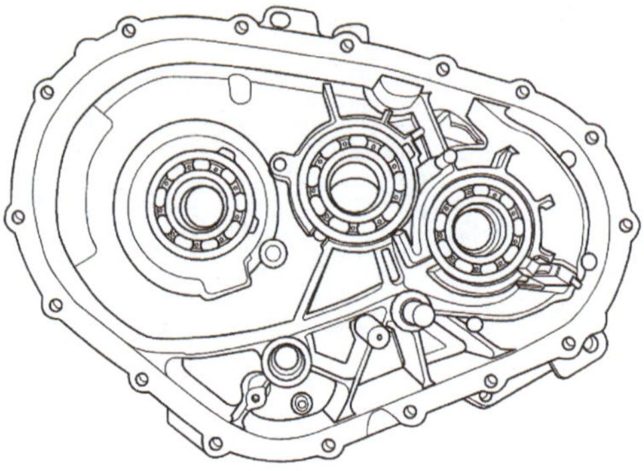

图 10.3-8　拆卸壳体总成

10.3.2　装配减速器

❶ 将通气塞安装并卡入壳体总成上。
❷ 安装挡油板固定螺栓 4（图 10.3-6）。
❸ 安装差速器总成 5（图 10.3-6）。
❹ 安装中间轴总成 3（图 10.3-6）。
❺ 安装输入轴 2（图 10.3-6）。
❻ 安装驻车棘爪回转轴 1（图 10.3-6）。
❼ 安装回位弹簧。
❽ 安装驻车棘爪。
❾ 安装换挡轴总成。
❿ 安装后盖总成，紧固后盖总成固定螺栓，并装入吊耳和支架。

维修提示

安装后盖时，在后盖总成与壳体总成接触面上均匀涂抹一层密封胶。

扫一扫

看视频

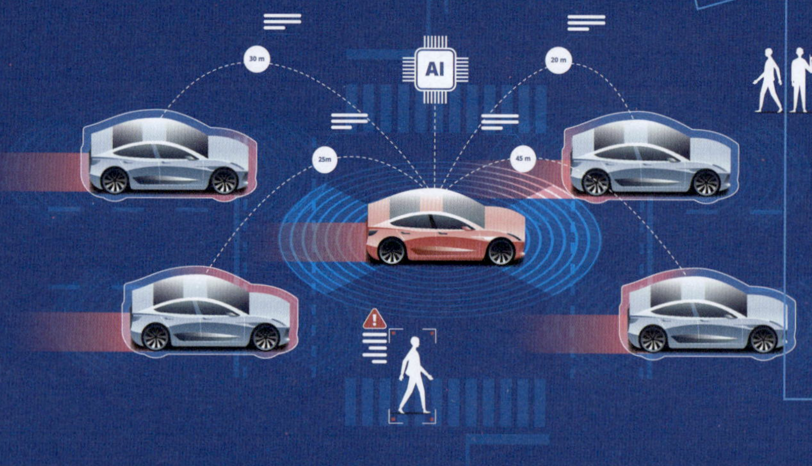

第 11 章 电动化整车控制系统维修

整车控制系统由整车控制器（图 11.1-1）和各关联系统组成，例如高低压系统、网络系统，具体的如换挡操作机构、加速踏板等。整车控制器是电动汽车电动化整车控制系统的控制单元，类似传统发动机电脑，混合动力汽车中简称 HCU，纯电动汽车中简称 VCU。

11.1 整车控制器基本构造与零部件识别

11.1.1 整车控制器外部特征

整车控制器的硬件主要由外金属壳体和内部 PCB 电路板组成。

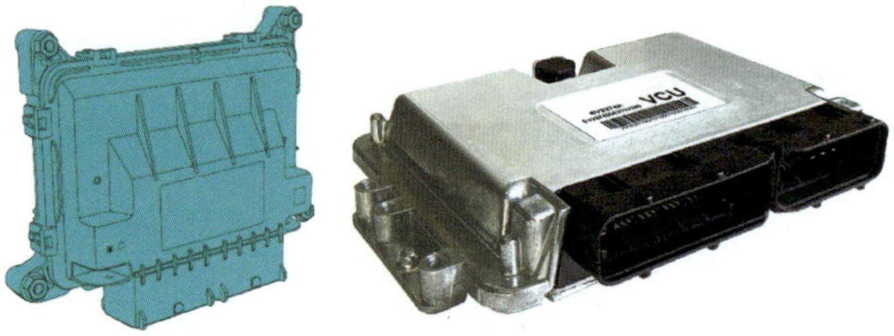

图 11.1-1 整车控制器

11.1.2　整车控制器内部结构

车辆控制器主要由控制器主芯片、Flash 存储器和 RAM 存储器、CAN（控制器局域网）通信模块、串口通信模块、电源及保护电路模块等组成。车辆控制器（电路板）见图 11.1-2。

图 11.1-2　电路板

具体包括主控制芯片及其周围的时钟电路、复位电路、电源模块；以及数字信号处理电路，模拟信号处理电路，频率信号处理电路，通信接口电路；VCU 采集的开关信号包括钥匙信号、挡位信号、充电开关信号、制动信号等；VCU 采集的模拟量信号有加速踏板信号、制动踏板信号、动力电池电压信号等。这些信号电路，通常在维修电路图中也能体现出来，与 VCU 插接器的引脚端子对应。整车控制器线束连接器见表 11.1-1。

表 11.1-1　整车控制器线束连接器（举例）

车身控制器	端子号	线别作用（端子定义）	端子号	线别作用（端子定义）
 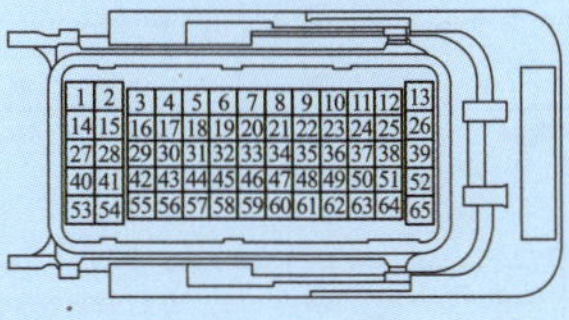	1	电子锁 +	21	进水温度信号
	2	接地	22	L1 温度 +
	3	电子锁 -	24	IG1 电源
	6	互锁信号反馈	25	主继电器控制
	8	制动深度信号	26	12V 电源
	9	5V 电源 +	30	出水温度信号
	10	I-PEDAL 信号	31	传感器接地
	12	5V 电源 +	39	12V 电源
	17	传感器接地	44	真空压力信号
	18	传感器接地	47	LIN2
	19	碰撞信号	48	PCAN-L
	20	水温信号	49	PCAN-H

续表

车身控制器	端子号	线别作用（端子定义）	端子号	线别作用（端子定义）
 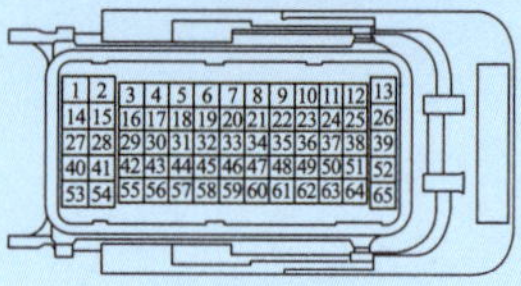	50	电子锁状态 2+	59	ECAN-L
	51	保护继电器反馈	60	ECAN-H
	52	接地	61	CRANK 信号
	53	接地	62	P 挡信号
	54	接地	63	R 挡信号
	56	ACAN-H	64	蓄电池电源
	57	ACAN-L	65	蓄电池电源
 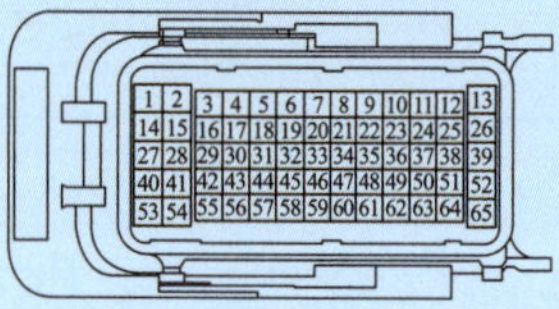	5	电子风扇调速	44	电动真空泵反馈
	8	热管理阀控制	45	加速踏板信号 2
	12	电子锁状态 1+	46	加速踏板信号 1
	14	紧急下电信号	49	DC+ 温度信号
	16	电池电动水泵调速	50	DC- 温度信号
	19	制动信号常开	56	保护继电器控制
	22	D 挡信号	57	互锁信号输出
	23	N 挡信号	59	5V 电源 -
	30	电机电动水泵调速	60	5V 电源 -
	32	5V 电源 +	62	N 温度 +
	35	制动信号常闭	64	接地
	36	5V 电源 -	65	5V 电源 +
	42	电动真空泵控制		

11.2 整车控制系统维修原理与特点

11.2.1 整车控制器性能特点

整车控制器（VCU）作为电动汽车电动化系统的“大脑”，其性能好坏直接影响着各系统性能的发挥，是电动汽车整车性能好坏的决定因素之一。

11.2.2 整车控制系统控制策略

整车控制系统是电动汽车车辆控制系统的核心，它负责协调各控制系统的协同工作，为车辆的良好运行提供完善的控制逻辑。整车控制系统通过采集加速踏板信号、制动踏板信号及其他部件信号，监测车辆信息及驾驶员意图，并根据转矩模型等算法做出相应判断后，控制各部件控制器及执行器的动作，驱动汽车正常行驶。

划重点

整车控制器（VCU）接收电动化系统各部件的信息，综合判断整车状态，实现多系统的协调控制。整车控制器关联控制示意见图 11.2-1。

VCU 通过 CAN 将控制信号传输给仪表，当启动开关置于 ON 时，唤醒 VCU 控制 M/C 继电器给电机控制器和动力电池控制器供电，VCU 通过 CAN 发送相关的控制命令完成整车系统启动。

整车控制器接到上电开关直流充电桩或是车载充电机等这些唤醒信号后，会直接控制高压继电器吸合或者断开，从而完成高压系统的接通或断开。VCU 基于加速踏板、自动踏板、挡位信号和车速信号等来计算车辆的目标转矩，并通过 CAN 通信发送转矩需求指令给功率控制单元 PCU。

车辆在滑行或制动时，VCU 会根据 ABS 状态、动力电池状态和制动踏板的位置信号，来计算出能量回收转矩并发送指令给电机控制器 MCU，启动能量回收。

车辆在行驶状态下，VCU 根据驱动电机的温度、PCU 的温度、电机控制器（IGBT）的温度、冷却液的温度以及车速信号，发送 PWM 信号控制电子冷却水泵的转速。

在交流充电状态下，VCU 根据冷却液的温度和车载充电机的温度发送 PWF 信号，控制电子冷却水泵的转速。在直流充电状态下，VCU 根据冷却液的温度发送 PWM 控制信号，控制电子冷却水泵的转速。当车辆发生碰撞或者是严重故障时，如绝缘故障、动力电池过温或是过压、驱动电机过温等故障时 VCU 会切断高压回路上的继电器。

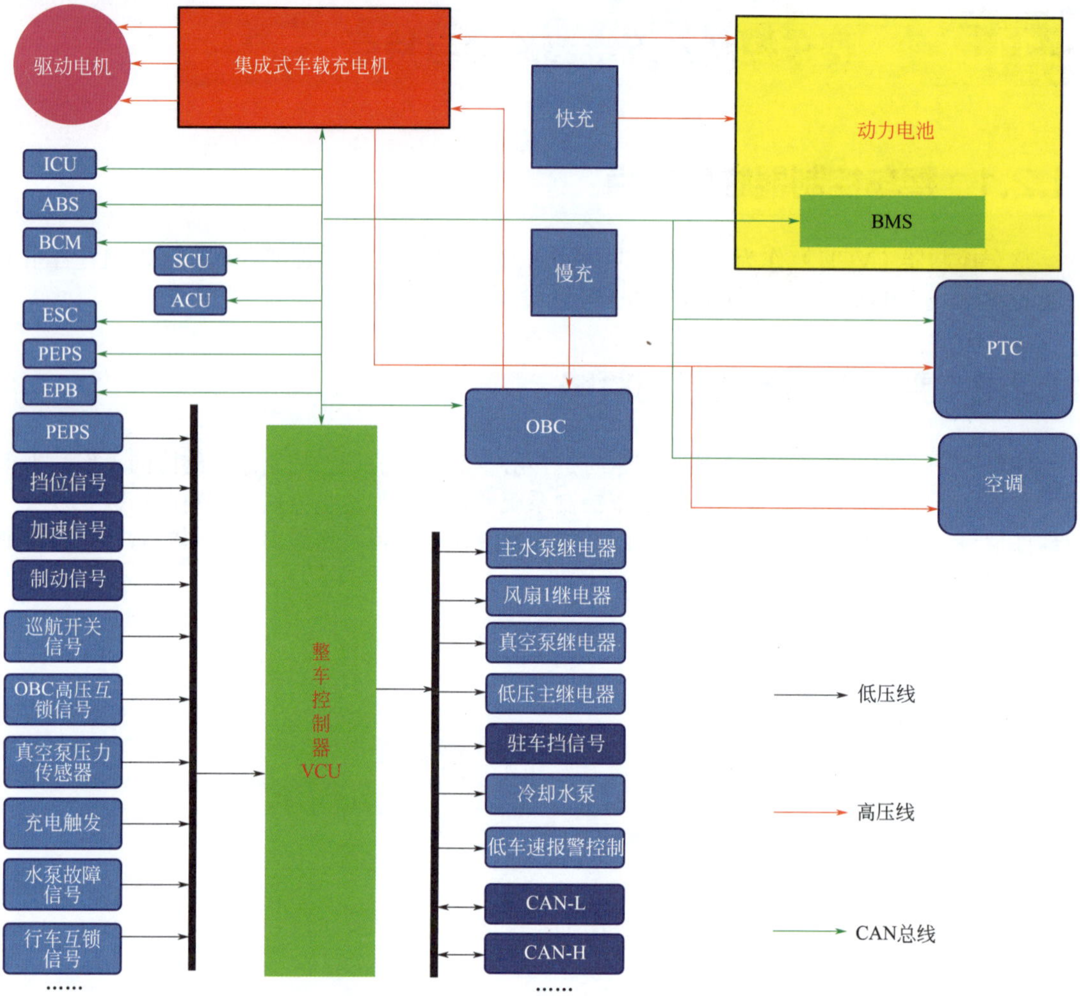

图 11.2-1 整车控制器关联控制示意

11.3 整车控制器拆装维修

（1）拆卸程序

❶ 准备和外围部件拆卸。整车控制器拆卸很简单，这里不用太多讲解。如更换整车控制器，先用诊断仪进行模块换件准备工作。

a. 关闭所有用电器，车辆下电。

b. 断开蓄电池负极夹。

c. 如果 VCU 安装在座椅下边，则要拆卸坐垫。

❷ 拆卸整车控制器。见图 11.3-1 和图 11.3-2。

a. 断开整车控制器连接器，要注意连接器形式（图 11.3-1）。

b. 旋出整车控制器固定螺母。

c. 取出整车控制器。

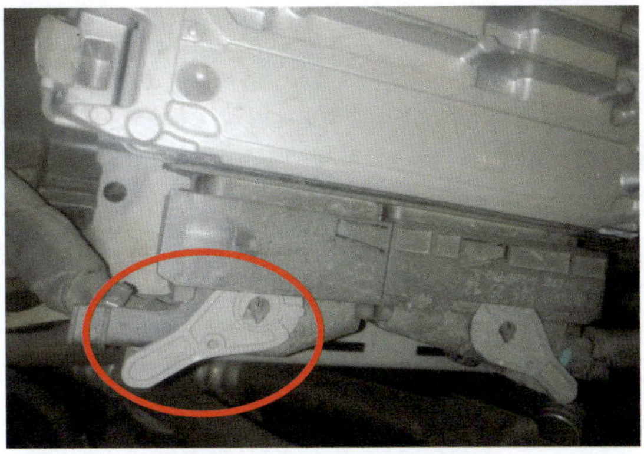

图 11.3-1　VCU 连接器

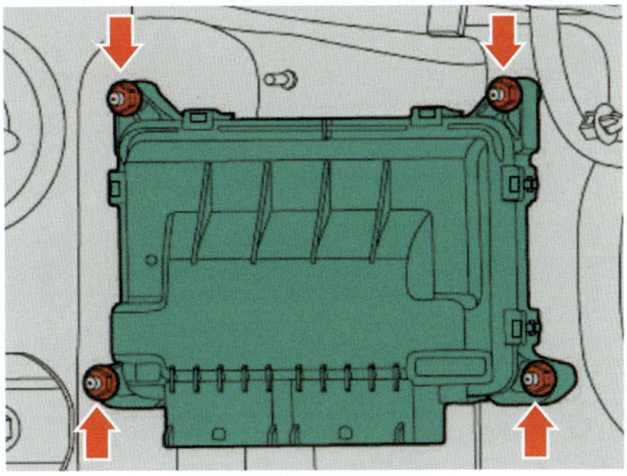

图 11.3-2　拆卸螺母

（2）安装程序

安装程序以倒序进行，同时注意：如果更换了整车控制器，需要进行整车控制器防盗认证。

参考文献

［1］常凌燕．新能源与智能汽车技术丛书：新能源汽车动力电池管理技术［M］．北京：化学工业出版社．2023．

［2］曹晶．新能源汽车整车故障诊断教程［M］．北京：化学工业出版社，2023．

［3］曾小华，王庆年．新能源汽车关键技术．二版［M］．北京：化学工业出版社，2023．

［4］郭建英．新能源汽车零部件识别与故障处理大全［M］．北京：化学工业出版社，2024．